高职高专土建教材编审委员会

高职高专规划教材

路基路面工程

王淑红　牟敦波　主　编

化学工业出版社

·北京·

内 容 提 要

本书共分为 9 章，主要内容包括一般路基设计、路基工程施工准备工作、一般路基工程施工、软土地基处理、挡土墙设计、路面基层的施工、水泥混凝土路面施工、沥青混凝土路面施工、路基路面工程现场检测等，从路基的设计与施工、路面的设计与施工、支挡工程设计与施工、软基处理与检测、路基路面检测与评定等几个方面对路基路面工程进行阐述。

本书注重理论与实际相结合，注重道路工程的施工过程与全面性，结合工程施工实例和大量的路基路面检测实训，通俗易懂，便于操作和实施项目化教学，内容新颖、层次分明、结构有序。

本书可作为高职高专道路桥梁工程技术、市政工程技术、工程监理、高等级公路维护与管理等相关专业的教学用书，也可供从事道路桥梁工程有关专业的技术人员与相关人员参考使用。

图书在版编目（CIP）数据

路基路面工程/王淑红，牟敦波主编 . —北京：化学工业出版社，2011.2（2023.7重印）
高职高专规划教材
ISBN 978-7-122-10199-0

Ⅰ. 路…　Ⅱ.①王…②牟…　Ⅲ.①路基-道路工程-高等学校：技术学院-教材②路面-道路工程-高等学校：技术学院-教材　Ⅳ. U416

中国版本图书馆 CIP 数据核字（2010）第 253692 号

责任编辑：王文峡　　　　　　　　　　　文字编辑：冯国庆
责任校对：战河红　　　　　　　　　　　装帧设计：刘丽华

出版发行：化学工业出版社（北京市东城区青年湖南街 13 号　邮政编码 100011）
印　　装：北京科印技术咨询服务有限公司数码印刷分部
787mm×1092mm　1/16　印张 15½　字数 381 千字　2023 年 7 月北京第 1 版第 7 次印刷

购书咨询：010-64518888　　　　　　　　售后服务：010-64518899
网　　址：http://www.cip.com.cn
凡购买本书，如有缺损质量问题，本社销售中心负责调换。

定　　价：38.00 元

前　言

随着我国经济社会的快速发展，我国的公路交通建设将仍然保持高速发展的趋势。在这种形势下，国家对道路桥梁工程施工、管理和检测的要求也越来越高，对道路桥梁工程人才培养和培训的高职教育也提出了更高、更明确的要求。

路基路面工程是一门理论和实践并重、实践性较强的专业课程。本书本着"加大课程建设与改革的力度，增强学生的职业能力"的精神，围绕加强职业院校学生的实践能力和职业技能培养，推进精品教材的建设工作，针对高职专业课程体系改革与建设的要求而编写的。

本教材选材新颖，知识系统完整，结构层次分明，内容通俗易懂，穿插了大量的工程实例分析和试验实训操作，并附思考题，便于项目化教学的组织与实施，是一本特色鲜明的教材。

本教材内容包括路基工程和路面工程共9章。具体编写分工是：辽宁建筑职业技术学院徐帅编写第1章和第6章，黄河水利职业技术学院王淑红编写第2章和第5章，黄河勘测设计有限公司测绘信息工程院李明编写第3章，济南工程职业技术学院牟敦波编写第4章和第9章，辽宁建筑职业技术学院王琦编写第7章和第8章。本书由黄河水利职业技术学院王淑红担任主编并负责全书的统稿工作。

由于时间仓促及编者水平有限，书中难免有不当之处，恳请读者及时将意见和建议反馈给我们，以便修改完善。

编　者
2011 年 1 月

目　录

第1章　路基设计

【知识目标】

- 了解路基设计的一般要求。
- 理解路基的构造、路基工程的附属设施。
- 掌握路基横断面的基本形式。
- 掌握路基排水设施的基本形式。
- 掌握路基的防护与湿软地基加固措施及施工方法。

【能力目标】

- 能解释路基的病害类型。
- 能绘制路基横断面的基本形式。
- 能将路基排水设施、路基附属工程设施、路基的防护与加固的方法应用到实际中去。

路基是道路工程的基础，它将直接决定道路的稳定性和耐久性能。本章将详细介绍路基横断面的基本组成、路基的排水及路基防护与湿软地基加固的一些基本措施。

1.1　路基设计的一般要求

公路路基是路面的基础，它承受着土体本身的自重和路面结构的重力，同时还承受由路面传递下来的行车荷载，所以路基是公路的承重主体。

路基承受行车荷载作用，坚固的路基，不仅是路面强度与稳定性的重要保证，而且能为延长路面使用寿命创造有利条件，所以路基的设计至关重要。

路基设计可以结合当地的地形、地质情况，直接套用典型横断面图或设计规定，而不必进行个别论证和验算。对于工程地质特殊路段和高度（深度）超过规范规定的路基，例如泥石流、岩溶、冻土、雪害、滑坡、软土及地震等地区的路基，为保证路基具有足够的强度和稳定性，应进行个别设计和稳定性验算。

在工程地质和水文条件良好的地段修筑的一般路基设计包括以下内容：

① 结构整体稳定、沉降变形小，经济合理；

② 选择路基横断面形式，确定路基宽度与路基高度；

③ 确定边坡形状与坡度；

④ 选择路基填料和确定路基压实度标准；

⑤ 路基排水系统布置和排水结构设计；

⑥ 坡面防护与加固设计。

1.2 路基横断面的基本形式

通常路基的设计高程与天然地面高程是不同的，路基设计高程低于天然地面高程时，需进行挖掘；路基设计高程高于天然地面高程时，需进行填筑。由于填挖情况的不同，路基横断面的典型形式可归纳为路堤、路堑、半填半挖和不填不挖几种类型。

1.2.1 路堤

路堤是指高于原地面的填方路基，全部用岩土填筑而成。如图 1-1 所示为路堤的几种常见横断面形式。按路堤的填土高度不同，划分为矮路堤、一般路堤、高路堤。填土高度小于 1.5m 者，属于矮路堤；填土高度大于 20m 的路堤属于高路堤；填土高度在 1.5～20m 范围内的路堤称为一般路堤。按其所处的条件及加固类型的不同还有沿河路堤、陡坡护脚路堤等。

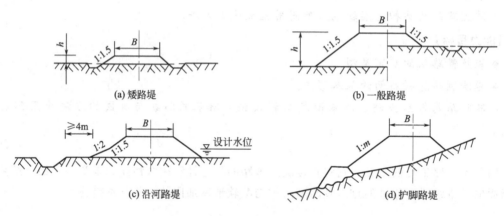

(a) 矮路堤   (b) 一般路堤

(c) 沿河路堤   (d) 护脚路堤

图 1-1 填方路基横断面的基本形式

矮路堤常在平坦地区取土困难时选用。平坦地区地势低，水文条件较差，易受地面水和地下水的影响，设计时应注意满足最小填土高度的要求。力求不低于规定的临界高度，使路基处于干燥或中湿状态，路基两侧均应设边沟。

填方高度在 2～3m 时，填方数量较少，全部或部分填方可以在路基两侧设置取土坑，使之与排水沟渠结合。为保护填方坡脚不受流水侵害，保证边坡稳定，可在坡脚与沟渠之间留 1～2m 甚至大于 4m 宽度的护坡道。

高路堤的填方数量大，占地多，为使路基稳定和横断面经济合理，需进行个别设计。高路堤和浸水路堤边坡可采用上陡下缓的折线形或台阶形式。为防止水流侵蚀和冲刷坡面，高路堤和浸水路堤的边坡需采用适当的坡面防护和加固措施，如铺草皮、砌石等。

1.2.2 路堑

路堑是指低于原地面的挖方路基，它有全路堑、半路堑（又称台口式）和半山洞路堑三种形式，如图 1-2 所示。挖方边坡的坡脚应设置边沟，以汇集和排除路基身表面的水。路堑上方应设置截水沟，以拦截上侧边坡的地面水。

全路堑为全挖断面，路基两侧均需设置边沟。在陡峭山坡上可挖成台口式路堑，即在山坡上，以山体自然坡面为下边坡，其他部分由全部开挖形成。三、四级公路在整体坚硬的岩石坡面上，为减少石方工程，有时采取半山洞路堑，但要确保安全可靠，不得滥用。

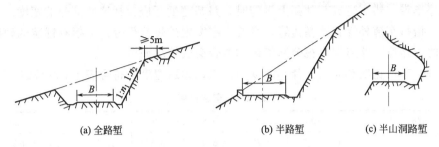

(a) 全路堑　　　　　　　　　(b) 半路堑　　　　　　　(c) 半山洞路堑

图 1-2　路堑横断面的基本形式

1.2.3　半填半挖

半填半挖路基是指在一个断面内，部分为填方，部分为挖方的路基，或者叫做半路堤半路堑，如图 1-3 所示。它出现在地面横坡度较陡，路基又较宽，而路中线的设计标高与地面标高相差不大的地方。

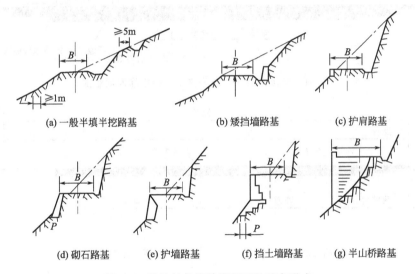

(a) 一般半填半挖路基　　　　　(b) 矮挡墙路基　　　　　　(c) 护肩路基

(d) 砌石路基　　　　(e) 护墙路基　　　　(f) 挡土墙路基　　　　(g) 半山桥路基

图 1-3　填挖结合路基横断面的基本形式

1.2.4　不填不挖

不填不挖路基是指原地面与路基标高相同构成不填不挖的路基横断面形式，这种形式的路基，虽然节省土石方，但对排水非常不利，易发生水淹、雪埋等病害，常用于干旱的平原区、丘陵区以及山岭区的山脊线或标高受到限制的城市道路。

1.3　路基的构造

路基的几何尺寸由宽度、高度和边坡坡度三者构成。路基宽度，取决于公路技术等级；路基高度，取决于地形和公路纵断面设计（包括路中心线的填挖高度、路基两侧的边坡高度）；路基边坡坡度，取决于地质、水文条件、路基高度和横断面经济性等因素。下面分别叙述其确定方法。

1.3.1 路基宽度

路基宽度是指行车道路面及其两侧路肩宽度之和。当设有中间带、变速车道、爬坡车道、紧急停车带、错车道或其他路上设施时，路基宽度还应包括这些部分的宽度。

路肩，指行车道外缘到路基边缘，具有一定宽度的带状部分。包括有铺装的硬路肩和岩土结构物的土路肩。路肩宽度视公路等级和混合交通情况而定。

一般每个车道宽度都应与设计车速度相适应，车道宽度应符合表1-1的规定。

表 1-1 车道宽度

设计速度/(km/h)	120	100	80	60	40	30	20
车道宽度/m	3.75	3.75	3.75	3.5	3.5	3.25	3.00(单车道时为3.5)

各级公路路基宽度按《公路工程技术标准》（JTG B01—2003）的规定进行设计，如图1-4和图1-5所示。

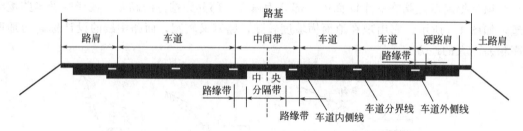

图 1-4 高速公路、一级公路路基标准横断面组成

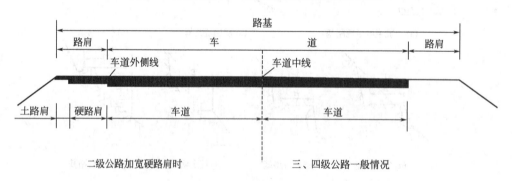

图 1-5 二、三、四级公路路基标准横断面

各级公路路基宽度应符合《公路工程技术标准》中规定的宽度值，见表1-2。

表 1-2 各级公路路基宽度

公路等级		高速公路、一级公路							
设计速度/(km/h)		120			100			80	60
车道数/条		8	6	4	8	6	4	6	4	4
路基宽度/m	一般值	45.00	34.50	28.00	44.00	33.50	26.00	32.00	24.50	23.00
	最小值	42.00	—	26.00	41.00	—	24.50	—	21.50	20.00
公路等级		二级公路、三级公路、四级公路							
设计速度/(km/h)		80	60	40	30	20			
车道数/条		2	2	2	2	2 或 1			
路基宽度/m	一般值	12.00	10.00	8.50	7.50	6.50(双车道)	4.50(单车道)		
	最小值	10.00	8.50	—	—				

1.3.2　路基高度

路基高度是指路基设计标高和中桩地面标高的差值。路堤为填筑高度，路堑为开挖深度。此外，由于除平原区外，路基自然横断面多为倾斜面，所以在路基宽度范围内，两侧的高度有较大差别。而路基两侧边坡高度是指填方坡脚或挖方坡顶与路基边缘的相对高差，这个高差通常称为边坡高度。当地面横坡度较大时，该边坡高度将严重影响路基的稳定，所以在路基设计时应引起重视。

路基高度的确定，应在路线纵断面设计时，综合考虑路线纵坡要求、路基稳定性和工程经济等因素后确定。从路基的强度和稳定性要求出发，路基上部土层应处于干燥或中湿状态，并满足最小填土高度的要求。在满足上述条件的情况下，尽量满足"浅挖、低填、缓边坡"的要求。对于高路堤和深路堑，由于土石方数量大，占地多，施工困难，边坡稳定性差，行车不利，应尽量避免使用。矮路堤和浸水路堤，还要考虑排水和设计洪水频率要求。

1.3.3　路基边坡

确定路基边坡的形状和坡率，是路基设计的基本内容。它关系到路基整体稳定性和工程造价。

1.3.3.1　边坡形状

路基边坡的形状，一般可分为直线形、折线形和台阶形三种。

(1) 直线形　路基边坡采用单一坡度，这是最常用的一种。它施工简便，但不太符合坡体受力状况。边坡高度大时，直线形式显得不太经济。

(2) 折线形　边坡各部可按岩土性质和工作条件采用不同的坡度，出于稳定考虑，一般均质边坡应上陡下缓。

(3) 台阶形　适合高路堤，在边坡上每隔一定高度（6～10m）或变坡点处设置一道平台，可以提高边坡的稳定性（起护坡道作用），减轻坡面水的冲刷，拦挡上方边坡剥落下坠的碎屑（起碎落台作用），还便于施工和养护。边坡平台一般宽为1～3m，常用浆砌片石或水泥混凝土预制块防护，并做成2%～5%向外倾斜的横坡，以利排水。必要时，边坡平台还可设排水沟，以拦截和排除上方来水。

填方边坡一般都采用直线形，但边坡较高或浸水时，常用上陡下缓的折线形或台阶形。

1.3.3.2　边坡坡率

确定路基边坡坡率是路基设计的基本任务。公路路基边坡坡率，可用边坡高度 H 和边坡宽度 b 的比值表示。习惯将高度定为1，一般写成 $1:m$（路堤）或 $1:n$（路堑），称为边坡坡率。如图1-6所示，分别为 $1:0.5$ 及 $1:1.5$。

路基边坡坡率的大小关系到边坡稳定和路基工程数量。边坡越陡，稳定性越差，若处理不当，易造成塌方等路基病害；边坡过缓，土石方数量增大，裸露面积增大，自然影响面加大，如果不能快速恢复生态，也会影响路基边坡稳定，所以在确定边坡坡率时，要根据实际情况，综合考虑路基边坡稳定、国家及地方环保政策、工程造价等因素后合理确定。

路基边坡坡率的大小，主要取决于地质、土壤与水文等自然因素。影响路基边坡稳定的因素是多方面的，除上述因素外，边坡的高度也是一个重要方面。在陡坡或填挖较大的路段，边坡稳定不仅影响到土石方工程量的大小，也涉及工程施工的难易，是路基整体稳定的关键。一般路基的边坡坡度可根据多年工程实践经验和设计规范中推荐的数值中选择采取。

(1) 路堤边坡　一般路堤边坡，当地质条件良好，边坡高度不大于20m时，其边坡坡

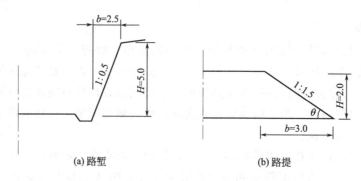

(a) 路堑　　　　　　　　　(b) 路提

图 1-6　路基边坡坡度示意图（单位：m）

率不宜大于表 1-3 的规定。

表 1-3　路堤边坡坡率

填料种类	边坡坡率	
	上部高度（$H \leqslant 8m$）	下部高度（$H \leqslant 12m$）
细粒土	1：1.5	1：1.75
粗粒土	1：1.5	1：1.75
巨粒土	1：1.3	1：1.5

注：采用台阶式边坡时，下部边坡可采用与上部边坡一致的坡度。

沿河路堤边坡坡度，要求在设计水位以下部分视填料情况，可采用（1：1.75）～（1：2.0）；常水位以下部分可采用（1：2.0）～（1：3.0）。当公路沿线有大量天然石料或路堑开挖的废石方时，可用于填筑路堤。填石路堤坡面应用不易风化的较大（大于 25cm）石块砌筑，边坡坡度可用 1：1。

对边坡高度超过 20m 的路堤或地面斜坡坡率陡于 1：2.5 的路堤，以及不良地质等特殊地段的路堤，应进行个别勘察设计，对重要的路堤应进行稳定性监控。

（2）路堑边坡　路堑边坡根据路堑开挖的岩土性质可分为土质和石质两大类，其边坡形式也因高度和岩性的不同而有所区别，常见形式如图 1-7 所示。

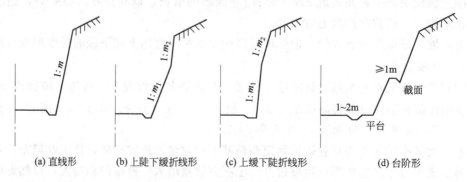

(a) 直线形　　　(b) 上陡下缓折线形　　　(c) 上缓下陡折线形　　　(d) 台阶形

图 1-7　路堑边坡形式

在进行路堑边坡设计时，首先应从地貌和地质构造上判断其整体稳定性。影响路堑边坡稳定性的因素非常复杂，路堑开挖深度、地质构造、岩性、岩石风化破碎程度、地下水和地表水的影响、土体结合的密实程度、土壤的性质、当地的自然气候、施工方法等因素都会影响路堑边坡的稳定性，所以，在进行路堑边坡设计时必须综合考虑。

凡具有一定黏性的土质路堑，边坡高度小于 20m，其挖方边坡坡率可参考表 1-4 所列数值范围，结合当地已建公路的实践经验选择采用。

表 1-4 土质路堑边坡坡率

土 的 类 别	边坡坡率	土 的 类 别		边坡坡率
黏土、粉质黏土、塑性指数大于 3 的黏土	1:1	卵石土、碎石土、圆砾土、角砾土	胶结和密实	1:0.75
中密以上的中砂、粗砂、砂砾	1:1.5		中密	1:1

在确定岩石路堑边坡时，除考虑上述影响路堑边坡稳定性的因素外，由于存在地区自然差异，所以，还要不断积累当地的实践经验，结合施工方法进行综合分析。根据长期的设计经验和部分地区的调整资料，岩石路堑边坡坡率可参考表 1-5，结合当地的工程地质和水文条件，参考当地相应类型稳定的成型边坡坡率，加以对比选用。同时，还要根据环保设计要求修正边坡值。对于比较困难的路段，必要时还要进行个别设计与验算，并结合采用排水、防护与加固等技术措施。

表 1-5 岩石路堑边坡坡率

边坡岩体类型	风化程度	边坡坡率	
		$H<15m$	$15m \leqslant H <30m$
Ⅰ类	未风化、微风化	(1:0.1)~(1:0.3)	(1:0.1)~(1:0.3)
	弱风化	(1:0.1)~(1:0.3)	(1:0.3)~(1:0.5)
Ⅱ类	未风化、微风化	(1:0.1)~(1:0.3)	(1:0.3)~(1:0.5)
	弱风化	(1:0.3)~(1:0.5)	(1:0.5)~(1:0.75)
Ⅲ类	未风化、微风化	(1:0.3)~(1:0.5)	
	弱风化	(1:0.5)~(1:0.75)	
Ⅳ类	未风化、微风化	(1:0.5)~(1:1)	
	弱风化	(1:0.75)~(1:1)	

岩石的风化破碎程度是地质动力作用与长期风化的共同作用结果。表 1-6 为岩石风化破碎程度外观特征分级表。

表 1-6 岩石风化破碎程度外观特征分级表

分级	外观特征				
	颜色	矿物成分	结构构造	破碎程度	强度
轻度	较新鲜	无变化	无变化	节理不多、基本上是整体、节理基本不开张	基本上不降低，用锤敲很容易回弹
中等	造岩矿物失去光泽	基本不变	无显著变化	开裂呈 20~50cm 的大块状，大多数节理张开较小	有降低，用锤敲声音仍较清脆
严重	显著改变	有次生矿物产生	不清晰	开裂成 5~20cm 的碎石状，有时节理张开较多	有显著降低，用锤敲声音低沉
极重	变化极重	大部分成分已改变	只具外形、矿物间已失去结晶联系	节理较多，爆破以后多呈碎石土状，有时细粒部分已具塑性	极低，用锤敲时不易回弹

土质挖方边坡高度超过 20m、岩质挖方边坡高度超过 30m 以及不良地质、特殊岩土地段的挖方边坡，应进行个别勘察设计。

1.4 路基的排水

1.4.1 路基排水的目的与要求

1.4.1.1 路基排水的目的

路基排水的目的就是将路基范围内的土基湿度降低到一定的限度以内，保持路基常年处于干燥状态，确保路基具有足够的强度与稳定性。路基设计时，必须考虑水是造成路基路面及沿线构造物病害的主要原因。根据水源的不同，影响路基的水流可分为地面水和地下水两大类，与此相适应的路基排水工程，则分为地面排水和地下排水。

地面水包括大气降水（雨和雪）以及海、河、湖、水渠及水库水。地面水对路基产生冲刷和渗透，冲刷可能导致路基整体稳定性受损害，形成水毁现象。渗入路基土体的水分，使土体过湿从而降低路基强度。

地下水包括上层滞水、潜水及层间水等，它们对路基的危害程度，因条件不同而异。轻者能使路基湿软，降低路基强度；重者会引起冻胀、翻浆或边坡滑坍，甚至整个路基沿倾斜基底滑动。水还可能造成掺有冻胀土的路基工程毁灭性的破坏。

1.4.1.2 路基排水的要求

① 公路路基排水要因地制宜。一般情况下地面和地下设置的排水沟渠，宜短不宜长，以便水流不过于集中，做到及时疏散，就近分流。

② 应注意与农田水利相配合，必要时可适当地增设涵管或加大涵管孔径，以防农业用水影响路基稳定。路基边沟一般不应用做农田灌溉渠道，以防污染农田。

③ 排水困难的地段，可采取降低地下水位、设置隔离层等措施，使路基处于干燥、中湿状态。

④ 路基排水要注意防止附近山坡的水土流失，尽量不破坏天然水系，不轻易合并自然沟溪和改变水流性质。

1.4.2 路基排水的设施及布置

常用的路基地面排水设施，包括边沟、截水沟、排水沟、跌水与急流槽、蒸发池等。应结合地形和天然水系进行布设，并做好进出口的位置选择和处理，防止出现堵塞、滥流、渗漏、冲刷和冻结等现象。

1.4.2.1 边沟

边沟又称侧沟，一般设置在挖方或低填方（填土高度小于边沟深度时）地段的路肩外侧，以汇集和排除路面、路肩和挖方边坡上的径流及少量流向道路的地表水，从而减轻路基路面的浸湿程度。

（1）边沟断面形状及尺寸　边沟的横断面形状主要有梯形、矩形、三角形及流线型等几种形状，如图 1-8 所示。

一般情况下，土质边沟采用梯形断面。底宽和深度一般不应小于 0.4m，小雨干旱地区可采用 0.3m，其内侧边坡一般为 (1∶1)～(1∶1.5)；石质边沟采用矩形断面，机械化施工时可采用三角型边沟，其内侧边坡一般为 (1∶2)～(1∶3)；为防止路侧积砂、积雪或者为改善路容，可选用流线型边沟。各种边沟外侧边坡通常与挖方边坡一致。

（2）边沟纵坡及长度　路基边沟的纵坡（出水口附近除外）一般与路线纵坡一致。如边沟纵坡过大可能会产生冲刷破坏，应采取加固措施、减少纵坡或设置跌水、急流槽等措施。在路线纵断面设计时，特别是长路堑和横向排水不畅的路段，均应采用不小于 0.3% 的纵坡，以兼顾边沟设置的需要。平坡路段边沟宜保持不小于 0.5% 的纵坡。

边沟不宜过长，一般单向排水长度不宜超过 300～500m，并尽量使沟内水流就近排至路旁自然水沟或低洼地带，若超过此值则应设置排水沟或涵洞，将水引至路基范围之外或指定地点。

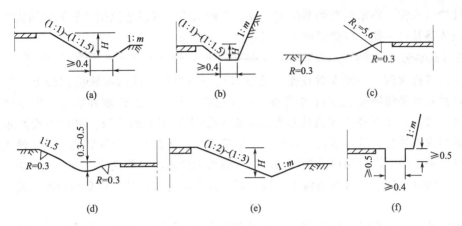

图 1-8　边沟横断面图（单位：m）

(a)、(b) 梯形；(c)、(d) 流线型；(e) 三角形；(f) 矩形

（3）边沟出水口

① 路堑过渡到路堤时，如边沟沟底到填土坡脚高差过大时，应设置排水沟（必要时可设置急流槽），将路堑边沟水沿出口的山坡引到路基范围之外，而不致冲刷路堤坡脚，如图 1-9 所示。

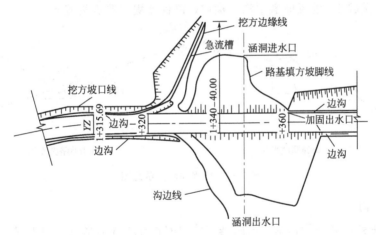

图 1-9　路堑与高路堤衔接处边沟出水口示意图（单位：m）

② 边沟水流流向桥涵进水口时，为避免边沟流水产生冲刷，在涵洞进水口设置窨井、急流槽或跌水等构造物，将水流引入涵洞，如图 1-10 所示。

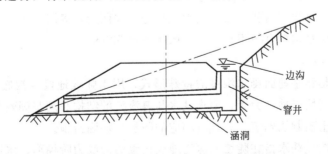

图 1-10　边沟水流流入涵洞的单级跌水

③ 当边沟水流流至回头曲线处，一般边沟水较满，且流速较大，此时宜顺着边沟方向

沿山坡设置引水沟，将水引至路基范围以外的自然沟中，或设急流槽或涵洞等结构物，将水引下山坡或路基另一侧，以免对回头曲线路段产生冲刷。

1.4.2.2 截水沟

截水沟又称天沟，一般设置在挖方路基边坡坡顶以外，或山坡路堤坡脚上方的适当地点，用以拦截并排除路基上方流向路基的地面径流，保护挖方边坡和填方坡脚不受流水冲刷。降水量较少、坡面坚硬或边坡较低以致受冲刷影响不大的路段，可以不设截水沟；反之，如果降水量较多，且暴雨频率较高，山坡覆盖层比较松软，坡面较高，水土流失比较严重的地段，必要时可设置两道或多道截水沟。截水沟的水流一般应避免排入边沟中，应尽量利用地形，将其水流引入自然山沟中，或直接引到桥涵进水口处，以免在山坡上漫流，造成冲刷。

截水沟的横断面形式一般为梯形，沟底宽度及沟深应按设计流量而定，一般不应小于0.5m。其边坡坡度按土质条件而定，一般采用（1∶1）～（1∶1.5）。沟底纵坡一般情况下不宜小于0.3％。

截水沟距离路堑坡顶值 d 一般应大于5.0m，地质不良路段应不小于1.0m。如图1-11所示，截水沟下方一侧，可堆置挖沟的土方，要求做成顶部向沟倾斜2％的土台，土台坡脚到路堑坡顶应设置适当的距离。山坡填方路段若设截水沟，截水沟与坡脚之间，要有不小于2.0m间距，并做成2％的倾向截水沟的横坡，确保路堤不受水流侵害。

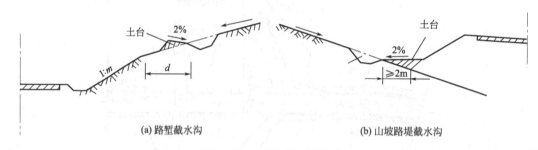

(a) 路堑截水沟　　　　　　　　　　　　(b) 山坡路堤截水沟

图 1-11　截水沟断面示意图

1.4.2.3 排水沟

排水沟的主要用途在于积水，将路基方位内的各种水源的水流（如边沟、截水沟、取土坑、边坡和路基附近积水），引排至桥涵或路基范围以外的指定地点。

排水沟的横断面形式，一般采用梯形，边坡坡度为（1∶1）～（1∶1.5），其大小应根据设计流量计算确定，底宽与深度均不宜小于0.5m。

排水沟的位置，可根据需要并结合当地地形等条件而定，离路基应尽可能远些；排水沟应尽量采用直线，排水沟渠宜短不宜长，一般不超过500m。

1.4.2.4 跌水与急流槽

跌水与急流槽是路基地面排水沟渠的特殊形式，用于陡坡地段，沟底纵坡可达45°。由于纵坡陡、水流速度快、冲刷力大，要求跌水与急流槽的结构必须坚固耐久，通常应采用浆砌块石或水泥混凝土预制块砌筑，并具有相应的防护与加固措施。

（1）跌水的构造　跌水指在陡坡或深沟地段设置的沟底为阶梯形、水流呈瀑布跌落式通过的沟槽。它能在较短的距离内降低水流流速，减少水流能量。

跌水的基本构造按水力计算特点，可分为进水口、消力池和出水口三个组成部分，如图

1-12 所示。

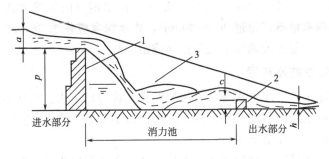

图 1-12　跌水构造示意图
1—护墙；2—消力槛；3—消力池；
p—护墙高；c—消力槛高；a—下游水深

　　跌水的构造，有单级和多级之分，沟底有等宽和变宽之别。单级跌水适用于排水沟渠连接处，由于水位落差较大，需要消能或改变水流方向，如图 1-10 所示为路基边沟水流通过涵洞排泄时采用单级跌水（相当于雨水井）示例。较长陡坡地段的沟渠，为减缓水流速度，并予以消能，可采用多级跌水，如图 1-13 所示。

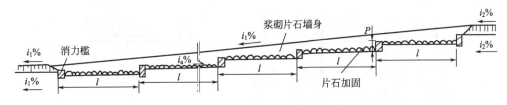

图 1-13　固定底宽多级跌水构造示意图

　　跌水两端的土质沟渠应注意加固，保持水流畅通，不致产生水流冲刷或淤积，以充分发挥跌水的排水效能。

　　（2）急流槽构造　急流槽的纵坡比跌水的平均纵坡更陡，主要纵坡可达 1:1.5，但为了节省资金和结构稳定，一般不宜超过 1:2。

　　急流槽可用浆砌片（块）石和水泥混凝土浇筑，也可在坚硬的岩石上开槽。临时工程可用竹木槽，如图 1-14 所示。

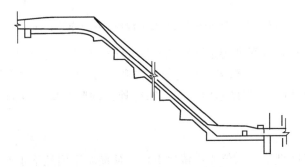

图 1-14　急流槽构造示意图

1.4.2.5　蒸发池（积水池）

　　气候干旱、排水困难路段，可利用沿线的集中取土坑或专门开挖的凹坑修筑蒸发池，以汇集路界地表水，并通过蒸发和渗漏使之消散。蒸发池边缘与路基边沟不应小于 5m，面积较大的蒸发池不得小于 20m。池中水位应低于排水沟的沟底。

蒸发池的容量应以一个月内路基汇流入池中的雨水能及时完成渗透与蒸发作为设计依据。每个蒸发池的容水量不宜超过 200～300m³，蓄水深度应在 1.5～2.0m。

蒸发池的设置不应使附近地面形成盐渍化或沼泽化。

1.4.3 地下排水的设施及布置

土体中的上层滞水、层间水或埋藏很深的潜水统称为地下水。当地下水位较高且路基标高受限时，会影响路基路面强度与稳定性，这时应设置暗沟（管）、渗沟和渗井等地下排水设施予以降低、隔离和排除地下水。

由于地下排水设施埋置于地面以下，不易维修，在路基建成后又难以查明失效情况，因此要求地下排水设施牢固有效。

1.4.3.1 暗沟

相对于地面排水的明沟而言，暗沟又称盲沟，具有隐蔽工程的含义。一般情况下，暗沟主要用于把路基范围内的泉水或渗沟所拦截、汇集的水流引到路基范围以外，如图 1-15 所示。

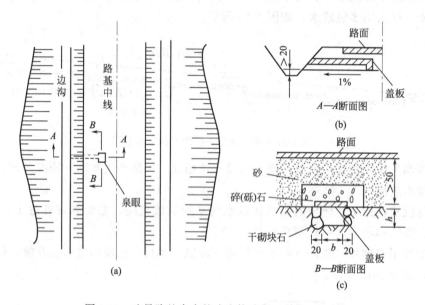

图 1-15 疏导路基泉水的暗沟构造图（单位：cm）

横断面可做成矩形，亦可做成圆管，底宽和管径 b 应按泉眼大小或流量而定，一般 0.2～0.3m；深度 h 约 0.2m。暗沟不宜过长，沟底具有 1‰～2‰ 的纵坡，出水口底面标高应高出沟外最高水位 20cm，以防水流倒灌。寒冷地区的暗沟应做成防冻保温处理或将暗沟设在冻结深度以下。

1.4.3.2 渗沟

渗沟及渗井用于降低地下水位或拦截地下水，使路基不因地下水产生病害的地下排水设施统称为渗沟，它适用于地下水量大、分布广的路段，可设置在边沟、路肩、路中线以下或路基上侧山坡适当的位置，如图 1-16 所示。其走向应尽量与地下水流流向垂直，以提高拦截效能。

渗沟可分为填石渗沟、管式渗沟和洞式渗沟三种结构形式，如图 1-17 所示，它们均是

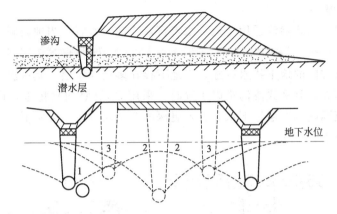

图 1-16　降低地下水的渗沟（图中数字为降水曲线）

由排水层（石缝、管或洞）、反滤层和封闭层组成的。反滤层是用来汇集水流，防止细粒土、石块堵塞排水层而设。反滤层应尽可能选用颗粒均匀的砂石材料，材料应按颗粒由上而下，自外向内逐渐增大，分层填埋，相临两层粒径之比不应小于 1：4。封闭层是为了避免土粒掉进填充石料的孔隙而堵塞渗沟，同时为了防止地面水渗入渗沟内而设。它可用双层反铺草皮、沥青材料或浆砌片石制作。渗沟的形式、尺寸应根据沟深、地下水量及布设数量而定。渗沟纵坡一般不宜小于 0.5%，以免淤积。

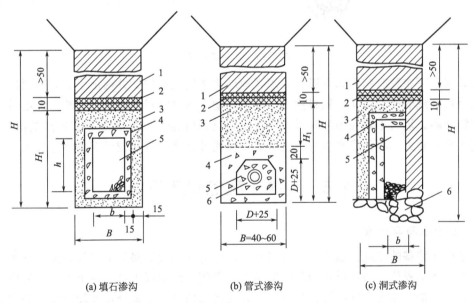

(a) 填石渗沟　　　　　(b) 管式渗沟　　　　　(c) 洞式渗沟

图 1-17　渗沟结构示意图（单位：cm）

1—夯实黏土；2—双层反铺草皮；3—粗砂；4—石屑；5—碎石；6—浆砌片石渗沟

（1）填石渗沟　其排水层可采用石质坚硬、颗粒较大的碎（砾）石填充，以保证有足够的排水能力。渗沟适用于流量不大、渗沟不长的地段。其纵坡不应小于 1%，一般可采用 5%。填石渗沟较易淤塞。

（2）管式渗沟　为拦截含水层的地下水或降低地下水，可设置管式渗沟。排水管可采用塑料管或水泥混凝土管。适用于地下水丰富、渗沟较长的情况。若渗沟过长时，应加设横向泄水管，将水流分流并迅速排除。沟底纵坡取决于设计流速，一般不大于 1.0m/s，最小纵坡为 0.5%，避免淤塞。

（3）洞式渗沟　洞式渗沟适用于地下水丰富，或缺乏水管，当地石料丰富的路段。

1.4.3.3　渗井

渗井属于竖直方向的地下排水设施。当地下存在多层含水层，其中影响路基的上部含水层较薄，排水量不大，且平式渗沟难以布置时，采用立式（竖向）排水，设置渗井，穿过不透水层，将路基范围内的上层地下水，引入更深的含水层中去，以降低上层的地下水位或全部予以排除，如图 1-18 所示。

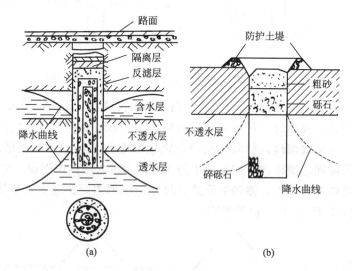

图 1-18　渗井结构图

渗井的平面布置有圆形和方形。井深视地层构造情况而定。井内由中心向四周按层次分别填入由粗到细的砂石材料，粗料渗水，细料反滤。填充粒料要求筛分冲洗，施工时需要用铁皮套筒分隔，填入不同粒径的材料，不得粗细材料混杂，以保证渗井达到预期排水效果。渗井施工难度较大，单位渗水面积的造价高，应通过技术经济比较后有条件地选用。

1.5　路基工程的附属设施

1.5.1　取土坑与弃土堆

为了保证路基的强度、稳定性和行车安全，除应认真做好路基结构及必要的排水、加固与防护等主体工程外，还应设置相关的路基附属设施，包括取土坑、弃土堆、护坡道、碎落台、堆料坪及错车道等。这些设施是路基设计的组成部分，正确合理地设置是十分重要的。

路基土石方的填挖平衡，是公路路线设计的基本原则，但往往难以做到填挖平衡。在公路沿线挖取土方填筑路基或用于养护所保留下来的整齐土坑称为取土坑。将开挖路基所废弃的土堆放于公路沿线一定距离的整齐土堆称为弃土堆。

土石方数量经过合理调配后，仍然会有部分借方和弃方（又称废方），路基土石方的借弃，首先要合理选择地点，即确定取土坑或弃土堆的位置。选点时要同时兼顾土质、数量、用地及运输条件等因素，还必须结合沿线区域规划、因地制宜，综合考虑，维护自然平衡，防止水土流失，做到借之有利、弃之无害。

平原地区，如果用土量较小，可以沿道路两侧设置取土坑，取土坑应有统一规划，使之具有规划的形状和平整的底部，平原地区高速和一级公路不宜设路旁取土坑，如图 1-19 所示。为充分利用资源，通常可以把取土坑作为路基的边沟等排水设施。取土坑应设置纵横坡度，纵坡坡度不宜小于 0.3%，横坡坡度为 2%～3%，并向外倾斜，取土坑出水口应与路基排水系统衔接，取土坑的边坡坡度内侧不宜陡于 1∶1.5，外侧不宜陡于 1∶1.0。深度约 1.0m 或稍大一些，宽度根据用土数量和用地允许而定。当地面横坡陡于 1∶1.0 时，取土坑应设在上方一侧，可兼作排水之用，但坑底标高应不低于桥涵进水口标高。

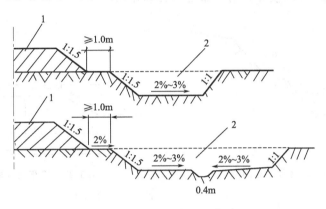

图 1-19　路旁取土坑示意图

1—路堤；2—取土坑

河水淹没地段的桥头引道近旁，一般不设取土坑，如设取土坑要距河流中水位边界 10m 以外，并与导治结构物位置相适应。此类取土坑要求水流畅通，不得长期积水危及路基或构造物的稳定。

开挖路堑的废方，应妥善处理，防止因乱弃造成水土流失，危害路基及农田水利，亦要注意堵塞河道而带来严重环境破坏的不良后果。

弃土堆通常设在路旁低洼地或路堑的下边坡一侧，当地面横坡过于平坦，坦于 1∶5 时，可设在两侧。沿河路基应尽量避免弃方入河，堵塞河道。对于清表和爆破时无法避免的入河部分，应征得水利部门的同意或另行清理。

1.5.2　护坡道与碎落台

护坡道是保证路基边坡稳定的一项重要措施。一般设置在路堤坡脚，护坡道是沿原地面或边坡坡面纵向做成的有一定宽度的平台。设置的目的是加宽边坡横向距离，减少边坡平均坡度，增加边坡整体稳定性。护坡道越宽，越有利于边坡稳定，但工程量也随之增加。护坡道宽度至少为 1.0m。兼顾路基稳定与经济合理，通常护坡道宽度 d，视边坡高度 h 而定，见表 1-7。

表 1-7　护坡道与边坡高度关系　　　　　　单位：m

边坡高度 h	$h \leqslant 3.0$	h 为 3～6	h 为 6～12
护坡道宽度 d	d 为 1.0	d 为 2.0	d 为 2～4

浸水路基的护坡道，可设在浸水线以上的边坡上。

碎落台的设置多处于岩石地段，地质较差或土夹石地段开挖路堑，在雨水作用下，路堑边坡经常发生碎落塌方，容易堵塞边沟或阻碍交通，因此，可在边沟外侧或路堑边坡中间预设碎落台，如图 1-20 所示，碎落台宽度一般为 1.0～1.5m。

1.5.3 堆料坪与错车道

堆料坪一般用于堆砌路面养护所用集料,可以就近选择路旁合适的地点,也可以在路肩外侧设置堆料坪,一般每隔50~100m设置一个,其长为5.0~8.0m,宽2.0m左右。

错车道适用于道路宽度较窄的路段,当只允许一辆车通过时,为了方便超车而设置。通常每隔200~500m设置错车道一处。按规定错车道的长度不得短于30m,两端各有长10m的出入过渡段,中间10m供停车用,如图1-21所示。

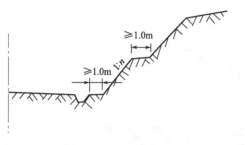

图 1-20 碎落台示意图

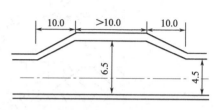

图 1-21 错车道(单位:m)

1.6 路基边坡防护与加固

岩土所筑成的路基,大多暴露于空间,长期受自然因素的作用,岩土在不利水温条件作用下,会发生变化,土的强度降低。长期作用,使岩土表层失稳,易造成和加剧路基的水毁病害。所以,为保证路基的强度和稳定性,可对路基进行防护。防护的措施有坡面防护、冲刷防护、湿软地基加固等。

1.6.1 坡面防护

1.6.1.1 植物防护

植物防护适用于坡度不大、比较平缓的稳定土质边坡,可美化路容,协调环境,起到固结和稳定边坡的作用。其方法有种草、铺草皮和植树。土质边坡防护也可以采用拉伸网草皮、固定草种布或网格固定撒种。

(1) 种草 适用于土质边坡,边坡坡度较缓,草种宜选用易生长、根系发达、茎叶低矮或有匍匐茎的多年生长的草种,也可几种草籽混种。种草时应将草籽加土拌和,均匀撒播在翻松的坡面上,入土深度不少于5cm,播完后要拍实松土,并注意后期养护。

(2) 铺草皮 适用于坡面冲刷比较严重、边坡较陡、需要快速绿化的坡段,草皮铺砌形式可根据边坡坡度与水流流速等,选用平铺、水平叠铺、垂直叠铺、斜交叠铺和网格式等方式。

(3) 植树 植树适用于坡率较陡的边坡或边坡以外的河岸及漫滩处,可用来加固路基和防护河岸,也可与种草、铺草皮结合使用,在坡面形成很好的防护。植树可以降低流速,促进泥沙淤积作用。

1.6.1.2 灰浆防护

(1) 抹面 抹面防护适用于边坡表面比较完整而且尚未剥落的易风化软质岩石挖方路段。抹面通常是在坡面上抹砂浆,厚度宜取3~7cm,使用年限一般为6~8年。

（2）喷浆 适用于易风化、裂隙和节理发育、坡面不平整的岩石挖方边坡。

（3）填缝 分勾缝和灌缝，适用于较坚硬不易风化的岩石挖方边坡，避免水分渗入岩体缝隙造成病害。岩体节理缝隙多而细者，宜用勾缝，将水泥砂浆嵌入缝中；缝隙又宽又深时，可用混凝土灌缝。

1.6.1.3 砌体防护

（1）砌石护坡 常用于易受水流侵蚀的土质边坡、严重剥落的软质岩石边坡。一般有干砌片石或浆砌片石。

（2）护面墙 简称护墙，是一种墙体形式的坡面防护，由浆砌片石组成，适用于坡度较陡，易风化或破碎的岩石挖方边坡以及坡面易受侵蚀的土质边坡。

与挡土墙的差异：护墙不承受墙后坡体的侧压力，边坡必须是稳定的。

1.6.2 冲刷防护

沿河路基和河岸路堤等堤岸，容易遭受水流的侵蚀、冲刷，应根据河床特征、水流情况、施工条件等，采取直接防护堤岸边坡，或设置导治结构物（如丁坝、顺坝等），必要时可改移河道。

1.6.2.1 直接防护

常用的冲刷防护措施有植物防护、砌石防护、抛石防护、石笼防护和挡土墙等。

（1）植物防护 植物防护适用于坡高不大、坡面平缓的稳定土质边坡，可美化路容，起到固结和稳定边坡的作用，是一种简易防护措施。不同的植被还可起到交通诱导、防眩、吸尘和隔音的作用。在沙漠和积雪地区路基的两侧植树，可起到防砂栅或防雪栅的作用。在防护中宜优先选用。

① 种草 对于土质则适宜种草，种草边坡坡度不宜陡于 1∶1，不浸水或短期浸水但地面径流速度不超过 0.6m/s 的路基边坡可以选择种草防护。草籽的品种，应适应当地土壤和气候条件，同时还应考虑施工季节，通常用易生长，根系发达，茎叶低矮或有匍匐茎的多年生长的草种，也可几种草籽混种。种草时应将草籽加土拌和，均匀撒播在翻松的坡面上，且入土深应不少于 5cm，播完后要拍实松土，并注意后期养护。对不宜种草的边坡，可以先铺 5～10cm 厚的种植土层，土层与原坡面结合稳固。有特殊要求时，也可采用固定草种布或网格固定撒种。

② 铺草皮 适用于需要快速绿化，且坡率缓于 1∶1 的土质边坡和严重风化的软质岩石边坡。草皮应选择根系发达、茎矮叶茂耐旱草种，不宜采用喜水草种，严禁采用生长在沼泽地的草皮。草皮铺砌形式可据边坡坡度与水流流速等，选用平铺、水平叠铺、垂直叠铺、倾斜叠铺和网格式等方式，如图 1-22 所示。铺砌时草皮端应斜切，形成平行四边形，自下而上用竹木小桩将草皮钉在坡面上，使之稳固。草皮应随铺随挖，注意相互贴紧。

草皮的规格一般为 20cm×25cm、25cm×40cm 及 30cm×50cm 的块状或宽 25cm、长 200～300cm 的带状；草皮厚为 6～10cm，干旱和炎热地区可为 15cm。

③ 植树 植树适用于坡率缓于 1∶1.5 的边坡，或在边坡以外的河岸及漫滩处，可用来加固路基和防护河岸，也可与种草、铺草皮结合使用，在坡面形成很好的防护。城市或风景区的植物防护，应与有关部门协调配合。公路弯道内侧边坡严禁栽植高大树木。

在堤岸边的河滩上，植树可以降低流速，促使泥沙淤积，防水直接冲刷路堤；把树栽种成多行并与水流方向斜交，还可起挑水、促进泥沙淤积作用。应选用根系发达、枝叶茂盛、

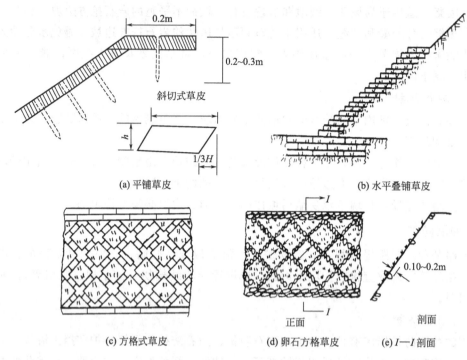

图 1-22　草皮防护示意图

生长迅速、不怕水淹的树种。

(2) 砌石防护　为防止雨、雪水或河水冲刷、浸蚀，公路填方边坡、沿河路堤边坡、土质路堑下方边坡可采用砌石防护。砌石防护可分为干砌和浆砌两种（图 1-23）。

干砌片石护坡适用于易遭受雨、雪水流冲刷的较缓土质边坡，或风化较重的软质岩石坡，或受水流冲刷较轻的河岸和路基。这些边坡应符合路基边坡稳定要求，坡度一般为（1∶1.5）～（1∶2）。干砌片石防护一般有单层铺砌、双层铺砌和网格内铺石几种，流速较大时宜采用网格内铺石的防护。单层铺砌厚度为 0.25～0.35m，双层的上层为 0.25～0.35m，下层为 0.15～0.25m。

当采用干砌片石护坡不适宜或效果不好时，或水流流速较大，波浪作用强，有漂浮物等冲击时，可采用浆砌片石护坡。其厚度一般为 0.20～0.50m。用于冲刷防护时最小厚度一般不小于 0.35m。浆砌片石防护较长时，应在每隔 10～15m 处设置伸缩沉降缝，缝宽约 2cm，内填沥青麻筋或沥青木板；护坡的中、下部设 10cm×10cm 的矩形或直径为 10cm 的圆形泄水孔。其间距为 2～3m，孔后 0.5m 范围内设反滤层。

无论是干砌块石还是浆砌块石防护均应先在片石下面设置 0.1～0.15m 厚的碎（砾）石或砂砾混合物垫层，以起到整平、反滤的作用，并可增加抗冲击能力；然后由下而上平整铺砌片石，要错缝嵌紧，浆砌块石还要用砂浆勾缝，以防渗水。石砌护坡坡脚处应设置墁石基础。在无河水冲刷时，基础埋置深度一般为护坡厚度的 1.5 倍。当受水流冲刷时，基础应埋置在冲刷线以下 0.5～1.0m 处，或采用石砌深基础。

(3) 抛石　抛石防护是指为防止构造物受水流冲刷而抛投较大石块的防护措施，抛石适用于防护经常浸水且水深较大的路基边坡或坡脚以及挡土墙和护坡的基础，如图 1-24 所示。

(4) 石笼　石笼防护是指为防止构造物受水流冲刷而设置的装填石块的笼子。石笼适用

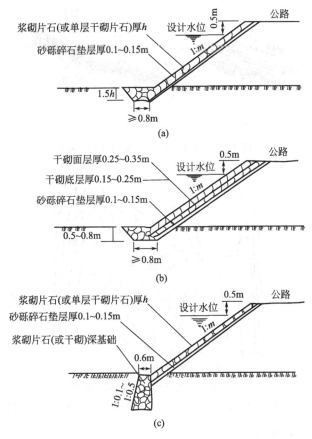

图 1-23　砌石防护示意

m 值应缓于或等于 1：1.5；h 值干砌为 0.25～0.35m，浆砌为 0.25～0.4m

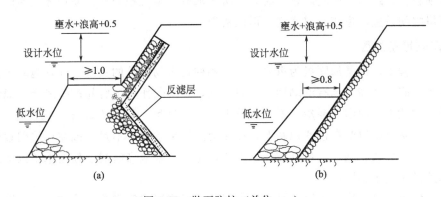

图 1-24　抛石防护（单位：m）

于护坡基础局部冲刷深度过大路段。

一般河段，常用镀锌铁丝、高强度聚合物土工格栅或竹木石笼；急流滚石河段，可在铁丝笼内灌注小石子水泥混凝土，或采用钢筋混凝土框架石笼，如图 1-25 所示。

1.6.2.2　间接防护

常用的间接防护主要指设置导治结构物。导治结构物一般有丁坝、顺坝、格坝及必要的改河工程。如图 1-26 所示为导治结构物综合布置图例。

丁坝轴线与导治线垂直或斜交，起到将水流挑离堤岸的作用，又称挑水坝。断面形状为

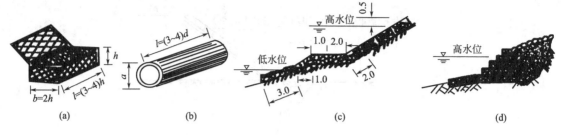

图 1-25　石笼防护示意图（单位：m）

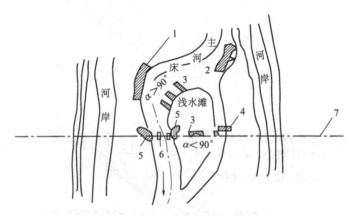

图 1-26　导治结构物综合布置图例

1,5—顺坝；2—格坝；3—丁坝；4—拦水坝；6—桥墩；7—路中线

梯形。丁坝往往多个成群设置。

顺坝指坝轴线基本沿导流线边缘布置，使水流较顺缓地改变流向，起疏导水流作用。

当顺坝较长，距离河岸间距较大时，为防止水流冲走沉积泥沙，使坝体与河岸相连，在顺坝与河岸之间设置一道或几道横格，形成格坝。

1.6.3　湿软地基加固

在土木工程中，地基加固极为重要，常是各种建筑物成败的关键。湿软地基主要指天然含水量过大，胀缩性高，具有湿陷性，承载力低，在荷载作用下容易产生滑动或固结沉降的土质地基，如软土、泥沼、泥炭、湿陷性黄土、人为垃圾、松散杂填土、膨胀土、海（湖）沉积土等。路基直接填筑在这些地基上，往往会因地基承载力不足，或在自然因素作用下产生过大的变形，导致路基产生各种破坏。因此，有必要采取措施对湿软地基予以加固。湿软地基加固关键是治水和固结。

（1）换填土层法　换填土层法是采用人工、机械或爆破等方法，将基底一定深度及范围的湿软土层（厚度小于 3m）挖除，换以强度大、稳定性好的砂砾、卵石、碎石、石灰土、素土等回填，并分层压实至规定的密实度。换填砂垫层，可起到加速软弱土层排水固结、提高承载力、减少沉降量等作用。

如当地石料丰富，亦可直接在路基基底抛投片石，将湿软土层挤出基底范围，以提高路基强度，这种方法称为抛石挤淤法。抛投片石一般不宜小于 30cm。抛投顺序从中部开始，再向外扩展到两侧，并向前突进。

（2）碾压夯实法　重锤夯实加固地基，是利用起重设备将锤体直径为 1～1.5m、重量为

1.5t 左右的钢筋混凝土截头圆锥体（底部垫钢板），提升 2.5～4.5m 高度后，重锤自由落下，锤体夯实土基。这种方法可显著地提高地基表层土的强度，降低湿陷性黄土的湿陷性，使杂填土表层强度一致。重锤夯实次数，以最后两次的平均夯沉量不超过规定值来控制，一般黏性土和湿陷性黄土为 1～2cm；砂土为 0.5～1.9cm。实践表明，一般为 8～12 遍，作用厚度可达锤底直径的一倍左右。但城市中一般不采用此方式，因为噪声太大。

（3）排水固结法　排水固结法是在湿软地基中设置垂直排水井，缩短排水距离，运用堆载预压，挤出土中过多含水量，加速土体固结，达到挤紧土粒，提高土体的抗剪强度的目的。因此，该法适用于含水量过大、土层较厚的软弱地基。按垂直排水井材料的不同，可分为砂井法和排水板法。

① 砂井法　用锤击、震动、螺钻、射水等方式成孔，在孔内灌砂而形成砂井。射水法成孔称为水冲法，其他称为沉管法。砂井表面铺设 0.5～1.0m 厚的砂垫层或砂沟。排水固结速度与堆载量大小、加载速度、砂井直径、间距、深度等因素有关。砂井直径多为 20～30cm，间距是井径的 6～8 倍，间距 2～3m，间距平面上呈三角形或正方形布置，尤以三角形布置效果为佳；其深度以穿越地基可能的滑动面为宜。砂井用砂为中粗砂，含泥量不宜大于 3%。

为了把砂井中的水分加快排到路基范围外、缩短固结时间，应在路堤底部设砂垫层，也可在每排砂井顶设置一条砂沟，在纵横向均匀连接贯通。砂沟宽可为砂井直径的 2 倍，高为 0.4～0.5m。

② 排水板法　用纸板、纤维、塑料或绳子代替砂井的砂做成排水井。其原理和方法完全与砂井排水法一致。目前基本上以带沟槽的塑料芯板作为排水板，因此，又称塑料板法。

（4）挤密法　土基成孔后在孔内灌以砂、石、土、石灰土或石灰等材料，捣实而成直径较大的桩体。利用桩体横向之间的相互挤紧作用，使地基土粒相互紧密，减少孔隙，桩体与原土组合而成复合地基，提高地基承载力，以加固地基。桩孔内填石灰而形成石灰桩，主要是利用生石灰的吸水、膨胀、发热及离子交换作用，使桩体硬化，达到挤密软土、加固地基的目的。因此，要求生石灰是新鲜的，灰块必须粉碎。

砂桩和砂井相比，虽然形成相似，但两者有着本质的区别。砂桩的作用是排水固结，井径较小而间距较大，适用于湿软地基；砂桩的作用是挤紧地基土，井径较大，而间距较小，适用于处理松砂、杂填土和黏粒含量不大的普通黏性土。

砂桩或石灰桩桩径一般为 20～30cm，桩距为桩径的 3～5 倍。

（5）化学加固法　化学加固一般是用压力将化学溶液或胶黏剂通过注浆管均匀地注入软基土层中，经过短暂时间后，使土颗粒胶结起来凝成一个整体，达到对土基加固的目的，并能起到防渗的作用。目前化学溶液主要有下列几类：水玻璃溶液为主的浆液，价格昂贵；丙烯酸铵为主的浆液，效果较好，价高难以推广；水泥浆以及纸浆废液为主的浆液等。

化学加固施工工艺主要有压力灌注、电动硅化和高压旋喷法几种。压力灌注及电动硅化法一般是将浆液注入土中赶走孔隙内的水或气体，从而占据其位置，然后将土胶结成整体。高压旋喷法是利用高压（20～25MPa）射流的强度使浆液与土混合，从而在射流影响的有效范围内使土体速凝成一个圆柱形的桩，桩径达 0.5～1.0m。

（6）土工合成材料加固法　土工合成材料是以人工合成的聚合物制成的各种类型产品，是岩土工程中应用的各种合成材料的总称。有土工网、土工格栅、土工织物、土工垫、土工复合排水材料等。

由于土工合成材料具有强度高、韧性好等力学性能，因此，它能增强土的强度，承受拉应力，并均匀分布结构物所承受的应力，从而有效地防止局部破坏，解决松软地基的加固问题。

本章小结

路基是道路工程的基础，直接影响到路面工程功能的正常发挥。本章从路基设计要求、横断面基本形式、路基构造、路基排水、路基附属设施和边坡防护与加固等几个方面对路基的设计进行了介绍。通过本章的学习，要求同学掌握路基横断面设计方法，能够进行路基宽度、高度和边坡坡度的初步确定，能够进行道路边坡防护方法进行选择，并对路基附属设施的内容和基本形式有所了解。

 复习思考题

1. 路基设计内容包括哪几方面？

2. 路基横断面的基本形式包括哪几方面？试绘图说明。

3. 绘图并标注路基各部分的构造。

4. 路基边坡分为几种形状？边坡大小用什么指标表示？如何表示？边坡大小与什么因素有关？

5. 为什么要进行路基排水？路基排水设施分为哪几种？试分述各种排水设施的结构组成和布置方式。

6. 路基工程的附属设施包括哪几部分？试绘制各部分的布置。

7. 路基边坡防护方式分为哪几种？各种防护措施又分为哪几类？

8. 冲刷防护分为哪几种？各种防护措施各适用什么条件？

9. 为什么要进行湿软地基加固？加固方法分为哪几种？各适用什么情况？

第 2 章 路基工程施工准备工作

【知识目标】
- 了解公路工程施工的程序。
- 理解施工准备文件的内容。
- 掌握施工准备内容和各部分的内容、作用。
- 掌握施工准备各部分内容的施工操作方法。

【能力目标】
- 能够用流程图绘制施工准备的主要内容。
- 能够根据施工准备文件进行各部分的施工准备。

2.1 概　述

路基土石方工程量大，分布不均匀，不仅与自身的其他工程设施（如路基排水、防护与加固等）相互制约，而且与公路工程的其他项目（如桥涵、路面等）相互交错且关系密切。因此，路基建筑往往成为整个公路施工进展的关键。为确保工程质量，实现快速、高效、安全施工，必须重视施工技术与管理，合理选择施工方法，周密制订施工组织计划，应用并推

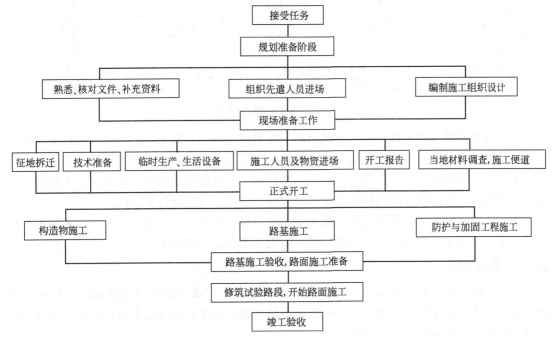

图 2-1　公路工程施工过程程序简图

广先进的技术，切实做好安全生产等，这是高速发展公路事业的需要，亦是实现"精心施工"的必由之路。

公路工程施工过程程序简图如图2-1所示。

施工单位接受施工任务后，即可着手进行施工准备工作。施工单位的施工准备工作千头万绪，涉及面广，必须有计划、按步骤、分阶段地进行，才能在较短的时间内为工程的开工创造必要的条件。准备工作的基本任务是了解施工的客观条件，根据工程的特点、进度要求，合理安排施工力量，从人力、物资、技术和施工组织等方面为工程施工创造一切必要的条件。

2.2　准备工作的内容

做好施工前的准备工作，是保证施工顺利进行的重要前提，必须给予足够的重视并认真准备。准备工作可大致归纳为组织准备、物质准备和技术准备三个方面。

2.2.1　组织准备

组织准备包括建立健全施工组织机构和组建劳动组织机构两方面。

（1）建立施工组织机构　我国与国际施工惯例接轨，工程建设已全部按照《FIDIC》合同条件进行施工与监理，因此对一个施工单位来讲，主要是实行项目经理负责制，即项目经理全面负责的目标责任制，其施工组织机构如图2-2所示。

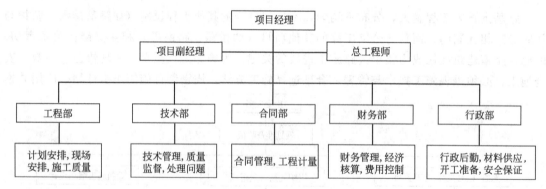

图 2-2　施工组织机构图

（2）建立劳动组织体系　根据所承担的工程量的大小和工期要求，安排出总进度计划网络图，并进一步估算出全部工程用工工日数，平均日出工人数，施工高峰期日出工人数，以及技术工种、机械操作工种、普通工种等用工比例，选择能够适应其工程质量、工期进度要求的作业队伍，并与施工劳动作业单位签订《劳务合同》，实行合同管理。

考虑到所担负工程的具体情况，结合施工队伍施工特点、技术装备情况、技术熟练程度和施工能力，施工队伍应进行适当的培训，以满足工程施工的要求。

2.2.2　物质准备

（1）机械设备准备　根据实时性施工组织计划，一次或分批配齐足够的施工机械和工具。机械设备要配套选择，充分发挥机械设备的性能，要保证机械设备的正常操作使用。施工设备的放置，应考虑到施工的要求。

（2）材料准备　路面用自采材料和外运材料，经检验和选择，按需要的规格和数量运到现场，堆放位置应根据实施性组织计划进行合理的设计。具体应做到以下几点。

① 编好材料预算，提出材料的需用量计划及加工计划。

② 根据施工平面图安排和落实材料的堆放及临时仓库设施。

③ 组织材料的分批进场。当场地狭小时，要考虑场地的多次周转使用，按时间、地点使用场地。

④ 组织材料的加工准备，尽可能地集中加工。例如对水泥混凝土、沥青混合料的集中配料拌和等。通过对材料的集中加工，可以减少材料消耗，提高材料的利用率，保证材料质量，也可以减轻劳动强度，提高机械化和专业化水平，还可以减少临时设施的规模，节约施工临时用地，有利于实现文明施工。

（3）生活设施准备　工地人员的食宿位置、办公地点、房舍区域和生活必需设备的准备。

（4）安全防护准备　按照施工安全要求，切实做好防火、防爆工作，准备好各种安全防护和劳动防护用品，并要求全体人员严格遵守安全技术操作规程进行施工。安全工作要以预防为主，消除事故隐患。另外，不应把做好安全生产单纯看作技术性的工作，而必须从思想上、组织上、制度上、技术上采取相应的措施，综合治理才能奏效。

2.2.3　技术准备

（1）熟悉设计文件　组织技术人员领会设计文件的意图，熟悉设计文件中的各项技术指标，仔细考虑其技术经济的合理性和施工的可行性。对设计文件中有疑问、错误或设计不妥之处，应及时与建设业主、设计单位和工程监理联系，到实地现场调查了解，选择合理的解决方案。对于一些不确定因素如阴雨、交通干扰等，技术人员应心中有数，以便对相应的施工环节作充分的考虑。

（2）编制施工方案　根据设计文件中的施工组织设计和建设业主在承包合同中的具体要求，结合工程项目特点、具体施工条件及工程承包单位的情况，编制具体、可行的实施性组织计划，并报工程监理和建设业主批准。

（3）技术交底　工程开工前，为了使参与施工的人员及工人了解所承担的工程任务的技术特点、施工方法、施工程序、质量标准、安全措施等，必须实施技术交底制度，认真做好交底工作。

技术交底不仅要针对技术干部，而且要把它交给所有从事施工的操作工人，从而提高他们自觉研究技术问题的积极性和主动性，为更好地完成施工任务和提高技术水平创造条件。

技术交底按技术责任制的分工，分级进行。施工单位的技术总负责人，应将公路施工质量标准、施工方法、施工程序、进度要求、安全措施，各分部工程施工组织的分工和配合，主要施工机具的安排和调配等，连同整个工程的施工计划，向所属工程队长及全体技术人员进行交底。工程队技术负责人应将本队承担的工程项目，向所属班组长及全体技术人员进行交底。班组技术负责人应将本班组承担工程项目的施工方法、劳动组合、机具配备等，对全组工人进行交底。班组技术交底是技术交底制度的最重要环节，班组工人应在接受交底后进行讨论，目的是要使参加施工实际操作的所有人员，充分了解自己施工中应掌握的正确方法和应尽的具体责任，并对改进施工劳动组织和操作方法，以及提高工程质量和保证施工安全等方面提出合理化建议。因为工人是对施工操作最熟悉、经验最丰富的实践者，他们的意见和建议往往能切中要害，能提出和解决工程师考虑不到的问题，对完善施工计划能起到良好的促进作用。

分级交底时，都应做好记录，作为检查施工技术执行情况和检查技术责任制的一项依据。

上述各项交底一般用口头方式进行，辅以图表，必要时可做示范操作或建立质量样板，以使上岗人员充分掌握要领。

2.3 施工测量

2.3.1 导线、中线的复测与固定

（1）导线的复测与固定。公路的中线及其沿线构造物的位置是由导线控制的，施工单位必须对设计单位提供的导线点坐标及其现场桩橛认真进行复测核对；若设计单位设置的导线点过稀而不便使用，或导线点落在施工操作范围之内而可能遭到损坏时，应对导线点进行加密或移位。

导线测量是平面控制测量，要有较高的精度。公路是带状建筑物，导线多从某个高级控制点（如国家平面控制点）出发，沿着公路旁侧布设，最后附合到另一个高级控制点上去。如图 2-3 所示，A、B、C、D 为高级控制点，D_1、D_2、D_3…为导线点。这种形式的导线称为附合导线。加密的导线可从某个高级控制点或导线点支出，如图 2-3 所示的 D_{2-1}、D_{2-2}，称为支导线。支导线不闭合亦不附合于已知导线点上，错误与否难以核对，故点数不宜超过两个。

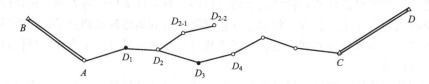

图 2-3 附合导线和支导线

导线点的位置应选在地势较高、视野开阔、方便安置仪器的地方，以利于以后恢复中线及构造物放样之用；相邻两导线点必须通视，才能量角、测距；导线点间距视地形地物情况和工程需要而定，一般以不超过 1km 为宜，且相邻边长应尽量不要相差悬殊。

（2）中线的复测与固定。路基开工前需要进行详细的中线测量工作，就是通过测设直线或曲线，将公路中心线的平面位置准确、具体地标定在地面上。中线测量的传统手段是用经纬仪定向，钢尺量距。

① 将标定路线平面位置的各点在地面上重新钉出，在平曲线特征点、地面突变点、土石方成分变化点等处增钉加桩。

② 如发现丈量错误或需要局部改线，应做断链处理，注明前后里程关系及长（或短）链距离。

③ 对高等级公路，应采用坐标法恢复主要控制桩。

④ 桩点丢失时，要及时补上。

a. 交点丢失时，可由前后的 ZY、YZ 点定出切线并延长切线，交出丢失的交点桩，并钉桩固定。

b. 转点丢失时，可用正倒镜延长直线，重新补设。

c. 曲线特征点丢失时，可对曲线重新测设补桩。

（3）路线的主要控制点，如交点、转点、曲线的起讫点，以及起控制作用的百米桩和加

桩，应视当地的地形条件和地物情况，采取有效的方法加以固定。

（4）位于路基范围内的桩因施工无法保留时，应另用桩移钉于路基范围之外。

① 直线段上的点，其移钉方向为垂直于路中线。

② 曲线上的点，其移钉方向为垂直于该点的切线方向。

③ 当受地形条件限制时，也可用其他方法将主要控制点移钉于路基范围之外，但在移钉的桩上及记录手簿中均应注明桩号及移钉距离。

（5）加钉护桩的方法，一般所需要固定的控制点桩为交叉点，沿两个大致互相垂直的方向，在每条方向线上，将桩点移到路基施工范围以外。可在相距一定距离处，钉上两个带钉木桩，桩上标出相应的桩号和量出的距离，同时绘草图，并记入记录簿内，以备查用。

恢复中线时应注意与独立施工的桥梁、隧道及相邻施工段的中线闭合，发现问题及时查明原因，并报监理工程师。

2.3.2　路线高程复测与水准点的增设

中线恢复后，对沿线的水准点作复核性水准测量，以复核水准点一览表中各点的水准基点高程和中桩的地面高程。当相邻水准点相距太远时，为便于施工期间引用，可加设一些临时水准点。在如桥涵、挡土墙等较大构造物附近，以及高路堤、深路堑等集中土石方地段附近，应加设水准点。临时水准点的标高必须符合精度要求。

2.3.3　横断面的检查与补测

路线横断面应详细检查与核对，发现疑问与错误时，必须进行复测。在恢复中线时新设的桩点，应进行横断面的补测。此外，应检查路基边坡设计是否恰当；与有关构造物如涵洞、挡土墙的设计是否配合相称；取土坑、弃土堆的位置是否合理。应当注意，凡是在恢复路线时发现原设计中的一切不正确之处，都应在图纸上明确地记录下来，并与复测的结果一起呈报监理工程师复核或审批。

2.3.4　竣工测量

竣工后测量工程师安排监理测量组进行下列工作。

① 检查承包人全线（已竣工路段）恢复定线和路线竣工验收测量工作，审批竣工测量报告，视情况组织部分路段复测。

② 检查承包人全线（已竣工）桥涵及其他设施竣工验收的测量资料，按总监或驻地监理要求组织复核测量，审核批准测量报告。

③ 核实因变更设计引起工程数量变动所需的测量内容。

④ 检查、督办总监、高级驻地和现场监理人员要求的其他测量工作。

2.4　路基放样

2.4.1　路基边桩的放样

路基边桩的放样就是将每一个横断面的路基两侧的边坡线与地面的交点，用木桩标定在实地上作为路基施工的依据。常用的有以下几种方法。

2.4.1.1　图解法

即直接在路基横断面图上按比例量取中桩至边桩的距离。然后到实地用皮尺测定其位置。在填挖方不大时常用此法。

2.4.1.2 解析法

它是通过计算求出路基中桩至边桩的距离。分在平坦地面和在倾斜地面两种。

（1）平坦地面 填方路基和挖方路堑如图 2-4 所示。因为此两图的地面都是平坦的，所以可得出以下结论。

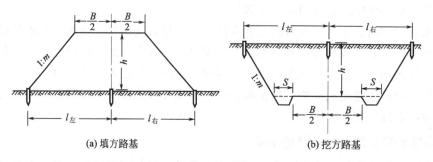

(a) 填方路基   (b) 挖方路基

图 2-4 平坦地面路基放线示意图

路堤：

$$L_左 = L_右 = B/2 + mh \tag{2-1}$$

路堑：

$$L_左 = L_右 = B/2 + S + mh \tag{2-2}$$

式中 $L_左$，$L_右$——路基中桩至左、右边桩的距离；

B——路基顶宽；

m——边坡系数；

h——中桩填土高度或挖土高度；

S——路堑边沟顶宽。

以上是当地面平坦、该断面位于直线段时计算边桩至中桩距离的方法。如果该断面位于曲线上，则路基外侧的加宽宽度应包括在路基宽度内。

（2）倾斜地面 如图 2-5 所示，可得出以下结论。

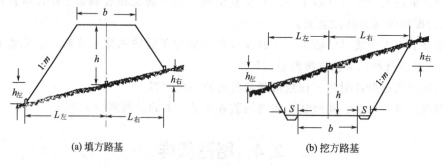

(a) 填方路基   (b) 挖方路基

图 2-5 倾斜地面路基放线示意图

路堤：

$$L_左 = b/2 + mh + mh_左$$
$$L_右 = b/2 + mh - mh_右 \tag{2-3}$$

路堑：

$$L_左 = b/2 + S + mh - mh_左$$

$$L_右＝b/2＋S＋mh＋mh_右 \tag{2-4}$$

式中　$h_左$，$h_右$——左侧边桩、右侧边桩与中桩地面高度差。

在以上各式中，b、m、h、S 均为设计时已知，故 $L_左$、$L_右$ 随 $h_左$、$h_右$ 而变，而 $h_左$、$h_右$ 为左、右边桩与中桩的地面高差，且都是未知值，因而 $L_左$、$L_右$ 也不能求得。实际上是在实地先定出横断面方向后采用逐点接近的方法测设边桩。现以路堤左边桩为例，其测设步骤如下。

① 在路基横断面图上估计路堤左边桩至中桩的水平距离 $L_{左估}$，于实地在其断面方向上按 $L_{左估}$ 定出左边桩的估计位置。

② 实测左边桩估计位置与中桩的高差 $h_左$，按 $L_左＝b/2＋mh＋mh_左$ 算得 $L_左$。若 $L_左$ 与 $L_{左估}$ 相差很大，则需要重新测定。

③ 重估边桩位置。若 $L_左＞L_{左估}$，则需要把原定左边桩向外移得 $L'_{左估}$；否则反之。而后按 $L'_{左估}$ 重新定出左边桩的估计位置。

④ 与上述②做法相同，实测高差、算得 $L_左$。若 $L_左$ 与 $L_{左估}$ 相符或接近，即得边桩位置。否则重新测定，直至满足要求为止。其他各边桩测设方法相同。

2.4.2　路基边坡的放样

测设出边桩后，为了保证填、挖边坡达到设计要求，还应把设计边坡在实地标定出来，以便于施工。

(1) 用竹竿、绳索放样边坡　如图 2-6 所示，O 为中桩，A、B 为边桩，$CD＝b$。放样时在 C、D 处竖立竹竿，在其上等于中桩填土高度 h 处用 C'、D' 做记号，用绳索连接 A、C'、D'、B，即得设计边坡，它适用于填土不高时的路堤施工。当路堤填土较高时，如图 2-7 所示，可分层挂线和施工。

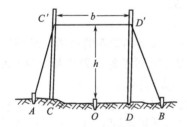

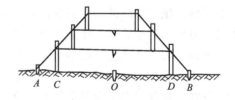

图 2-6　低填土路堤边坡挂线放样　　　　图 2-7　高填土路堤边坡分层挂线放样

(2) 用边坡板放样边坡　施工前按设计边坡做好边坡样板，施工时按边坡样板放样。如图 2-8 所示为用活动边坡尺放样路堤边坡。当水准气泡居中时，边坡尺的斜边指示的方向即为设计的边坡，故可借此指示与检核路堤的填筑或路堑的开挖。如图 2-9 所示为用固定边坡样板放样路堑边坡，在开挖路堑前，在边桩外侧按设计边坡设立固定样板，施工时可随时指示并检核开挖和整修。

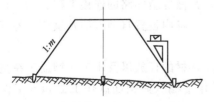

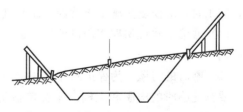

图 2-8　用活动边坡尺放样路堤边坡　　　　图 2-9　用固定边坡样板放样路堑边坡

2.5　场地准备

施工场地的准备，一般由建设单位（业主）来提供，施工单位进行场地准备，或根据合同文件情况由建设单位配合施工单位来准备。

（1）用地划界及拆迁建筑物　施工前，根据实际情况确定用地范围进行公路用地测量，并绘制用地平面图及用地划界表，送交有关单位办理拆迁及占用土地手续。施工前对路基范围内的所有地物均应妥善处理。路基施工范围内的所有建筑物、设施等，均应会同有关部门事先拆迁或改造。因路基施工影响沿线附近建筑物的稳定时，应予适当加固。

（2）砍伐树木　在路基施工范围内，对妨碍视线、影响行车的树木、灌木丛，均应在施工前进行砍伐或移植清理。砍伐后的树木，应堆放在不妨碍施工和不影响农业生产的地方。

高速公路、一级公路及填土高度小的其他公路，应将路基范围内的树根全部挖除；填土高度在1m以上的其他公路，允许保留树根。采用机械施工的路堑及取土坑等，均应将树根全部挖除。

（3）场地排水　场地排水是指疏干、排除场地上所积地面水，保持场地干燥，为施工提供正常条件。通常是根据现场情况，设置纵横排水沟，形成排水系统，将水引入附近河渠、低洼处排除。为节省工程量，避免返工浪费，所开挖的排水沟应按所设计的路基排水系统布置。

在受地面积水或地下水影响的土质不良的地段施工时，为了保证工程质量，减少土方挖掘、运送和夯实的困难，施工前也应切实做好场地排水工作并安全有效。

2.6　临时工程

为了维护施工期间的场内外交通，保证机具、材料、人员和给养的运送，必须在开工前根据施工方向、运输路线、生活场所、料场及水电供应等临时设施，做好相应区域的通电、通水、通路、通信及场地平整的工作（"四通一平"），主要包括以下几点。

（1）现场临时用水管道的安装　应按照施工平面布置图中所设计的现场临时用水管道的走向、管径，从建设单位现场提供的接水口分别接通至施工作业区和现场临时生活区，以及工地预制场、厕所等的给水管道。

（2）现场临时用电的安装　电是施工现场的主要动力来源。工程开工之前，要按照施工组织设计中现场临时用电的要求，接通电力和通信设施，并做好蒸汽、压缩空气等其他能源供应设施的安装。如果采用自备电源时，还要组织好发电机及配电的安装与调试，以确保现场的电力供应和通信设备等的正常运行。

（3）修筑临时道路　为保证交通不受阻碍，应修筑便道、便桥和必要的行车标志及灯光。完工时，应恢复受施工干扰的旧路与其他场地，并做好新旧路的连接工程。

（4）通信　建设初期使用微波通信进行联系，并在场内设置自动电话站供施工各有关单位使用。

（5）临时的房屋　为保证筑路员工的生活、物质器材的存放以及木工、钢筋工在室内作业，要修建临时的房屋和工棚。主要包括生产性操作工棚（如钢筋制作工棚和木工作业棚等）、工地仓库、工地办公房以及现场临时工人宿舍、食堂等。此外为了落实文明施工和现场封闭管理，在搭设临时设施时应按照文明施工要求搭设工地现场围挡和工地大门及门卫室。

本章小结

　　路基建筑是整个公路施工进展的关键，路基工程施工准备工作又是实现快速、高效、安全施工的前提，亦是实现"精心施工"的必由之路。本章主要介绍了施工准备的内容、方法和各部分准备工作程序等。通过本章的学习，要求同学了解公路工程施工程序，掌握施工准备的内容和各部分准备工作的程序，能够依据相关资料进行各部分的施工准备的编制和实施。

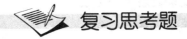 **复习思考题**

　　1. 简述公路工程施工程序。

　　2. 施工准备内容主要包括哪几方面？简述各部分的主要内容和作用。

　　3. 施工测量都包括哪几方面的内容，简述各部分的操作要点。

　　4. 路基边桩放样都有什么方法？试用测量仪器在实地进行边桩放样。

　　5. 试用测量仪器在实地进行边坡放样。

　　6. 临时工程包括哪些内容？

　　7. 根据工程实际资料读懂施工准备文件，并能进行各部分施工准备的实施。

第3章 一般路基工程施工

【知识目标】
- 了解路基常见病害及产生原因。
- 理解路基填筑参数、爆破参数。
- 掌握路基常见填料分类和填料处治方法。
- 掌握路基施工常用压实机械及其组合。
- 掌握路基填筑施工方法。
- 掌握路堑开挖施工方法。
- 掌握湿软地基处治常用方法。
- 掌握常见爆破方法、适用条件及其施工程序。
- 掌握路基工程常见质量问题及其处理方法。

【能力目标】
- 能够利用实验手段确定路基填料的最佳含水量和最大干密度。
- 能够利用试验仪器对路基施工质量进行检测并采取相应措施处理。
- 能够对不同的施工条件进行爆破方法的选择。
- 能够根据具体情况选择湿软土路基处治方法和填料的选择方法。

3.1 路基的病害和设计要求

3.1.1 路基的病害

由于自重、行车荷载和水、温度等各种自然因素的作用，路基的各部分会产生可恢复的变形和不可恢复的变形，那些不可恢复的变形，将引起路基标高和边坡坡度、形状的改变，甚至造成土体位移和路基横断面几何形状的改变，危及路基及其各部分的完整和稳定，形成路基的病害。

路基常见的病害主要有以下几种。

3.1.1.1 路基的沉陷

路基的沉陷是指路基在垂直方向产生较大的沉落。路基的不均匀下陷，将造成局部路段破坏，影响交通，如图 3-1(a) 所示。

路基的沉陷有两种情况。

① 路基的沉落　因填料选择不当，填筑方法不合理，压实不足，在荷载和水温综合作用下，堤身可能向下沉陷，如图 3-1(b) 所示。

② 地基的沉陷　原地面为软弱土层，例如泥沼、流沙或垃圾堆积等，填筑前未经换土或压实，造成承载力不足，发生侧面剪裂凸起，地基发生下沉，引起路堤堤身下陷，如图

3-1(c) 所示。

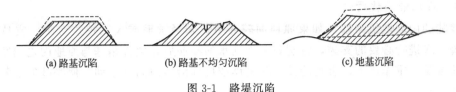

(a) 路基沉陷　　　　　(b) 路基不均匀沉陷　　　　　(c) 地基沉陷

图 3-1　路堤沉陷

路基的沉陷防治方法如下。

① 注意选用良好的填料，严禁用腐殖土或有草根的土块，应分层填筑、分层夯实，并及时排除流向路基的地面水或处理好地下水。

② 填石路堤从上而下，应用由大到小的石块认真填筑，并用石渣或石屑填空隙。

③ 原地面为软弱土层时，路堤高度较低的，且可中断行车时，应挖除换上良好的填料，然后按原高度填平夯实；路堤高度较高的，且又不能中断行车时，可采用打砂桩、混凝土桩或松木桩。

3.1.1.2　路基边坡的坍方

路基边坡的坍方是最常见的路基病害，亦是水毁的普遍现象。按其破坏规模与原因的不同，路基边坡的坍方可分为剥落、碎落、滑坍、崩坍等（图 3-2），损害程度比剥落严重。产生的主要原因是路堑边坡较陡（大于 45°），岩石破碎和风化严重，在胀缩、振动及水的侵蚀与冲刷作用下，块状碎屑沿坡面向下滚落。如果落下的岩块较大（直径在 40cm 以上），以单个或多块落下，此种碎落现象可称为落石或坠落。落石的石块较大，降落速度极快，所产生的冲击力可使路基结构物遭到破坏，威胁行车和行人的安全，有时还会引起其他病害。

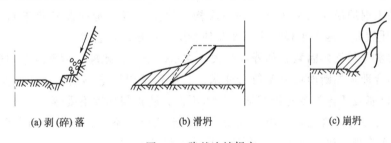

(a) 剥(碎)落　　　　　(b) 滑坍　　　　　(c) 崩坍

图 3-2　路基边坡坍方

滑坍是指路基边坡土体或岩石，沿着一定的滑动面整体向下滑动。其规模与危害程度较碎落更为严重。有时滑体可达数百方以上，造成严重阻车。产生滑坍的主要原因是边坡较高（大于 10～20m，视不同土质而定），坡度较陡（陡于 50°），填方不密实，缺少应有的支撑与加固。此外，挖方的岩层倾向公路路基，岩层倾角在 25°～70°之间，夹有较弱和透水的薄层或岩石严重风化等，在水的侵蚀和冲刷作用下，形成滑动面致使土石失去平衡产生滑坍。

崩坍的规模与产生原因与滑坍有相同之处，亦是比较常见而且危害较大的路基病害之一。它与滑坍的主要区别就在于崩坍无固定滑动面，亦无下挫现象，即坡脚线以下地基无移动。崩坍体的各部分相对位置，在移动过程中完全打乱，其中较大石块翻滚较远，边坡下部形成乱石堆或岩堆。崩坍所产生的冲击力，常使建筑物受到严重破坏，经常阻断交通，并给行车安全带来很大威胁。

坍塌（亦称堆塌）主要是由于土体（或土石混杂的堆积物）遇水软化，在 45°～60°的较陡边坡无支撑情况下，自身重量所产生的剪切力，超过了黏结力和摩擦力所构成的抗剪力，因而土体沿松动面坠落散开，其运动速度比崩坍慢，很少有翻滚现象。

3.1.1.3 路基沿山坡滑动

在较陡的山坡填筑路基，如果原地面较光滑，未经凿毛或人工挖筑台阶，或丛草未清除，坡脚又未进行必要的支撑，特别是在受到水的浸润后，填方路基与原地面之间摩阻力减小，在荷载及自重作用下，有可能使路基整体或局部沿地面向下移动，使路基失去整体稳定性，如图3-3所示。

3.1.1.4 冻胀与翻浆

在季节性冰冻地区，路基土质不良（如粉质土）并有水分供给（地下水位较高、地表长期积水）时，冬季的负气温作用使路基内的水分不断向上积聚而冻结，导致路基体积膨胀和路面隆起开裂，这就称为冻胀；春融期间，路基上层的土

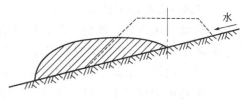

图3-3 路基沿山坡滑动

首先化冻，下层土体化冻慢，上层因含水过多又渗透不到地下，而变得湿软，在行车作用下泥浆沿路面裂缝冒出，形成翻浆。以上两种病害，通称为冻害。

3.1.1.5 不良地质水文条件造成的路基破坏

公路通过不良地质水文地区，或遭遇较大的自然灾害作用，如巨型滑坡、坍落、泥石流、雪崩、溶洞陷落、地震及特大暴雨等，均能导致路基的大规模毁坏。为此，要求在路线勘测设计过程中，力求避开这些地区或采取相应的技术措施，以保证公路的正常使用。

路基破坏的原因是多方面的，各种病害既有各自特点，又往往具有共同的原因，可归纳为以下几个方面。

① 不良的工程地质与水文条件，如地质构造复杂、岩层走向及倾角不利、岩性松散、风化严重、土质较差、地下水位较高以及其他特殊不良地质灾害等。

② 不利的水文与气候因素，如降雨量大、洪水、干旱、冰冻、积雪或温差过大等。

③ 设计不合理，如断面尺寸不符合要求，其中包括边坡值不当、边坡过高、挖填布置不符合要求、路基处于潮湿或过湿状态、排水不良、防护与加固不妥等。

④ 施工不符合有关规定，如填筑顺序不当、土基压实不足、盲目采用大型爆破以及不按设计要求和操作规程进行施工，工程质量没有达到应有的标准。

上述原因中，地质条件是影响路基工程质量和产生病害的基本前提，水是造成路基病害的主要原因。

3.1.2 路基工程的基本要求

在公路建设中，路基工程的主要特点是：工艺较简单，工程数量大，耗费劳力多，涉及面较广，耗资亦很多。根据部分资料分析表明，一般公路的路基修建投资约占公路总投资的25%～45%，个别山区公路可达65%。路基施工改变了沿线原有的自然状态，挖填及借弃土石方涉及当地生态平衡、水土保持和农田水利。路基稳定与否，对路面工程质量影响非常大，关系到公路的正常投入使用。实践证明，没有坚固稳定的路基，就没有稳固的路面，因此，做好路基工程设计、施工与养护，不容忽视。路基应满足下列基本要求。

（1）路基横断面形式及尺寸　应符合交通部部颁标准《公路工程技术标准》（JTG B01—2003）（以下简称《标准》）的有关规定和要求。

（2）具有足够的整体稳定性　路基是直接在地面上填筑或挖去一部分地面建成的。路基

修建后，改变了原地面的自然平衡状态。在工程地质不良的地区，修建路基可能加剧原地面的不平衡状态，从而导致路基发生各种破坏现象。因此，为防止路基结构在行车荷载及自然因素作用下不致发生不允许的变形或破坏，必须因地制宜地采取一定的措施来保证路基整体结构的稳定性。

（3）具有足够的强度　路基的强度是指在行车荷载作用下，路基抵抗变形与破坏的能力。因为行车荷载及路基路面的自重使路基下层和地基产生一定的压力，这些压力可使路基产生一定的变形，直接损坏路面的使用品质。为保证路基在外力作用下不致产生超过允许范围的变形，要求路基应具有足够的强度。

（4）具有足够的水温稳定性　路基的水温稳定性在这里主要是指路基在水和温度的作用下保持其强度的能力。路基在地面水和地下水的作用下，其强度将会显著降低。特别是季节性冰冻地区，由于水温状况的变化，路基将发生周期性冻融作用，形成冻胀和翻浆，使路基强度急剧下降。因此，对于路基，不仅要求有足够的强度，而且还应保证在最不利的水温状况下强度不致显著降低，这就要求路基应具有一定的水温稳定性。

3.2　填筑材料

3.2.1　路基填筑工程对材料的要求

3.2.1.1　路基土分类

土的分类方法很多，目的不同，方法各异，有地质分类、工程分类等。每一种分类都只能反映土的某些方面特征。如地质分类突出成因，着重反映土的发生、变化过程，为确定其物理和化学性质服务。在工程实践中需要的是能表达土的主要工程特性的分类。例如为了解决渗流问题，则要突出土的渗透性，在考虑粒度成分界限值时，要注意使粒组的划分与其透水性的变化相协调。而路基土的分类则要突出土的压实性和水稳性。

我国公路路基土采用的分类方法是：首先按有机质含量多少，划分成有机土和无机土两大类；其次，将无机土按粒组含量由粗到细划分为巨粒土、粗粒土和细粒土三类；最后，若为巨粒土和粗粒土，则按其细粒土含量和级配情况进一步细分，若为细粒土，则按其塑性指数和液限在塑性图上的位置进一步细分。

路基土可以归纳为如下4类。

① 巨粒土　包括漂石、块石、卵石、碎石、卵石夹土。

② 砾石土　包括级配良好砾与级配不良砾、含细粒土砾、粉土质砾与黏土质砾。

③ 砂类土　包括级配良好砂与级配不良砂、细粒土质砂、粉土质砂与黏土质砂。

④ 细粒土　包括高低液限粉土和高低液限黏土。

土分类总体系如图3-4所示。

3.2.1.2　路基土的工程性质

（1）巨粒土　巨粒土有很高的强度及稳定性，是填筑路基的很好材料。漂石还可用于砌筑边坡。

（2）粗粒土　砾类土由于粒径较大，内摩擦力亦大，因而强度和稳定性均能满足要求，是良好的路基填筑材料。级配良好时，或人工处理后，可用于高级路面的基垫层。

砂类土又可分为砂、含细粒土砂（或称砂土）和细粒土质砂（或称砂性土）三种。

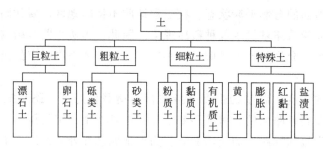

图 3-4　土分类总体系

砂和含细粒土砂无塑性，透水性强，毛细上升高度很小，具有较好的摩擦系数、强度和水稳定性。但由于黏性小，易于松散，压实困难，需用振动法或灌水法才能压实。为克服这一缺点，可添加一些黏质土，以改善其使用质量。

细粒土质砂既含有一定数量的粗颗粒，使路基有足够的强度和水稳性，又含有一定数量的细颗粒，使其具有一定的黏性，不致过分松散。一般遇水干得快，不膨胀，干时有足够的黏结性，扬尘少，容易被压实。因此，细粒土质砂是修筑路基的良好材料。

（3）细粒土　粉质土为最差的筑路材料。它含有较多的粉土粒，干时稍有黏性，但易被压碎，扬尘性大，浸水时很快被湿透，易成稀泥。粉质土的毛细作用强烈，上升速度快，毛细上升高度一般可达 0.9～1.5m，在季节性冰冻地区，水分积聚现象严重，造成严重的冬季冻胀，春融期间出现翻浆，故又称翻浆土。如遇粉质土，特别是在水文条件不良时，应采取一定的措施，改善其工程性质。

黏质土透水性很差，黏聚力大，因而干时坚硬，不易挖掘。它具有较大的可塑性、黏结性和膨胀性，毛细管现象也很显著，用来填筑路基比粉质土好，但不如细粒土质砂。浸水后黏质土能较长时间保持水分，因而承载能力小。对于黏质土如在适当的含水量时加以充分压实和有良好的排水设施，筑成的路基也能获得稳定。

有机质土（如泥炭、腐殖土等）不宜作路基填料，如遇有机质土均应在设计和施工上采取适当措施。

（4）特殊土　黄土属大孔和多孔结构，具有湿陷性；膨胀土受水浸湿发生膨胀，失水则收缩；红黏土失水后体积收缩量较大；盐渍土潮湿时承载力很低。因此，特殊土也不宜作路基填料。

3.2.2　填筑材料的选用

① 填方路基应优先选用级配较好的砾类土、砂类土等粗粒土作为填料，填料最大粒径应小于 150mm。

② 含草皮、生活垃圾、树根、腐殖质的土严禁作为填料。

③ 泥炭、淤泥、冻土、强膨胀土、有机质土及易溶盐超过允许含量的土，不得直接用于填筑路基；确需使用时，必须采取技术措施进行处理，经检验满足设计要求后方可使用。

④ 液限大于 50%、塑性指数大于 26、含水量不适宜直接压实的细粒土，不得直接作为路堤填料；需要使用时，必须采取技术措施进行处理，经检验满足设计要求后方可使用。

⑤ 粉质土不宜直接填筑于路床，不得直接填筑于冰冻地区的路床及浸水部分的路堤。

⑥ 填料强度和粒径，应符合表 3-1 的规定。

表 3-1　路堤填料最小强度和最大粒径要求

| 填料应用部位 | | 填料最小强度(CBR)/% | | | 填料最大 |
(路面底标高以下深度)		高速公路、一级公路	二级公路	三、四级公路	粒径/mm
路堤	上路床(0～0.30m)	8	6	5	100
	下路床(0.30～0.80m)	5	4	3	100
	上路堤(0.80～1.5m)	4	3	3	150
	下路堤(＞1.50m)	3	2	2	150
零填及挖方路基	0～0.30m	8	6	5	100
	0.30～0.80m	5	4	3	100

注：1. 表列强度按《公路土工试验规程》(JTG E40—2007)规定的浸水 96h 的 CBR 试验方法测定。

2. 三、四级公路铺筑沥青混凝土和水泥混凝土路面时，应采用二级公路的规定。

⑦ 浸水路堤应选用渗水性良好的材料填筑。当采用细砂、粉砂作填料时，应考虑振动液化的影响。

⑧ 桥涵台背和挡土墙墙背应优先选用渗水性良好的填料。在渗水材料缺乏的地区，采用细粒土填筑时，宜用石灰、水泥、粉煤灰等无机结合料进行处治。

3.3　填料最佳含水率和最大干密度的确定方法

3.3.1　最佳含水率的定义

最佳含水率（也就是最优含水率）是指填土在一定的压实条件下，获得达到一定的压实度时的最合适的含水率。含水率高于或低于该值土就难以压实。各种类型的土的最优含水率和最大干密度都由击实试验取得。

3.3.2　室内击实试验

击实试验就是模拟施工现场压实条件，采用锤击方法使土体密度增大、强度提高、沉降变小的一种试验方法，是研究土的压实性能的室内试验方法。土在一定的击实效应下，如果含水率不同，则所得的密度也不相同，击实试验的目的就是测定试样在一定击实次数下或某种击实功能下的含水率与干密度之间的关系，从而确定土的最大干密度和最优含水率，为施工控制填土密度提供设计依据。

击实试验分轻型击实试验和重型击实试验两种方法。轻型击实试验适用于粒径小于 5mm 的黏性土，其单位体积击实功约为 592.2kJ/m³；重型击实试验适用于粒径不大于 20mm 的土，其单价体积击实功约为 2684.9 kJ/m³。击实试验所用的主要设备是击实仪，仪器示意图如图 3-5 所示。击实仪的基本部分都是击实筒和击实锤，前者是用来盛装制备土样，后者对土样施以夯实功能。击实试验时，将含水率为一定值的土样分层装入击实筒内，每铺一层后都用击实锤按规定的落距锤击一定的次数，然后由击实筒的体积和筒内被击实土的总质量算出被击实土的湿密度 ρ，从已被击实的土中取样测定其含水率 ω，由式(3-1)计算出击实土样的干密度 ρ_d：

$$\rho_d = \frac{\rho}{1+\omega} \tag{3-1}$$

式中　ρ——被击实土的湿密度，g/cm³ 或 kg/m³；

　　　ρ_d——被击实土样的干密度，g/cm³ 或 kg/m³；

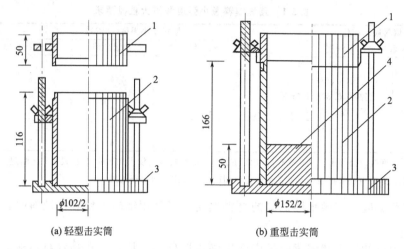

图 3-5 击实仪示意图（尺寸单位：mm）

1—套筒；2—击实筒；3—底板；4—垫块

ω——被击实土样的实际含水率。

这样通过对一个土样的击实试验就得到一对数据，即击实土的含水率 ω 与干密度 ρ_d。对于不同含水率的同一种土样按上述方法做击实试验，便可得到一组成对的含水率和干密度。

3.3.3　击实数据的整理分析

（1）击实曲线及其性状　将同一土样不同含水率的这些数据绘制成的击实曲线，如图 3-6 所示，以干密度为纵坐标，含水量为横坐标，绘制干密度及含水率的关系曲线，曲线上的峰值点坐标分别为最大干密度和最优含水率。它表明在一定击实功作用下土的含水率与干密度的关系。

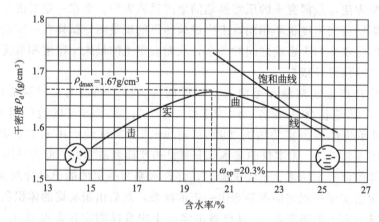

图 3-6　击实曲线

击实试验所得到的击实曲线是研究土的压实特性的基本关系图，从图中可见，击实曲线反映土的含水率和干密度的变化关系。在峰值点处的干密度为最大，称为最大干密度，其相应的含水率则称为最佳含水率（或称最优含水率）。峰点表明，在一定的击实功作用下，只有当压实土粒为最佳含水率时，土才能被击实至最大干密度，从而达到最大压实效果。

（2）压实曲线分析　由于最佳含水率 ω_{op} 与塑限 ω_p 比较接近，因此可根据土的塑限预估最优含水率，加水湿润制备不少于 5 个含水率的试样，含水率依次相差为 2%，且其中有 2 个含水率大于塑限，2 个含水率小于塑限，1 个含水率接近塑限。

从图 3-6 的曲线形态还可看到，曲线左段比右段的坡度陡。这表明含水率变化对于干密度影响在偏干（指含水率低于最佳含水率）时比偏湿（指含水率高于最佳含水率）时更为明显。

在 ρ_d-ω 曲线中还给出了饱和曲线，它表示当土处于饱和状态时的 ρ_d 与 ω 关系。饱和曲线与击实曲线的位置说明，土是不可能被击实到完全饱和状态的。试验表明，黏性土在最佳击实情况下（即击实曲线峰点），其饱和度通常为 80% 左右，整个击实曲线始终在饱和曲线的左下侧。这一点可以这样理解：当土的含水率接近或大于最佳值时，土孔隙中的气体将处于与大气不连通的状态，击实作用已不能将其排出土外。

3.4　路基施工机械

3.4.1　常用路基土方施工机械

常用路基土方工程机械有松土机、推土机、铲运机、平地机、装载机、挖掘机（配以自卸汽车运土），以及各种压实机械。各种土方机械可进行单机作业，如平地机、推土机等，挖掘机需要配以松土、推土、平土及压实等相应机具，综合完成路基施工任务。

3.4.2　土方施工机械的合理选型与组合

施工机械种类繁多，各种机械又有其独特的技术性能和作业范围。各种机械可能有多种用途，而某一施工内容往往可以采用不同的机械去完成，或者需要若干机种联合工作。为了获得最佳的技术经济效果，根据具体的施工条件，必须对施工机械进行合理的选择与组合，使其发挥尽可能大的效能。

工程量与施工进度（工期）是合理选择机械的重要依据。一般情况下，为了保证施工进度和提高经济效益，工程量大、工期紧时应采用大型机械，而工程量小时，则采用中、小型施工机械。但这不是绝对的，有时候可能是其他因素更突出地影响着施工机械的选择。

一般情况下，选择施工机械应遵守下述原则。

（1）施工机械与工程的具体实际相适应　这里的工程具体实际是指工程量的大小，工期的要求，工地的气候、地形、土质，施工场地的大小，运距远近，施工断面尺寸，工程质量要求等。在条件允许的情况下，尽量选择最能满足施工内容的机种和机型。

（2）应有较好的经济性　施工机械经济性选择的基础是施工单价，主要与机械固定资产消耗及运行费等因素有关。必须权衡工程量与机械费用的关系，同时要考虑机械的先进性和可靠性，这是影响经济效益的重要因素。采用先进的机械设备，其技术性能优良，构造简单，易于操纵，故障费大大降低，最终可取得较好的经济效益。

（3）应能保证工程质量要求和施工安全　根据工程的技术要求，选择合适的施工机械是保证工程质量的重要因素之一。对技术质量要求高的作业项目，应考虑采用性能优良或专用的机械，以保证工程质量和较高的生产率。同时，选择的机械应具有可靠的安全性能，能保证施工人员和设备安全。

（4）机械的合理组合　合理地进行机械组合是发挥机械设备效能的重要因素，也是机械化施工的一个基本要求，包括技术性能和机械类型及其数量两个方面的配置。组合时应考虑以下几点。

① 主导机械与配套机械，其工作容量、数量及生产率应稍有贮备，机械的工作能力应配合适宜。一般配套机械的工作能力应稍大于主导机械要求配套机械的工作能力，以充分发挥主导机械的生产率。

② 牵引车与配套机具的组合。

③ 配合作业机械组合应尽量少，以提高施工总效率。

④ 尽量选用系列产品，便于维修和管理。

对于土方工程，使用机械组织施工的方法有：推土机施工法、铲运机施工法和挖掘机加装载机施工法。根据土方工程通常的作业程序，机械的配套和组合见表 3-2。它们间的组合关系可以作为组成合理的机组进行施工的一个参考依据。

表 3-2　施工方法

作业名称	挖掘	装载	搬运	路面修整	撒布
作业程序	1	2	3	4	5
机械的配套与组合	推土机施工法	推土机		机动平地机	推土机 机动平地机 压路机
	铲土机施工法	机动铲土机 拖式铲土机＋推土机		机动平地机	推土机 机动平地机 压路机
	挖掘机加装载机施工法	挖掘机	装载机 翻斗车 自卸汽车	机动平地机	推土机 机动平地机 压路机

3.4.3　施工机械的选择

在公路工程施工中，应根据机械的技术性能，针对各项作业的具体情况，从下述几方面出发，合理地选择机械。

（1）根据作业内容选择　路基工程的作业内容可分为基本作业和辅助作业。基本作业包括土石方挖掘、装运、填筑、压实、修整和挖沟。辅助作业有砍伐树根、松土、爆破、表层清理和处置。各种作业都由相应的施工机械完成。

实践表明，对中小型工程，选择通用性机械较为合理、经济，而大型的工程，应当更注重根据作业内容选择机械，才能获得最佳的技术经济效益。具体选择时，先选定作业的主要机械，然后根据其生产能力、工作参数及施工条件选择辅助机械，以保证工程连续均衡地开展。

（2）根据土质条件选择　土石是机械施工的主要对象，其性质和状态直接影响施工机械作业的质量、工效和成本等，因此，土质条件也是选择机械的一个重要依据。一般从以下几方面考虑选用。

① 根据机械通行性选择　所谓通行性是用以表示车辆，特别是工程车辆在土质等条件限制下，在工地行驶的可能程度。一定土质地面的车辆通行性，可通过对土壤性质变化的测定来确定。

② 根据土的工程特性选择　不同土质对不同机械的施工作业的可能性和难易程度影响较大，因此，必须根据工地土质的工程特性，选择合适的机械。在选择施工机械时，通常把

较为干燥的黏土、砂土、砂砾土、软石等称作硬土；把淤泥、流砂、沼泽土和湿陷性大的黄土、黑土及软弱黏土等称作软土。

（3）根据运距选择　各种铲运机械都有自己的经济运距，所以应结合工程规模及现场条件选择。

（4）根据气象条件选择　气象条件主要是指雨季的雨水、冬季结冰的融水及冬季的降水。因为雨水使土壤的含水量增大，工程条件恶化，降低原有机械的作业效率，有时甚至不得不使用效率较低的履带式机械。冬季天气寒冷，出现冻土，增加了施工作业的困难，降低了作业效率，甚至还需要松土器等机械来帮助作业。

常用土方机械的适用范围见表 3-3。

表 3-3　常用土方机械的适用范围

机械名称	适用的作业项目		
	施工准备工作	基本土方作业	施工辅助作业
推土机	1. 修筑临时道路 2. 推倒树木、拔除树根 3. 铲除草皮 4. 清除积雪 5. 清理建筑碎屑 6. 推缓陡坡地形 7. 翻挖回填井、坟、陷穴	1. 高度 3m 以内的路堤和路堑土方工程 2. 运距 10～80m 以内的土方挖运与铺筑及压实 3. 傍山坡的半填半挖路基土方	1. 路基缺口土方的回填 2. 路基面粗平 3. 取土坑及弃土堆平整工作 4. 配合铲运机作助铲顶推动力 5. 斜坡上推挖台阶
拖式铲运机	铲除草皮	运距 60～700m 以内的土方挖运、铺填及碾压作业（填挖高度不限）	1. 路基面及场地粗平 2. 取土坑及弃土堆整理工作
自动平地机	1. 铲除草皮 2. 清理积雪 3. 疏松土壤	1. 修筑 0.75m 以下的路堤及 0.6m 以下的路堑土方 2. 傍山坡半填半挖路基土方	1. 开挖排水沟及山坡截水沟 2. 平整场地及路基 3. 修刮边坡
拖式松土机	1. 翻松旧路的路面 2. 清除树根小树墩及灌木丛		1. 在含有砾石及坚硬的Ⅲ～Ⅳ类土中做疏松工作 2. 破碎及揭开 0.5m 以内的冻土层
正铲拖斗挖土机		1. 半径为 7m 以内的土挖掘及卸弃 2. 用倾卸车配合作 500～1000m 以上的土方远运	1. 开挖沟槽及基坑 2. 水下捞土（用反铲、拉铲或蛤蚌式挖土机）

3.5　土质路基压实施工

3.5.1　压实机具的选择与操作

实践证明，在没有经过人工压实的路基上是不能铺筑路面的，这是由于未经压实的路基，在自然因素和行车荷载的作用下，必然要产生较大的变形或破坏。为使路基具有足够的强度和稳定性，必须予以人工压实，因此，路基的压实是路基施工中极其重要的环节，亦是提高路基强度与稳定性的根本措施之一。

土基压实就是用某种工具或机械增加土体单位体积内固体颗粒的数量从而提高土基的强度和稳定性。大量的室内试验和工程实践表明。

① 压实使土的强度大大增加；

② 压实使土基的塑性变形明显减少；

③ 压实使土的透水性降低，毛细上升高度减小。

从而压实机具的选择就是其中的一个决定性的因素。

土基压实机具的类型较多，常用的压实机具可分为静力碾压式、夯实式和振动式三大类。静力碾压机械包括光面碾（普通两轮或三轮压路机）、羊足碾和气胎碾等几种。夯实机具中有夯锤、夯板、风动夯及蛙式夯机等。振动机械有振动器、振动压路机等。此外，运土工具中的汽车、拖拉机等亦可用于路基压实。

不同的压实机具，对不同土质的压实效果不同，这是选择压实机具的主要依据，表3-4所列是几种常用机具的一般技术特性。各种压实机具，对不同土在不同含水量情况下所需碾压（夯击）次数可参考此表，但确切的碾压次数，应按要求的压实度根据试压结果确定。

表 3-4 几种常用机具的一般技术特性

机具名称	最大有效压实厚度（实厚）/m	碾压行程次数				适宜的土类
		黏性土	亚黏土	粉黏土	砂性土	
人工夯实	0.10	3～4	3～4	2～3	2～3	黏性土与砂性土
牵引式光面碾	0.15	—	—	7	5	黏性土与砂性土
羊足碾	0.20	10	8	6	—	黏性土
自动式光面碾 5t	0.15	12	10	7	—	黏性土与砂性土
自动式光面碾 10t	0.25	10	8	6	—	黏性土与砂性土
气胎碾 25t	0.45	5～6	4～5	3～4	2～3	黏性土与砂性土
气胎碾 50t	0.70	5～6	4～5	3～4	2～3	黏性土与砂性土
夯击机 0.5t	0.40	4	3	2	1	砂性土
夯击机 1.0t	0.60	5	4	3	2	砂性土
夯板 1.5t 落高 2m	0.65	6	5	2	1	砂性土
履带式	0.25	6～8	6～8	6～8	6～8	黏性土与砂性土
振动式	0.4	2～3				砂性土

一般情况下，对于砂性土，以振动式机具压实效果最好，夯击式次之，碾压式较差；对于黏性土，则以碾压式和夯击式较好，而振动式较差甚至无效。此外，压实机具的单位压力不应超过土的强度极限，否则会立即引起土基破坏。

3.5.2 土的压实标准

为了便于检查和控制压实质量，土基的压实标准常用压实度来表示。所谓压实度是指土压实后的干密度与该土的标准最大干密度之比，用百分率表示。按照标准击实试验法，土在最佳含水量时得到的干密度就是它的标准最大干密度。压实度用式(3-2)计算。

$$k = \frac{\rho_d}{\rho_0} \times 100\% \qquad (3-2)$$

式中 k——压实度，%；

ρ_d——压实土的标准最大干密度，g/cm^3；

ρ_0——压实土的干密度，g/cm^3。

压实施工应首先确定压实度。正确选定压实度 k 值，关系到土基受力状态设计要求、施工条件，必须兼顾需要与可能，讲究实效与经济。

路基压实度依填挖类型及土层深度规定见表3-5。路基施工时，应按此表规定的不同深度取土样试验，并记录其结果作为交工验收文件内容之一。

表 3-5　路基压实度与填挖类型及土层深度规定

填挖类别	路面底面以下深度/cm	压实度/%		
		高速公路、一级公路	其他公路	
			二级公路	三、四级公路
零填及挖方填方	0～30	—		94
	0～80	≥96	≥95	—
	0～80	≥96	≥95	≥94
	80～150	≥94	≥94	≥93
	＞150	≥93	≥92	≥90

注：1. 表列压实度是按交通部现行《公路工程质量检验评定标准》（JTG F80/1—2004）以重型击实法为准。

2. 特殊干旱或特殊潮湿地区或过湿路基，可按交通部颁发的路基设计、施工规范所规定的压实度标准进行评定。

3. 三、四级公路铺筑沥青混凝土或水泥混凝土路面时，其路基压实度应采用二级公路标准。

3.5.3　影响压实的主要因素

3.5.3.1　影响压实的主要因素

在室内对细粒土进行击实试验时，影响土的密实度的主要因素有含水量、土的颗粒组成以及击实功。在施工现场碾压细粒土路基时，影响路基压实效果的主要因素有土的含水量、碾压层厚度、压实机械的类型和功能、碾压遍数和地基的强度。

（1）含水量对压实的影响　通过室内击实试验绘制的密实度（干密度）与含水量之间的关系曲线如图 3-7 所示。在压实过程中，土的含水量对所能达到的密实度起着十分重要的作用。锤击或碾压的功需要克服土颗粒间的内摩阻力和凝聚力，才能使土颗粒产生位移并互相靠近。土的内摩阻力和凝聚力随密实度而增加。土的含水量小时，土颗粒间的内摩阻力大，压实到一定程度后，某一压实功不再能克服土的抗力，压实所得的干密度小。当土的含水量逐渐增加时，水在土颗粒间起着润滑作用，使土的内摩阻力减小，因此同样的压实功可以得到较大的干密度。当土的含水量继续增加到超过某一限度后，虽然土的内阻力还在减少，但单位土体中的空气体积已减到最小限度，而水的体积却在不断增加，由于水是不可压缩的，因此在同样的压实功下，土的干密度反而逐渐减少。在干密度与含水量关系曲线上与最大干密度对应的含水量称为最佳含水量。

某种土在一定的压实功作用下，只有在最佳含水量时，才能压实到最大干密度。

（2）土质对压实的影响　试验表明，各种不同土的最佳含水量和最大干密度是不相同的，如图 3-7 所示。

通常：①土中粉粒和黏粒含量愈多，土的塑性指数愈大，土的最佳含水量就愈大，同时其最大干密度愈小。因此，一般砂性土的最佳含水量小于黏性土的最佳含水量，而最大干密度则大于黏性土的最大干密度；②各种不同土的最佳含水量和最大干密度虽然不同，但它们的击实曲线的性质是基本相同的；③亚砂土和亚黏土的压实性能较好，而黏性土的压实性能较差。

（3）压实功对压实的影响　对于同一类土，其最佳含水量和最大干密度随压实功而变化，试验得到的不同压实功能下土的 ρ_d-ω 关系曲线如图 3-8 所示。

图中曲线表明，同一种土的最佳含水量随压实功的增加而减小；最大干密度则随压实功能的增加而提高。此外，在相同含水量条件下，压实功能愈高，土的干密度愈大。根据这一特性，在施工中如果土的含水量低于最佳含水量，加水又有困难时，可采用增加压实功能的办法来提高其压实度，即采用重碾或增加碾压次数。然而，用增加压实功能的办法来提高土的密实度是有限度的，当压实功能增加到一定程度后，土的密实度增加较缓慢，在经济效益和施工组织上不够合理。相比之下，严格控制最佳含水量，要比增加压实功能收效大得多。

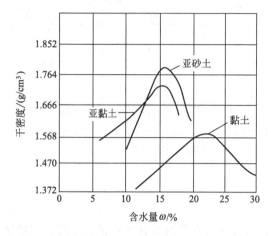

图 3-7 不同土质的最佳含水量和最大干密度

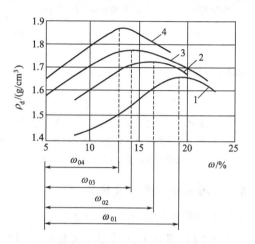

图 3-8 土的 ρ_d-ω 关系曲线

1、2、3、4 曲线分别代表 600kN·m、1150kN·m、2300kN·m、3400kN·m

根据压实的原理，正确运用压实的特性，按照不同的要求，选择适应不同土质的压实机具确定最佳压实厚度、碾压遍数和碾压速度，准确地控制最佳含水量，以指导压实的实施工作。

3.5.3.2 含水量与强度、水稳定性的关系

（1）含水量与强度的关系　试验表明，当土的含水量等于或小于最佳含水量时，土的强度随密实度的增加而增加，但是，当含水量大于最佳含水量时，强度只随密实度增长到一定程度，超过某一限度时，强度反而下降。土中含水量小于最佳含水量时，虽然密实度增加强度也会随着提高，但是这种强度的提高需要增加压实功才能获得，而且在受到水侵入时，强度会大大降低，既不经济又不稳定。

（2）含水量与水稳性的关系　将不同湿度的土样放在湿锯末中吸湿 7 天，使其受水浸湿而达到饱和，通过实验可以发现：①每个土样的密实度都降低了，只有在最佳含水量时压实的土样具有最大的密实度；②每个土样的强度都降低了，含水量小于最佳含水量的试样强度急剧下降，最佳含水量的试样强度下降幅度最小。

根据上面的试验分析可以得出结论：①含水量是影响压实效果的决定性因素；②在最佳含水量时，最容易获得最佳压实效果；③压实到最大密实度的土体水稳性最好。

3.5.4　压实施工组织及施工要点

3.5.4.1　压实工作组织

压实工作组织以压实原理为依据，以尽可能小的压实功能获得良好的压实效果为目的，压实工作必须很好地组织，并注意以下要点。

① 填土层在压实前应先整平，可自路中线向路堤两边作 2%～4% 的横坡。

② 压实机具应先轻后重，以适应逐渐增长的土基强度。

③ 碾压速度应先慢后快，以免松土被机械推走。

④ 压实机具的工作路线，应先两侧后中间，以便形成路拱，再从中间向两边顺次碾压。

在弯道部分设有超高时，由低的一侧边缘向高的一侧边缘碾压，以便形成单向超高横坡。前后两次轮迹（或夯击）须重叠 15～20cm。压实时应特别注意均匀，否则可能引起不均匀沉陷。

⑤ 经常检查土的含水量，并视需要采取相应措施。

3.5.4.2　路堤基底的处理

路堤基底是指土石填料与原地面的接触部分。为使两者结合紧密，防止路堤沿基底发生滑动，或路堤填筑后产生过大的沉陷变形，则可根据基底的土质、水文、坡度和植被情况及填土高度采取相应的处理措施。

（1）密实稳定的土质基底　当地面横坡不陡于 1∶5，且路堤高度超高 0.5m 时，基底可不作处理；路堤高度低于 0.5m 的地段，应将原地面草皮等杂物清除。地面横坡为（1∶5）～（1∶2.5）时，需铲除地面草皮、杂物、积水和淤泥，还应将原地面挖成台阶，台阶宽度应不小于 2m，台阶顶面做成向内倾斜 2%～4% 的斜坡，如图 3-9 所示。

（2）覆盖层不厚的倾斜岩石基底　当地面横坡为（1∶5）～（1∶2.5）时，需挖除覆盖层，并将基岩挖成台阶。当地面横坡度陡于 1∶2.5 时，应进行个别设计，特殊处理，如设置护脚或护墙。

（3）耕地或松土基底　路堤基底为耕地或松土时，应先清除有机土、种植土，平整压实后再进行填筑。在深耕地段，必要时应将松土翻挖、土块打碎，然后回填、找平、压实。经过水田、

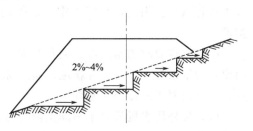

图 3-9　斜坡基底处理

池塘或洼地时，应根据具体情况采取排水疏干、挖除淤泥、打砂桩、抛填片石或砂砾石等处理措施，以保持基底的稳固。

当路基受到地下水的影响时，应予拦截或排除，引地下水至路堤基底范围以外。如处理有困难时，则应当在路堤底部填以渗水土或不易风化的岩块。

路基填挖交界的处理、高边坡路堤与陡坡路堤的施工，应满足路基设计规范及路基施工规范的相关要求。

3.5.4.3　填料选择

为保证路堤的强度和稳定性，需尽可能选择当地稳定性良好的土石作填料。

石块、碎石土、卵石土、砾石土等，具有透水性好、内摩擦系数大、不易压缩、水稳定性好等优点，是很好的路堤填料。

砂土无塑性，透水性强，毛细水上升高度很小，具有较大的内摩擦系数，强度和水稳定性均较好。但由于黏性小，易松散，因此压实困难。为克服这一缺点，可加入一些黏性大的土，以改善路基质量。

砂性土既有一定数量的粗颗粒，使路基具有足够的强度和水稳定性，又含有一定数量的细粒土，使其具有一定的黏聚力，不致过分松散。一般遇水干得快，不膨胀，干时有足够的黏结性，扬尘少，容易被压实而形成平整坚实的路基，是良好的路基填料。

粉性土含有较多的粉土颗粒，干时稍有黏性，但易被压碎，扬尘大，浸水时很快被湿成稀泥。粉质土毛细作用强烈，在季节性冰冻地区，水分聚积现象严重，引起路基冻胀，春融期间极易形成翻浆，是最差的路堤填料。如果必须用粉质土填筑路堤时，宜掺配其他材料，改善其性质，并加强排水以及采取设置隔离层等措施。

黏性土细颗粒密度大，透水性很差，黏聚力大，具有较大的可塑性、黏结性和膨胀性，毛细管现象也很显著。黏性土干燥时较坚硬，亦不易被水浸湿，但浸湿后亦难使之干燥，而且潮湿时强度将大大降低。在季节性冰冻地区，遇到不良的水温状况，路基容易产生冻胀和翻浆。黏性土如能充分压实并采取很好的排水措施，筑成的路堤也能获得稳定。

此外，一些特殊性质的土类，如膨胀土、泥炭、腐殖土或含有石膏等易溶盐的土等，均不宜作路堤填料。

3.5.4.4 填料压实

填料压实是保证路堤填筑质量的关键，必须充分重视，有关压实的理论与要求，将在以后的章节中叙述。

碾压是路基工程的一个关键工序，有效地压实路基填筑土，才能保证路基工程的施工质量。除了采用透水性良好的砂石材料外，其他填料均需使其含水量在最佳含水量±2%内，方可进行碾压。因此，在施工中，必须经常地检查填土的含水量，并按规定的要求检查压实度。

(1) 确定要求的密实度。路基要求的压实度根据填挖类型和公路等级及路堤填筑的高度而定。通常根据表3-6中的规定，通过标准击实试验，求出最大干密度和相应的最佳含水量，计算出要求的最小干密度。

(2) 各种压实机具碾压不同土类的适宜厚度和所需压实遍数与填土的实际含水量（偏差应在最佳含水量1%~2%以内）及所要求的压实度大小有关。应根据要求的压实度，在做试验段时加以确定。高等级公路路基填土压实宜采用振动压路机或轮胎压路机进行。采用振动压路机碾压时，第一遍应静压，第二遍开始用振动压实。

(3) 压实过程中严格控制填土的含水量。含水量过大时，应将土翻晒至要求的含水量再碾压；含水量过小时，需均匀洒水后再进行碾压。通常，天然土的含水量接近最佳含水量，因此在填土后应随即压实。

土质路基的压实度应符合表3-6的要求。

表3-6 土质路基的压实度标准

填挖类型	路床顶面以下/m	压实度/%		
		高速公路、一级公路	二级公路	三、四级公路
填方	0~0.8	≥96	≥95	≥94
	0.8~1.5	≥94	≥94	≥93
	>1.5	≥93	≥92	≥90
零填及挖方	0~0.3	—	—	≥94
	0~0.8	≥96	≥95	—

注：1. 表列压实度以部颁《公路土工试验规程》重型击实试验法为准。

2. 特殊干旱地区或特殊潮湿地区的压实度，表列数据在保证路基强度要求的前提下可适当降低。

3. 三级公路修筑沥青混凝土或水泥混凝土路面时，其路基压实度应采用二级公路标准。

4. 用灌砂法、灌水法（水袋）检查压实度时，取土样的底面位置为每一压实层底部；用环刀法试验时，环刀中部处于压实层厚的1/2深度；用核子仪试验时，应根据仪器类型，按说明书要求办理。

土石路堤的压实要根据混合料中巨粒土含量的多少来确定。当巨粒土含量较少时，应按填土路堤的压实方法进行压实，当巨粒土含量较大时，应按填石路堤的压实方法压实路堤。

不论何种路堤，碾压都必须确保均匀密实。

3.5.4.5　不同土质路堤填筑

在施工中，沿线的土质经常发生变化，为不致将不同性质的土任意混填，以致造成路基病害，必须在施工前进行现场调查，做出正确的规划，拟定合理的调配方案。

不同土质混合填筑时，须遵守下列规定。

① 不同性质的土填筑时，应分层填筑，层数应尽量减少，每层总厚度最好不小于0.5m。不得混杂乱填，以免形成水囊或滑动面。

② 透水性较小的土填筑路堤下层时，其顶面应做成4%的双向横坡，以保证来自上层透水性填土的水分及时排出。

③ 透水性较小的土填筑上层时，不应覆盖在透水性较大的土所填筑的下层边坡上，以保证水分的蒸发和排除。

④ 凡不因潮湿及冻融而变更其性质的优良土都应填在上层，强度（形变模量）较小的土应试填在下层。

用不同土质填筑的正确与错误方案如图3-10所示。

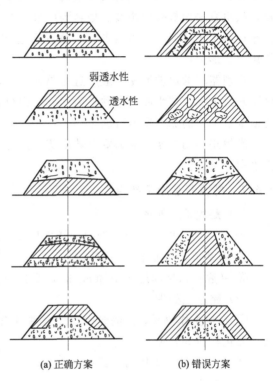

图 3-10　路堤分层填筑方案

弱透水性

透水性

(a) 正确方案　　(b) 错误方案

3.5.4.6　填石路堤

填石路堤一般是指用石质挖方路段的开挖石块填筑的路堤。

暴露在大气中容易风化的石块通常不宜作为路堤填料。在料源困难而需采用时，应视作填土，边坡坡度和形状按土质路堤处理。填筑必须分层，较大石块应大面朝下摆平放稳，石块之间要用碎石和石屑填满铺平，采用重型振动压路机认真碾压，尽量将能压碎的风化石块压碎。

用不易风化的石块填筑路堤，其边坡坡度和形状按填石路堤考虑。填石路堤一般也应分层填筑，每层厚度不要超过1m，其中大石块大于填筑层厚度2/3时，应予以解小，或码砌于坡脚。压实前需用大型推土机将层面推平，局部要用细石粒人工找平。然后用12t以上的振动压路机碾压，或用2.5t以上的夯锤夯击，碾压或夯击的遍数可通过试验确定，以达到要求密实度为准，通常，路堤上部碾压6～7遍，下部可以少碾压1～2遍。

特殊情况下允许采用倾填的办法施工，例如用推土机将爆破后的石块直接推入路堤。这时要求倾填前先用较大石块码砌一定高度且厚度不小于2m的边坡，以免边坡部分松散不实。但路槽底面以下4m范围内仍应采用分层填筑，以提高密实度，减少不均匀沉陷。

路槽底面以下30cm范围内，不得含有粒径大于15cm的石块，以利路面受力均匀和结构良好。

填石路堤的密实度用判断方法检查，即重型振动压路机分层碾压，达到用锹难于挖动，须用撬棍才能松动且坑壁稳定，或者重锤下落不下沉及发生弹跳时，均可认为密实度已满足要求。

3.6 高填路基的压实施工

3.6.1 高填路基的概念及特点

凡土石质填料边坡大于 20m、砂砾填料边坡高度大于 12m、水稻田或常年积水地带细粒土填筑高度大于 6m 者，称为高填路堤。

高路堤的边坡形状，填料为细粒土时一般宜采用折线形边坡，在长期使用中也能保持这种形状；对于用不易风化的石块填筑时，用于边坡表层通常要进行码砌，做成折线形并不困难，故也宜采用折线形边坡。填料为中砂、粗砂、砾石土、卵石土以及易风化岩块时，由于这些填料难于长期保持折线形状，故宜在边坡中部适当位置设宽 1～2m 的平台，平台上下均用直线形边坡。

高填路堤的边坡坡度一般应进行单独设计，通过稳定性验算或论证确定。通常是上部高度不超过 20m（填粗砂、中砂者为 12m）部分，仍采用规范规定的坡度，以下部分的边坡坡度或加设平台的宽度要另行确定。

高填路堤的边坡一般都要有坡面防护措施，路肩上应有拦水带将水引到边沟或用急流槽将水引离路堤。

3.6.2 高填路基施工要点

（1）路堤基底处理

① 基底为耕地或土质松散时，压实度不大于 85%。

② 路基填土高度小于路床厚度（80cm）时，压实度不小于路床标准。

③ 基底松散层厚度大于 30cm 时，要分层压实。

（2）路基土处理

① 细粒土作填料，土的含水率超过最佳含水量两个百分点以上时，要采取晾晒或掺石灰、固化材料等处理。

② 一般黏性土采用石灰或石灰和粉煤灰处理，粗粒土掺加 3%～5% 的水泥处理。

（3）填筑

① 分层填筑，分层压实，填挖结合部位或分层接茬处留台阶。虚铺厚度小于 30cm，填土、压实的施工宽度大于设计宽度，受水淹的部分要填水稳性好的材料。

② 不同性质的土要分别填筑，每种填料累计总厚度不小于 50cm。

③ 不因潮湿或冻融影响而变更其体积的优良土填在上层，强度小的填在下层。

（4）压实

① 根据土质及场地情况选择最有利的机械设备。

② 压路机先慢后快，直线段由两边向中间压，小半径曲线段由内侧向外侧纵向进退式碾压。

③ 横向接头一般重叠 40～50cm，三轮压路机一般重叠后轮宽的 1/2。

④ 前后相邻区段，纵向重叠 1～1.5m。

⑤ 采用夯锤压实时，夯位要密集紧靠，间隙不大于 15cm。

（5）注意事项

① 高填路堤的基底处于陡峻山坡上或谷底时，应按照有关规定进行挖台阶处理，并严

格分层填筑分层压实。当场地狭窄时，压实工作宜采用小型的手扶式振动压路机或振动夯进行。当场地较宽广时宜采用自行式自重是 12t 以上的振动压路机碾压。

② 高填路基填筑性质差别较大时，不宜分段或分幅填筑，以免不同填料的界面上形成滑动面，或者出现不均匀沉降。

③ 高填路基竣工后总会有一些剩余沉降量，须超填这一数值，使其最终沉降后能维持路基设计标高。如果地基良好，确定填土剩余沉降量亦有困难时，建议按填土高度的 1% 估计预留沉降高度。

3.7　路基范围内的结构物台背填筑施工

3.7.1　路基"三背"施工的质量控制要求

"三背"主要指桥涵台背、挡墙背、路基范围内的结构物台背。公路跳车现象往往多发生在这几个部位，根本原因就是"三背"位置的填筑质量控制不好，导致其沉降超过一定的限度造成。因此，"三背"位置的沉降控制做好了，跳车问题也就消除了。

(1) "三背"沉降的规律及危害

① "三背"不均匀沉降产生的范围主要有以下规律：

a. 其产生的范围与涵台背填土高度有关，一般在后台 5m 左右范围内，对于大、中桥而言，往往在 10m 或更大的范围内；

b. 时间方面，一般在通车后 2～3 年内产生；

c. 不均匀沉降的发展有一定的时间过程，受多方面因素影响，很难把握重新加铺路面的时间。

② "三背"沉陷的危害　一方面对桥涵、构造物的工作状况和使用品质产生不利的影响，导致养护费用增加，并降低了公路使用性能；另一方面将增加行车的风险，降低通行能力，甚至造成交通事故，影响车速；此外由于车辆频繁在"三背"位置加速减速，必然增加车辆能耗和废气的排放，这一点在城市中尤其应予以重视。

(2) "三背"不均匀沉降的形成原因和构成

① 构筑物刚度差异　构筑物刚度不同是形成差异沉降的基本原因。路基属于柔性结构，它在施工过程中和使用后会不断发生变形和产生较大沉陷。桥涵属整体刚度结构，基本上认为是不可压缩的。

② 地基、地质情况的差异　桥涵设计时对地基的地质研究比较仔细，往往是将桥涵基础置于承载力较高的土层上，沉降量比较小，而路基设计对地基、地质情况是参考桥涵的地质柱状图推断的，往往有差异。加之碰到软土地基时处理更难以彻底。

③ 台背填料压实质量问题引起的不均匀沉降　"三背"填筑一般在构筑物完工后进行，作业面小，缺少有效的压实施工机具，施工困难、烦琐，填方体的材料、长度、层厚和压实度难以达到设计和规范要求。

因此，"三背"的质量控制主要应从控制不均匀沉降入手，考虑到"三背"沉陷是在多种因素和条件下形成的，所以对它的防治应从设计、施工、监理等方面综合考虑，提出相应措施。

3.7.2　路基"三背"施工要点

(1) 填筑基底处理　要避免由于地基情况引起的"三背"不均匀沉降，首先要从地基处理着手。

① 基底清淤必须彻底，严禁有杂物、浮土、腐殖土等存在。

② 基底范围内由于地表水或地下水影响其稳定时，应在基底顶面或其他适当位置设置必要的排水设施（如横向排水沟或盲沟），或换填不易风化的片石、块石、砂砾等透水性材料，严禁积水浸泡基底。

③ 基底土必须密实，若基底为耕地或土质松散时，应在填筑前进行压实，压实度一般不得低于90%。

④ 水田、湖塘等地段的基底应视具体情况采取排水、清淤、晾晒、换填、掺灰及其他的土加固措施进行处理。对软土、湿陷性黄土、多年冻土等适用于各自特点的特殊地基处理方法治理，如换土、强夯、固结、轻质路堤和粉喷等方法以改善地基，提高承载力，减少工后沉降。

⑤ 对软土地基，由于现行地基处理方法一般未考虑台背的过渡，往往构筑物的处理与路基处理是分开的，从而导致沉降无法避免。建议在有基底处理时，适当加大涵台背基础处理的范围，适当将处理措施变化的位置往填土路基内部放，最好有大于5m的距离。

⑥ 做好桥头涵背路基的排水工作，避免路基水流对基底的浸泡和冲刷。

（2）"三背"填筑材料　"三背"填筑材料质量的优劣是沉陷发生大小的内因。在施工中要严格控制：对于非片石或非砂砾石的回填材料，要求用料粒径为5～10cm的匀细材料，填筑过程按每15～20cm分层填筑压实；对于片石回填材料，选料应为坚硬、不易风化的材料，要采用人工手摆片石，使片石之间互相嵌补，大片石尽量贴近层底并大面向下，片石间缝隙和孔洞应用石屑和砂性填料填充，可每隔1m左右采用水力充填砂砾石的方法填充材料，而后碾压或强夯。手摆片石严禁抛填施工；对于砂砾石填料，一要对材料的粒径级配严格要求，二是要对材料的质量进行控制，严禁含泥多的材料进场，夯实时以机械碾压配合灌水法综合实施。在条件允许的情况下，尽可能选择透水性好、易压实、固结完成快、后期压缩变形小的砂性土和砂砾土，也可使用改善土、加固土、碎石土和轻质填料等。

在高填方的拱涵及涵洞与侧墙相接部位，应尽量使用内摩擦角大的填料进行填筑，而且施工时应注意填料土压的平衡，尽量减少回填土的单向推力，不得发生偏压，以免造成工程事故。这对于管涵、轻型桥台等尤为重要。

总之，不同的填筑材料各自特性是不同的，填筑时要正确选择、因地制宜、就地取材，保证填筑质量。

（3）"三背"填筑范围　"三背"填筑的范围直接影响"三背"填料刚度和变形的平稳过渡，范围太长，成本增加；范围太短，达不到过渡要求。所以过渡区第一要有足够的长度实现过渡段的技术要求；第二要从施工作业的方便、压路机的压实宽度进行控制；第三要控制好"三背"填土与已填路堤的良好结合所需长度（一般为便于压路机碾压沿纵向的填筑长度在基底处不少于2m）。"三背"填土与路基原状土相接处采用1:1的坡度相接，对于路基土为回填土部分采用1:1.5的坡度相接。为确保良好结合，宜采用挖台阶形式与路堤相接，每级台阶高度宜不大于60cm为宜。

（4）"三背"填筑厚度　填筑厚度与压实机具有关，一般采用不同的压实厚度，用12～15t三轮压路机碾压时，每层压实厚度不宜超过15cm；用18～20t三轮压路机碾压时，每层压实厚度不宜超过20cm。当"三背"路基压实作业面狭小，作业空间受到限制时，为了保证不损坏构筑物，大型机械不能使用，必须选择小型振动压路机和振动夯实机相结合进行压实，压实厚度不宜超过 15cm，层层压实。

（5）"三背"填筑压实　"三背"填料的压实质量是影响"三背"沉陷的一个重要因素。由于受排洪或通车净高的影响，"三背"路基填方比较高，工程量相当大，但是施工工作面狭窄，大型填筑和压路机械难以展开，因而能否控制好"三背"填料的压实是道路施工中的难点。

施工过程中尽可能扩大施工场地，以便发挥大型填方压实机械的使用，认真施工，给予充分压实。受场地限制时，大型压实机械的使用，可采用横向碾压法，以能使压路机尽量靠近台背进行碾压。对于大型压路机不能靠近台背时，可采用以小型压路机为主，蛙式打夯机、手扶振动压路机、冲击夯为辅进行碾压，确保不留死角区。

（6）"三背"路基排水的控制　靠近构筑物背后的填料，在施工中及施工后易积水下陷，因此，"三背"填筑路基应比区间路基更加注重排水设计，施工时应保证施工中的排水坡度，设置必要的地下排水设施。

常用做法是对基底做必要的处理后，填筑横坡为 3%～4% 的压实黏土土拱，在土拱上挖一条成双向坡的地沟，地沟尺寸一般可采用(40～60)cm×(30～50)cm，然后在台背后全范围内满铺一层隔水材料，例如油毡或尼龙薄膜材料，再在地沟四周铺设有小孔的硬塑料管，管径一般不小于 10cm，小孔孔径为 5mm，布成梅花形，间距 10cm，然后在塑料四周填筑透水性材料，直到路基顶面。若采用盲沟时，则取消其中的塑料管，而用大粒径的碎石填筑地沟，并用土工布包裹盲沟的出口。

提出"三背"回填施工的技术要求并不困难，"三背"回填施工场地小，施工难度相应增大，其中，解决这一问题最关键的因素是施工单位加强质量意识，强化施工质量管理，在施工中严格按设计文件和施工规范进行施工。监理单位加大监管力度，对于不合格的回填工程及时发现和下令整改。严把质量关，按照行业规范标准，结合工程实际，严格履行各自职责，相信这一顽疾一定会得到很好的根治。

3.8　掺灰处治湿软土路基填料的方法

3.8.1　概述

3.8.1.1　湿软路基填土掺灰处治的意义

（1）湿软土路基的危害　在多雨潮湿地区、地表常年潮湿地段、低洼地段、地下水位较高地段、水网发达地区的路基填筑施工中，常常遇到高含水率土料或过湿土料。

① 当路基填筑料和基底含水率较高时，土料中自由水充沛，进行路基碾压的压实荷载大部分由空隙中的自由水承受，土粒有效应力减小，碾压不密实，强行压实会使土体破坏，形成"弹簧土"，达不到设计和规范要求的压实度。

② 路基的强度和稳定性是保证路面强度及稳定性的先决条件。路基及基底碾压不密实，路基的坚固性和稳定性就会较差。没有坚固、稳定的路基，就没有稳固的路面。

（2）解决办法　影响路基土方填筑密度的主要因素是含水率、压实机械的压实功能以及分层厚度等。

① 压实功能　压路机自重及分层厚度均可根据具体情况予以选择和确定，属于通过主观努力可以解决的问题。

② 含水率　解决被压实土的原始含水率过大的问题，则往往是说似容易，行之就难的事情，如晾晒需要的场地，更需要晴朗的天气，如在梅雨季节、气候湿润、雨日多、雨次频、蒸发量低等情况下，采用场地晾晒的办法对工期的影响太大，往往翻晒了几天尚未吹干却又遭雨淋，如在上海地区高速公路施工的经验，土中含水率的蒸发速率为：夏季晴日每天 1％，春季每天 0.7％。但是一旦遇到降雨，则需要重新晾晒。因此，采用晾晒法很难保证工期。

③ 换填土　如果采用放弃临近的湿软土填筑路基，改用对含水率不敏感的土石填筑路基，则需近距离内的理想土料、石料源，并有可供重型运料卡车反复通行的施工道路，这要实现也是相当困难的，诸如运距远，有限的土、石料源宝贵；如采用石料填筑时，单价高，费用大；施工道路承受不了高强度连续负荷等多种因素，故只有放弃换土而改用沿线就地取土，根据施工季节、土源含水率大小和气候条件进行掺灰处治，就地翻耕晾晒为辅的方案在大多数地区才是行之有效的方法。

④ 掺灰处治　掺灰与自然降低含水率处治湿软土相比，自然降低含水率，不用或少用外掺剂，但晾晒时间长，翻打次数多，土粒难以粉碎。掺灰可以缩短施工周期，减少翻打的次数，土粒容易粉碎，进行处治后的灰土如果降雨等使其含水率增加后，再处治的翻拌、晾晒也容易进行。对于一些类型的土质，还存在一些与水相关的特殊工程特性。

（3）过湿黏土　对于含水率高的过湿黏土，采用其进行路基填筑，具有如下施工特性。

① 施工难度大，存在的技术问题多　过湿黏土塑性指数 I_p 大，土质颗粒细，裹水能力强。因此，当过湿黏土在含水率大时，土块很难破碎，太干时，粉碎碾压又成问题。旋耕机打不碎，压路机压不密，造成压实土有孔洞，压实度达不到要求，在使用中一旦渗入水分就会造成吸水膨胀，引起工程质量事故。过干的土又容易裂缝。对于采用含水率高的高液限土填筑路基，常存在以下几种病害。

a. 龟裂　高液限土具有很高的塑性、亲水性和保水性，路基碾压成型后，干燥时随水分的散失，土体将严重干缩龟裂，雨水可通过裂缝直接灌入土体深处，使土体深度膨胀湿软，从而丧失承载能力。

b. 坍塌　高液限土具有极强的亲水性，土体浸水时，体积膨胀，当膨胀受到约束时，土体中会产生膨胀力，当这种膨胀力超过上部荷载或临界荷载时，路基出现严重的崩解，造成路基局部坍塌。

c. 隆起　高液限土保水性好、毛细作用强，在毛细水的作用下，土体体积膨胀向上隆起，引起路面基层破坏，并会造成道路面层的损害。

采用高含水率膨胀土、红土等土料填筑路基，同样也存在与高液限土填筑路基相同的病害问题。

② 施工周期长，经济效益差　由于土质天然含水率大，与施工控制含水率差距大，夏季需晾晒 5～6 个晴天，春、秋需晾晒 6～8 个晴天，才能达到施工要求。而在气候多雨、雨期长、降雨频繁、施工日少的地区，靠晾晒降低含水率显然不行，有时还未碾压又下雨，只好再等。一层土往往要较长时间才能完成。施工周期拖长，机械台班也大大增加，无疑使工程造价提高。

③ 掺灰处治可以改善土体的力学和工程特性　在采用掺灰降低土料含水率的同时，也使土料的弹性模量、强度、水稳性等性质得到改善，土料的塑性指数减小、黏粒含量降低、膨胀率降低。

a. 在膨胀土中掺入一定量的熟石灰、生石灰、水泥形成的改良土，其土性都有一定的改善，尤其以生石灰的改良效果较好。

b. 加入掺和料的改良土，塑性指数减小、黏粒含量降低、膨胀性降低、强度提高，尤其是抗水性能有极大的改善。

进行掺灰处治以后，可以使含水率大或强度低的土料得到利用，可以充分利用公路路堑、隧道开挖的土料填筑路基，节约工程造价和堆放土料、开采填料的土地资源，减少水土流失，缩短施工工期。

利用掺灰处治湿软土，降低土料和基底的含水率，可以大大减少对基底和路基土源的苛刻要求，大幅度地降低工程造价，因此大多数的天然土质都可以采用，并且能够使路基达到满意的强度要求，因而掺灰降低土料的含水率得到青睐，并在大范围内得到使用。

3.8.1.2　掺灰处治路基填料的基本要求

掺灰降低过湿填土含水率和提高路基填料强度的方法主要有：生石灰法、熟石灰法、粉煤灰法、NCS 法以及其他不常用的方法和掺加低含水率土料法等。

在选择掺灰降低路基填料和基底土料含水率及提高路基填料与基底土料强度时，掺灰处治路基填料和基底应满足如下要求。

① 满足公路对路基和基底的强度要求，如 CBR 值、弹性模量等；

② 对环境的影响应在可接受的范围内；

③ 掺灰降低路基填料和基底土料的费用应在公路建设允许的成本范围内；

④ 掺灰原料来源有保障，掺灰处治不影响工期。

3.8.2　掺灰处治湿软路基填土的施工方法

在路基施工中，并非全部湿软土路基填料都需要掺灰，本着"不误工期掺灰，晴天勤翻晒，雨天多覆盖"的原则，在气温较高或气候干燥的施工季节，以及填料含水率略高或塑性指数降低时，亦可仅进行粉碎翻晒而不掺灰或少掺灰，进行路基填筑。

掺灰不能在较大的含水率情况下进行，宜先采用排水或蒸发的方法降低填料含水率后进行掺灰处治，效果更好。过湿黏土路基施工，关键在于如何快速、有效地降低土中的含水率至塑限以下，使之具有可压实性，可通过室内试验确定施工控制指标，在施工中采取相应的技术对策。

（1）路基开挖尽量在冬季来临前完成　开挖后的土经过冻胀，使土质变疏松易于破碎，另外冬季地下水位低，路基土中的多余水分容易下渗，疏干填土，有利于降低土的含水率，便于施工。

（2）采用合适的施工方法　对土质含水率较小（$\omega_c > 1$）的路段，采用就地晾晒。施工方式上，采用先回填一层土进行施工，同时对路槽外的积土进行破碎翻晒，增加土的晾晒面积，缩短晾晒时间。另外，通过减薄回填厚度，以利于旋耕机工作的深度为宜，便于旋耕机操作，避免素土夹层。这样，原来较长时间回填一层可减少到较短时间，提高工作效率，也有利于减少阴雨天对路基施工的影响。

（3）控制粉碎和碾压的含水率　对粉碎土的含水率掌握在接近或略小于塑限，否则会由于土体内部水分迁移速度不及表面蒸发的速度快，易在土体表面形成干燥的硬壳，阻止内部水分蒸发，使土体形成表面干硬、内部湿软的土块，致使旋耕机无法打碎。碾压后，干湿土嵌挤在一起，含水率分布极不均匀，无法压实。对现场土压实含水率掌握是：①可根据击实曲线按压实度确定施工含水率范围；②通过理论计算和试验结合确定，现场可压实含水率

$\omega_{可}$ 计算如下：

$$\omega_{可} = \frac{G_s\rho_w - K\rho_{dm}}{G_s K\rho_{dm}} S_r \times 100\%$$ (3-3)

式中　G_s——土粒密度；

ρ_w——水的密度；

ρ_{dm}——土的最大干密度；

K——压实度标准；

S_r——土的饱和度，一般可取 0.9～0.95。

现场土的可压实含水率，主要取决于土颗粒的密度 G_s 和施工控制密度（$K\rho_{dm}$），确定土的可压实含水率，使之处于塑性状态，得到有效碾压，达到压实度标准。

（4）用外掺剂改善过湿黏土的工程性质　根据土质外掺剂供应情况，选取合适的外掺剂进行掺灰处治，进行室内重型击实及无侧限抗压强度的试验比较，用外掺剂处治湿软土对最大干密度及最佳含水量有显著影响。最佳含水率比素土有所提高，有利于施工。外掺剂使土粒表面的结合水膜厚度减薄，相互靠近形成团粒，使土壤砂化，从而降低塑性指数，使土容易粉碎，且减薄的水膜受外界水分影响变化不大，故路基的水稳定性和承载力都将明显提高。

3.8.2.1　晾晒法处治湿软路基填料的施工方法

（1）料场的防排水　采用截排水的方法降低料场土料的含水率和减少降雨及周边地表水、地下水增加料场土料的含水率，减少后续降低路基填料含水率的工作和费用。

在料场里的地下水位比较高，土的含水率特别大时，先在取土坑周围开沟防水，再用推土机将土推成土堆，进行晾晒和沥水，等含水率降低到一定程度后，掺加降水剂或达到碾压含水率时，可以直接运输到路基上使用。如果雨水比较多，土场又比较泥泞，为保证雨后能正常运输，进出土场的便道也要精心修整。

（2）料场开采　先从取土坑外侧取土，同时在外侧挖排水沟，采用大流量抽水机分段排水，引入附近沟渠及河塘，以降低地下水位，避免水中捞土。同时利用挖掘机取土，在取土坑范围内先行晾晒，以降低路基填料的含水率。

翻晒晾土，即将路基填筑料、路基基底或料场填料进行翻挖，翻挖深度根据使用的翻挖设备确定，翻挖后粉碎，利用自然蒸发水分，反复翻挖、粉碎几次降低含水率，以达到施工控制含水率或达到合适掺灰的含水率。翻挖可采用重型犁铧、重型缺口圆盘耙直接将土翻松、粉碎至颗粒在 50mm 以下。翻晒晾土需要有合适的天气，如连续的晴天等，如果是连续阴雨天气，采用翻晒晾土则很难达到预期效果。

对于遇雨抢压，未来得及使用防雨布覆盖的路段，雨停以后用耕地机（犁铧）翻耕、晾晒，再配以旋耕机粉碎均匀，使路基填土达到最佳含水率，便于压实。

（3）翻晒法的施工工艺及要点

① 翻晒法的施工工序如图 3-11 所示。

② 施工要点如下：

a. 通过现场直观判断土的含砂量，是否适宜翻晒；

b. 挖方两侧挖排水沟，深度应达 2～3m；

c. 每层翻晒钩松深度不宜大于 0.5m；

d. 如挖方翻晒含水率合格摊铺后可直接碾压，不再晾晒；

e. 如经过上述工序仍无法达到压实度，不宜再进行翻晒，可直接进行路拌掺灰处治。

3.8.2.2 掺低含水率土料处治湿软路基填料的施工方法

掺低含水率土料处治湿软土填料的方法是采用含水率较低的土料与湿软土混合，通过含水率较低土料吸收湿软土料的水分，降低湿软土的含水率，具体方法有立采、拌和等。

当同一料场有不同含水率的土料分层现象时，如地表有浸水（注水）现象，或有不同层位、不同土质、不同含水率的土料时，可以在填料开采时采用立采的方法，不同层位（不同含水率）的土料同时开挖，同时装车，同时在填筑现场进行摊铺、碾压，使含水率较低的土料与含水率较高的土料混合，以达到施工控制含水率（两种或两种以上土料混合的混合料的施工控制含水率）。

当低含水率土料与湿软土料不在同一料场，或者在同一料场而相距较远时，应采用低含水率填土土料和湿软土料分别开采，然后在填筑场地或拌和场地进行拌和，使含水率较低的土料与含水率较高的土料混合，达到混合土的施工控制含水率后，再摊铺、碾压。

3.8.2.3 掺灰处治湿软路基填料的施工方法

（1）掺灰处治湿软土施工的基本要点

① 根据工程实际要求、土质情况、掺和料的种类及质量，在施工之前进行室内掺灰最优配合比的设计，确定最佳含水率。一般混合土的实际含水率应比试验标准略多 1%。

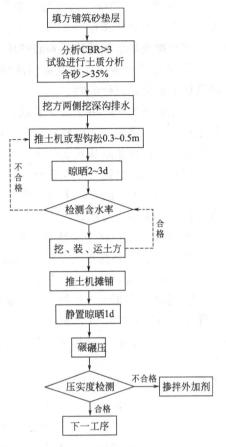

图 3-11 翻晒法的施工工序

② 根据翻拌机械的施工厚度，确定每次填筑层的厚度，一般在 20～30cm，并采用粉碎机械将素土粉碎，与掺和料拌和要均匀。在翻拌过程中不得留有夹层。

③ 填筑碾压：多雨潮湿地区路基施工，应保证路基有一定的拱度，横坡不小于 4%，以利于降落到填筑面上的雨水能够很快排出施工填筑面，避免雨水增加填筑土料的含水率。

碾压前，先用推土机粗平，预压一遍，平地机随后由边到中刮平。刮平后用压路机由边到中进行碾压，碾压时严格遵循先边后中、先轻后重、先慢后快的原则，保证轮与轮之间有 1/3 的轮宽重叠。

④ 流水作业、提高工作效率：如果在路基填筑场进行晾晒、摊铺、碾压时，不能把施工场地安排放大，一般 200～300m 一个工作面，每个流水工作面有 5～6 个作业点，固定压路机 2 台，推土机 1 台，犁铧和旋耕机 2 套，保证在天气晴好时，有一个上土作业点，一个压实作业点，3～4 个翻晒、拌和作业点。

⑤ 设备配套：一般来说，一个流水工作面配置压路机 2 台，推土机 1 台，如采用犁铧和旋耕机翻拌，配备犁铧和旋耕机 2 套。如果人员、设备有富余，再多增加几个流水工作面。

⑥ 刚刚填筑完成的改良土需要进行必要的养护，为土中的各类物理化学反应创造条件，确保其强度增长，这对确保改良效果非常重要。养生期间进行必要的洒水、保湿养护，切勿任其暴露在大气中自然干燥。

⑦ 注意天气预报，加强与气象部门的联系，除掌握中、长期天气预报外，还应注意收听、收看短期天气预报，做到心中有数，及时调整施工安排。

（2）掺灰处治湿软路基基底的施工　路基基底掺灰处治基本可按下列施工工艺。

① 清除原地表，在路基纵面两侧挖好 50cm×60cm 的临时排水沟，或开挖临时排水井降低地下水位，进行晾晒。

在原地面去除耕植土后，对湿软土基底，在地表下 30cm 进行掺灰处治或换填处治，使其达到三轮压路机（或两轮）碾压无明显轮迹。这样做不仅保证了以后各层填土的施工进度和质量，而且也使路基基底处于良好的水稳定状态。如遇老河塘、沟、鱼塘等，必须彻底翻挖，清除淤泥，填筑部分碎石土，用重型压路机从河（塘）底层层压实处治。对某些土质较差、含水率过大的路段，采用三轮压路机将路基压至翻浆，将下层含水率很大的土层翻至表面，挤出土中多余的水分再晾晒，经多次反复，再用间断碾压法进行施工。

② 现场测定原状土天然含水率。

③ 翻耕：翻耕深度为 20～30cm。

④ 粉碎土快：使用旋耕机反复粉碎，直至土质均匀，无明显土块为止。

⑤ 晾晒：根据天气情况，每天翻耕 1～2 遍进行晾晒，并及时检测含水率，当土的含水率降至合适掺灰时，马上进行掺灰处治。

⑥ 摊铺外掺剂：外掺剂用量以干灰重与干土重之比计算，掺灰量用下式计算：

$$G_灰 = \alpha A H \rho_\pm \tag{3-4}$$

式中　$G_灰$——石灰掺加量，kg；

　　　A——处治面积，m^2；

　　　H——处治深度，平均处治深度为 0.2～0.3m；

　　　$\rho_\pm$——处治段土的天然干密度，g/m^3；

　　　α——石灰掺量百分比，%。

⑦ 翻拌：铺灰整平后，先用翻耕机翻 1～2 遍，然后用旋耕机翻拌，使土和石灰充分拌和均匀为止。

⑧ 压实：翻拌均匀后用推土机推平，压路机静压 1～2 遍，使石灰与土紧密接触进行闷料，闷料过程中要根据天气情况随时测定其含水率。当含水率接近施工控制含水率时，马上用翻耕机翻搅一遍，使表层灰土与里层含水率均匀一致，然后用压路机先静压 2 遍，再振动碾压 3 遍（因灰土下面是天然黏土层，碾压遍数过多反而出现反弹现象）。

（3）掺灰处治湿软土路基的施工　处治湿软土路基施工的分为如下几个步骤：

① 认真做好路基基底处治，为整个路基打好基础；

② 正确测试土质的最大干密度和最佳含水率，测试素土和掺灰土的最大干密度和最佳含水率；

③ 掌握好处治含水率、翻晒、粉碎与碾压的关系。

在施工中要抓好晴天尽量翻晒，雨前抢压成一个淌水面，雨后耕开翻晒（或任其蒸发）。如为黏土，在出现干裂前逐步复压，一般能达到规定的压实度。刚上的土块由于空隙大，中间通风，蒸发量相对较大。在天气好的情况下，不宜急于粉碎翻晒，待其蒸发到一定程度再粉碎翻晒为宜。一般在冬季蒸发量为每天 1%，夏季能达到 10% 以下，对施工极为有利，在含水率适当的基础上，土块粉碎越细，压实度越好；反之，就差。

掺灰处治湿软土路基填料的施工可以按照如下施工工序和施工方法进行。

① 灰量计算　在料场或摊铺现场进行拌和时，根据开挖或摊铺的土量（厚度、宽度、密度）和需要掺灰的剂量，可采用掺灰厚度控制。计算公式如下。

$$\alpha HB\rho_{素土}=hB\rho_{灰}\qquad\qquad (3\text{-}5)$$

式中　α——灰粉掺量，%；

$\quad\quad H$——处治深度，平均处治深度为 0.2～0.3m；

$\quad\quad \rho_{素土}$——素土天然干密度或摊铺土干密度，g/m^3；

$\quad\quad h$——摊铺灰粉的厚度，m；

$\quad\quad B$——挖宽或摊铺宽度，m；

$\quad\quad \rho_{灰}$——外掺灰粉的干密度，g/m^3。

掺灰也可以现场打方格控制，计量换算成包数、斗数或车数。

② 拌和　掺外掺剂的施工有路拌法与集中拌和法两种工艺。

a. 路拌法　外掺剂与土混合可以采用路拌机、旋耕机、犁铧等机械进行拌和。旋耕机、犁铧等机械拌和又称为路拌法施工，路拌法施工工序如图 3-12 所示。工艺要点如下。

ⓐ 由于室内试验配合比是以土方压实紧密的体积计量，而现场只能以松散计量配外掺剂，所以要以松散系数换算成施工配合比。应以试验段压实效果与室内试验效果进行对比，来调整松散系数。

ⓑ 每层施工厚度在 20～30cm，松铺厚度应根据不同土质而确定。

ⓒ 用路拌机拌和到颜色均匀一致时方可整平碾压，若出现花面要进行补拌。

ⓓ 密实度检测合格后宜在 24h 内进行下一层作业，以防止机械扰动。

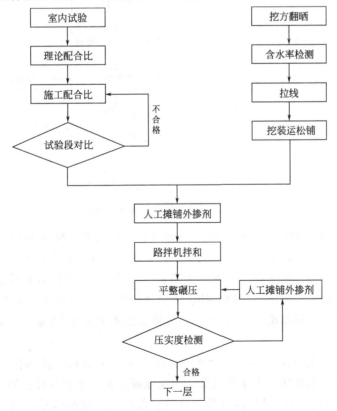

图 3-12　路拌法施工工序

b. 集中拌和法　集中拌和法施工工序如图 3-13 所示。路拌法工艺要点ⓐ～ⓓ均适用，另外，还应注意以下几点。

ⓐ 装载机翻晒拌和时要将装满拌和土的斗举到尽可能高的位置，然后让土缓缓倾倒，使土块摔碎。

ⓑ 翻拌时每堆土不宜太多，否则拌和不均匀。

ⓒ 运至填方处摊铺时，松铺系数的掌握有别于路拌法，因路拌法是运至填方现场再拌和，而装载机拌和法摊铺时推土机已在其上推压一遍。

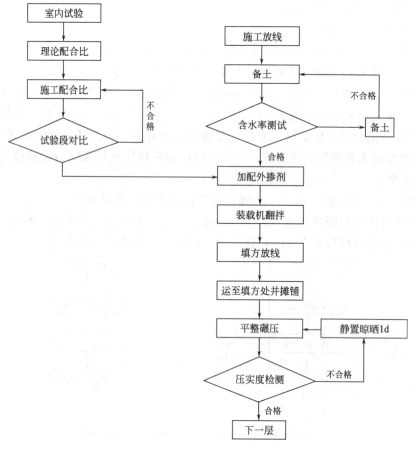

图 3-13　集中拌和法施工工序

c. 路拌法施工的其他要点　路拌法施工前用平地机刮平预铺土并检查其厚度以保证用土的准确，为了方便施工，采用打方格铺灰法，先由不同灰土标准击实的最大干密度、外掺剂的松散密度等计算出每延米应放外加剂的质量（或袋数），放好后再拆袋撒灰，使外掺剂粉撒铺更均匀。然后用旋耕机、犁铧等拌和机械进行拌和 1～2 遍后，再次整平，准备压实。

采用铧犁翻拌，摊铺厚度不大于 15cm，翻拌次数不少于 5～6 遍，直至土块成为含水率合适的细小颗粒。

土块粉碎时，应选择合适的土料含水率，此含水率下容易粉碎和拌和。如果含水率过高，拌和时土块多为条片状；含水率过低，土块成硬土粒，不宜粉碎拌和。

③ 压实成型　成型时间对处治效果有着重要的影响。成型过早，由于生成的水化热过多而使土体胀松，使路基密实度变小；成型过晚，则水化热不能得到充分利用，亦会影响其

加固效果。一般在生石灰为外掺剂的混合料中拌和闷料 3h 左右压实成型可取得较好的效果。其他外掺剂的闷料时间可参考相关内容。

在路基现场降低土料含水率，初步拌和后进行整平和初压（轻压），以加速闷料效果，闷料以后还要进行拌和，之后进行整平并形成路拱，再进行正式的碾压。

④ 养生　稳定土要重视初期养护，保证灰土表面处于潮湿状况，禁止干晒，以防在不利季节产生温缩和干缩裂隙。

可以用未经污染的河水、自来水等，采用洒水车或小型的农用喷药泵进行养生，洒水以表面湿润不流淌为宜，每天控制在 1～2 次，在土不粘轮时用压路机碾压一遍。在养护期间严禁各种车辆在路面上行驶。

⑤ 防雨　如果施工过程中遇雨，一般宜抢压，用上层土封住下层土。同时加强排水功能，在路基边坡做临时急流槽以防大雨冲毁边坡。对已成型的路段，为防雨水进入土基，抢在下雨之前用防雨布整体覆盖，待雨过天晴，揭开防雨布，进行必要的复压，即可进行下一层施工。

⑥ 特殊情况的处治　对于已掺入外掺剂未来得及整平、碾压的路段，降雨时要进行抢压，同时也要用防雨布进行覆盖。由于路基高低不平，局部地方会渗入雨水，待雨停后立即打开防雨布，进行局部翻晒，粉碎处治，个别积水的地方可将超含水率的土挖掉，换掉拌和均匀的灰土，然后进行整平、碾压，至压实度合格为止。

对于遇雨强压，没有使用防雨布的路段，雨停后要用单向耕翻而不适宜直接用旋耕机粉碎、晾晒，因为湿土粘连，裹包旋刀，并且碎土块形成较密覆盖，下层土进水困难，而用拖拉机犁刀耕翻含水率高的部分填土即可。

⑦ 低温施工　稳定土要在当地温度进入 0℃前一个月结束。

⑧ 其他施工技巧

a. 掺灰处治土的厚度　由于在路基土方施工中不同层位要求达到的压实度不尽相同，且每处治一层，均受其下承层基土的含水率和压实度影响，因此低层位要求达到的压实度较小，高层位要达到的压实度较大，下承层含水率越大，其所允许的承载力越低，因而要求掺灰处治的灰土厚度应随路基下层含水率和相应压实度调整其填筑厚度。根据经验每层处治土的厚度在 20～30cm。

b. 铺灰和拌和　采用路拌法，施工前对预铺土应做厚度检查且需要用平地机刮平，以保证配合比中用土量的准确，铺灰厚度应根据采用的不同外掺剂所做的灰土标准击实的最大干密度、外掺剂的松散密度等数据计算该灰土外掺剂剂量的铺灰厚度，进行打方格铺灰的方法，不应采用不分外掺剂等级，不分土类，而相同铺灰厚度的习惯做法，以确保要求的外掺剂剂量。拌和时应先犁后耙，当然最好应优先使用稳定土拌和机拌和，增加拌和的均匀度。

c. 碾压　正确选择碾压机械和碾压方式是石灰处治土施工中关键环节之一。压路机选择和碾压参数的调整参看压路机相关资料。

路基底面第一层处治土不应上过重的压路机，宜使用光面静态压路机，压实遍数也不应过多。随后进入其上各层施工时，因下承层已形成了一个外掺剂处治层，整个土基的承载力已有了提高，此时可使用重型压路机械，如振动压路机或胶轮压路机。但仍要根据层位压实度的要求、匹配机种、调整机型，增加碾压遍数，做到施工碾压工艺合理。随着处治层厚度的不断增加，要确保不发生"软弹"现象，以便路基坚实。

d. 路基填筑　路基是公路的重要组成部分，是路面的基础，它的质量好坏，直接影响到整个公路质量。实践证明，没有坚固、稳定的路基，就不能有稳定的路面。所以，在填筑工作过程中需要采取必要的措施。

ⓐ 分层填筑 当灰土运到路基上时，其含水率控制在施工控制含水率范围内，适于路基填筑。在卸土时，按体积法计量，预控卸土数量，严格控制摊铺厚度。分层的最大摊铺厚度不应超过规定的摊铺厚度，但也不能太薄，分层太薄时，由于填筑材料为掺灰处治过的填土，其含水率可能有时还偏大，所以在碾压时，将形成"弹簧"状，路基无法稳定。

ⓑ 翻松晾晒 当灰土经摊铺后，若其含水率仍然偏大，或在填筑过程中遇到雨水时，应采取翻松晾晒措施，即将土翻松晾晒，翻松次数根据其含水率而定，但最少不能少于三遍。只有翻松达到一定的遍数，经晾晒后，其含水率才能有效地降低，并能保证灰土颗粒满足填筑要求。

ⓒ 掺灰翻松 如果灰土在填筑时，经翻松晾晒，其含水率仍然不能达到最佳含水率时，可采取掺灰措施。即在其上撒铺一定数量的外掺剂，再经多次翻松晾晒，拌和均匀，基本能降低其含水率，满足碾压要求。但是如所撒铺的是石灰，必须充分消解，以防石灰遇雨继续消解，引起局部胀松鼓包，影响路基的强度。

ⓓ 路床填筑 路基施工规范规定，路基顶以下 0～80cm 范围之内压实度要求大于 96%、95%、94%（分别对应相应的公路等级）。当路基填筑到路床时，因其施工压实度要求高，必须对灰土有更进一步的要求，除了采用以上填筑措施对其填筑厚度和含水率进行控制之外，还应确保灰土最大颗粒不大于 2cm，这样能使路床压实度更进一步提高，以达到设计要求。

（4）湿软土挖方段掺灰处治的施工方法 要利用在路堑开挖的湿软土作为路基填筑时，可以按照如下要点进行施工。

① 开挖方式确定 本着保路畅、便交通的原则，考虑到土方需掺灰利用，为了尽快开通路堑，加快路基填筑，并有利于外掺剂的充分水化及掺配。可采取通道纵挖和坡面横挖混合式开挖法，即沿路线纵向分层开挖，层层贯穿挖出一条通道，直至槽底，然后开挖两侧边坡。此种开挖方式，既保证了机械通行，运输便利，又加快了施工进度。

② 做好防排水措施 在路堑施工前，应首先形成截水沟（天沟），拦截路堑开挖施工和以后运行期路界外的地表水，避免增加路堑土料的含水率。在开挖到每个路堑台阶时，应尽快形成台阶排水沟，截流路堑坡面的雨水和流出坡体的地下水。在开挖施工的最低台阶上，要利用临时排水沟排除雨水和渗出的地下水。

③ 通道开挖 土方开挖的快慢决定了路基填筑的快慢。因为开挖土方含水率过大或强度不足，需经掺灰处治方可用于路基的填筑，所以土方的开挖过程，也就是土方的掺灰拌和过程。开挖、拌和过程的合理与否，不但影响路堑的开通，而且直接影响路基的填筑，从而影响工程的总体进度。

鉴于开挖与填筑两者只讲相互制约关系，可采用掺灰开挖工艺：掺灰→挖拌→闷放→拌装。

a. 掺灰 按实验室提供的配比，根据预定的每次挖深在其上撒布一定厚度的外掺剂粉，计量尽量精确，厚度尽量均匀。

如果掺配外掺剂粉必须在挖方段现场进行，既不影响土方的开挖，又能保证路基填筑。在由机械清理废弃表层腐殖土之后，考虑每层土方开挖深度和宽度，按内掺比重公式剂量：

$$\alpha H B \rho_{素土} = h_{厚} B \rho_{灰} \tag{3-6}$$

式中　α——外掺剂剂量，%；

　　H——挖深，m；

　$\rho_{素土}$——素土的干密度，g/m³；

　$h_{厚}$——摊铺生石灰粉的厚度，m；

　　B——挖宽，m；

　$\rho_{灰}$——外掺灰粉的干密度，g/m³。

预控每层配灰厚度，即在一定开挖深度下，根据每平方米需要多少掺灰能达到 α 的剂量来布灰，亦即把外掺剂粉直接卸于待挖土方上，用推土机将其在一定范围内大致推平并控制厚度，以备机械开挖。如采用生石灰，配灰时间必须控制在开挖前 1~2 天，目的是防水，生石灰中有效钙镁含量因受空气和雨水浸蚀而损失，达不到降低含水率的目的。

b. 挖拌　有一台反铲挖掘机从一端开始，沿路中线倒退开挖。在一定宽度的情况下，先从一侧下铲在预定挖深处开挖，然后伸臂将土和外掺剂在一定高度下倾倒在前方，在倾倒过程中保持每次都从土堆顶处倾倒，这样土和灰在下滑过程中有了一次很好的掺和。若有外掺剂集中的地方，就重新挖起倾倒，在开挖前进一定的距离后，由另一台挖掘机对已开挖掺灰土方重新开挖拌和，经过两次这样的翻倒，保证了湿软土进一步拌和的均匀性。

c. 闷放　土方开挖后，闷放一定时间，基本上使外掺剂粉对湿软土有了一定程度的改善作用，即干湿料的混合作用，如生石灰的水化作用产生的水分蒸发作用，阳光照晒蒸发作用，基本上降低了湿软土中大部分水分，初步具备了填筑路基的要求。

d. 拌装　当闷料的灰土已具备填筑路基的要求后，另用一台反铲挖掘机停放在闷放的灰土上，倒退挖土装车，用自卸汽车运输，在装车过程中又完成了一次简单的拌和，灰土基本松散，再经汽车倾倒、摊铺等工序及晾晒作用，灰土含水率可达到路基填筑材料的规定要求。

④ 路槽开挖

a. 开挖　在通道开挖最后一层时，即为路槽开挖。路槽开挖要求比较严格，不但要完成灰土的开挖，还得保持基底的平整，在挖拌过程中由测量员跟踪控制挖深，不得超挖和大面积的欠挖。挖宽必须能保证路面宽度，并防止中线出现较大偏移，在灰土装运后，用一台推土机清理路槽，并达到设计要求，为下垫层回填做好准备。

b. 回填　当设计要求潮湿开挖段设置砂、砾石下垫层，为了防止新开挖路槽受雨水等因素的浸蚀破坏，施工中可采用边清槽边回填的措施，回填厚度达到规定厚度的要求，并能保证载重汽车通行。在路槽开挖和垫层回填两个施工过程中两者之间基本没有多大的影响，回填为灰土运输提供了便利条件，也增加了工效。

（5）低洼、稻田地段的施工方法　稻田、低洼地段应尽量避开雨季施工，旱季时稻田、低洼地段应认真挖好网状排水沟，进行排水晾晒后铲除表层腐殖物，进行原地面压实或翻挖回填压实，并利用旱季突击填筑土石方。

基底有地下水时，采取拦截或排除至路基范围外。如果处治有困难时采用片石、碎石、渗透性强的土至少填筑 1m。为了防止基坑被雨水浸泡和暴露时间过长，基坑挖好后应立即铺筑一层圬工，或用厚度 3cm 的砂浆封闭。

低洼填筑路基地段，必须先完成涵洞工程，做好排水、防洪和防水工作。严禁在雨季或连绵雨天填筑路基。路堤每一压实层面均应做成不小于 4% 的横坡，以利排水，每填筑一层及时修理边坡并拍实，不留凹坑。每一填土层都应在收工前平整、碾压完毕。

（6）料场掺灰处治湿软土的施工　在料场开挖的同时，进行掺灰的施工工艺可采用"掺灰（铺灰）→挖拌→闷料→拌装"的方式，具体的施工方法如下。

① 掺灰（铺灰）　在要开挖填料的部位根据掺灰比例，按式(3-5)计算铺灰厚度并在表面铺灰，铺灰范围为 $1\sim2d$ 的开挖面积，根据挖机的开挖深度计算铺灰厚度进行铺灰。把外掺剂直接卸在待开挖的土方上，用推土机在开挖范围内控制厚度并大致推平。

② 挖拌　在已铺灰的要开挖填料之上，使用挖机从一端开始，沿开挖场地倒退开挖，按①项计算铺灰厚度采用的开挖深度进行开挖。开挖料堆放在不受雨水影响的位置，或在堆放位置采取排水、防水措施。挖机开挖所用的外掺剂和土在一定高度下倾斜在前方，在倾斜过程中保持每次都从土堆顶部倾倒，这样土和外掺剂在从堆顶下滑、滚动过程中进行一次料的拌和。若有外掺剂集中的地方，重新挖起倾倒。在堆料形成一定规模后，由另外的挖机或采用本台挖机进行重新挖拌，直到均匀为止。

③ 闷料　土方开挖、拌和以后，闷料一定时间后基本上使外掺剂对湿软土有了一定程度的改善作用，初步具备路基填料的要求。

④ 拌装　当闷放的灰土已具备路堤填筑要求后，将挖机停放在料堆上，倒退挖土装车。在装车、卸料、摊铺的过程中灰土又可以得到进一步的拌和及晾晒。但是在这个过程中，要注意防雨和排水，开挖、运输、摊铺、填筑等过程都要修建好排水沟，装备防雨布。

在掺灰之前，或掺灰过程中，要将土料粉碎，使外掺剂和土拌和均匀，便于土料与外掺剂充分反应。

在掺灰过程中还要注意以下问题。

① 水泥处治湿软土应注意的问题

a. 掺拌水泥改良土时，主要是水泥与土发生反应改变土性，它不同于路面底基层水泥土的凝硬过程，故压实以后不一定要封闭交通。但应尽量避免在刚填筑的层面上通行重型车辆。

b. 水泥土的拌和，必须拌和均匀，可以采用装载机强固齿翻松一遍，再用拌和机拌和，随时检查拌和厚度，严禁在拌和料底留有素土。拌和次数应以拌和均匀为准。

c. 水泥稳定土整平。稳定土混合料拌和均匀后，紧接着用推土机排压、平地机整平和整形，直线段上平地机由两侧向路中心刮平，在平曲线上平地机由外侧向内侧刮平。整完后，用振动压路机快速静压一遍，以消除局部不平，再用平地机配合人工进行精平。在整平过程中检查混合料的松铺厚度，按设计坡度和路拱施工成型。整个成型过程一般应在 1h 内完成。

d. 碾压：混合料完成精平成型后，当混合料处于施工控制含水率范围内时，即可进行碾压，碾压过程采取先慢后快、先轻后重的原则进行。整个碾压过程必须在 1.5h 内完成。

e. 接缝的处理：前后作业的两个施工段衔接处采取搭接拌和，前一段空出 2m 不进行拌和和碾压，与下一段一起加水泥拌和施工。当不连续施工时，碾压结束后，在末端做斜坡，第二天开始摊铺新料时，将末端斜坡挖除，并挖成一个横向（与路中心线垂直）铅直向下的断面。

f. 养生：水泥稳定土施工完毕需进行湿法养生，以满足水泥水化形成强度的需要。一般养生 7d，每天洒水养护，养生温度愈高，强度增长愈快，因此要保证养生的温度和湿度条件。

g. 防雨：如果施工过程中遇雨，一般宜抢压，用上层土封住下层土。同时加强排水功能，在路基边坡做临时急流槽以防大雨冲毁边坡。对已成型的路段，为防雨水进入土基，抢在下雨之前用防雨布整体覆盖，待雨过天晴，揭开防雨布，进行必要的复压，即可进行下一层施工。

h. 水泥稳定土要在当地温度进入 0℃前一个月结束。

② 石灰处治湿软土应注意的问题

a. 现场用掺加生石灰处治湿软土底基层和路基时，应保证闷料一定时间，使石灰充分反应，以防止填料产生不利变形或爆裂。闷料时间一般在 4h～1d。

在拌和和闷料后再压实，因为石灰水化散热水分蒸发，另外，石灰和土相互作用的强度随时间而增长，只有经过一段时间后才能有较大的强度增长以保证压路机不下陷。同时，最初只用轻型压路机压 1～2 遍，经过闷料之后再用重型压路机碾压。如果最初即用重型压路机碾压或轻型压路机压实后随即就用重型压路机碾压，由于石灰和土的反应不充分，石灰土的强度不高而容易造成压路机下陷。

b. 施工人员的保护：撒布石灰粉时注意粉尘对环境的污染，宜选用无风或小风天气施工。在掺石灰的施工过程中，施工人员必须戴好风镜，穿好防护衣裤，防止石灰对人体皮肤的灼伤，撒布时要注意风向，尽量少扬灰。

c. 生石灰一定要磨细，最大粒径不能超过 0.5mm，过 0.075mm 筛余小于 15%，严禁其间夹有生石灰块，否则因粒径较大在土中不能充分消解，在压实后再吸水膨胀使原压实土鼓包，破坏路基。路基成型后生石灰块遇水分解，造成路基土分解，导致路基土松散，影响路基质量。

生石灰粉由于吸水能力很强，必须用塑料袋包装，并在填土表面打开后随机撒上。石灰在撒开时必须均匀，如果堆积在一起，用农用潜耕机很难将其分散，这样石灰堆积处的强度反而低。

d. 施工时做好防排水措施，防止水浸石灰土，影响处治效果。

e. 施工中根据湿软土含水率大小调整生石灰粉掺入剂量，以达到最佳效果。

f. 当天拌和的料当天压实成型，否则未经压实的混合料会吸收下卧湿土中的水分或受雨而变湿，给施工带来困难。

g. 以减少土的含水率为目的的石灰处治，在施工时可参考由石灰的活性氧化钙和氧化镁合计含量决定的石灰等级，并通过室内击实试验和现场碾压试验确定。石灰的有效（CaO＋MgO）含量应为 70% 以上，达到Ⅲ级质量，施工前 1～2d 运至工地。石灰的含钙量测定，可以采用化学方法进行测试，也可以用直接式测钙仪测定含钙量。

h. 熟石灰处治湿软土应注意的事项如下。

ⓐ 石灰堆放时间不宜太长，特别在没有覆盖的情况下，其有效钙镁的含量会大幅度下降，原先质量符合要求的石灰在无覆盖情况下堆放几个月，可使其质量降为等外石灰。

ⓑ 石灰在使用前必须充分消解和严格过筛，使用消解不充分的石灰处治路基，碾压成型后，遇雨过程中，未充分消解的石灰继续消解，会引起局部胀松鼓包，形成蘑菇状，影响路基的强度和平整度。

ⓒ 掺熟石灰处治湿软土填料的施工工艺流程如下。

生石灰消解→测定天然含水率→计算熟石灰的掺灰量→分层备土和灰→拌和→闷料→运输→摊铺→整平→碾压。

i. 养生：石灰稳定土要重视初期养护，保证石灰土表面处于潮湿状况，禁止干晒，以防在不利季节产生温缩和干缩裂隙。

③ 掺粉煤灰处治湿软土填料应注意的问题

a. 如果粉煤灰为湿灰，应堆高沥水，含水率控制在 30％以下，以粉煤灰不污染环境为宜。

b. 如果粉煤灰为干灰，在运输过程中应加盖，防止风吹扬灰造成对环境的污染。

c. 在采用粉煤灰之前，要测定粉煤灰的放射性，确定路基掺加粉煤灰后放射性是否在国家允许的范围内。

d. 粉煤灰与素土拌和以后，应保证闷料一定时间，使粉煤灰充分反应，以防止填料产生不利变形或爆裂。

e. 天气预报降雨，应用防雨布（如彩条布、塑料膜等）覆盖粉煤灰。

④ 掺石灰-粉煤灰处治湿软土填料应注意的问题

a. 如果粉煤灰为湿灰，应堆高沥水，含水率控制在 30％以下，以粉煤灰不污染环境为宜。

b. 如果粉煤灰为干灰，在运输过程中应加盖，防止风吹扬灰造成对环境的污染。

c. 在采用粉煤灰之前，要测定粉煤灰的放射性，确定路基掺加粉煤灰后放射性是否在国家允许的范围内。

d. 天气预报降雨，应用防雨布（如彩条布、塑料膜等）覆盖粉煤灰。

e. 生石灰消解，以消石灰含水率 4％为宜。控制消解生石灰用水量，一般 1t 生石灰用水 600kg 左右。

⑤ 掺 NCS 处治湿软土填料应注意的问题 NCS 固化剂（New Type of Composite Stabilizer for Cohesive Soil）是一种新型复合黏性土固化材料的简称，由石灰、水泥等合成添加剂改性而成。NCS 加入填料中除具有石灰、水泥对土的改性作用外，还进一步使土粒和NCS 发生一系列物理化学反应，使膨胀土颗粒间紧密，彼此聚集成土团，形成团粒化和砂质化结构，增强了土的可压实性，同时，膨胀土颗料在 NCS 水化反应中生成新的水化硅酸钙和水化铝酸钙，加强了土体的强度和稳定性。所以，NCS 固化剂在改善水泥性状特性方面具有重要作用。

掺 NCS 处治湿软土施工基本与石灰处治湿软土施工相同，所不同的是由于 NCS 中有水泥的成分存在，故有一定的水硬性质，所以撒布、拌和、碾压时间尽可能缩短，闷料时间控制在 5～6h。

（7）二次掺石灰的施工方法 在施工过程中，变常规的一次掺灰为二次掺灰。首先直接将取土坑或取土场或路堑中的素土掺入 2％左右的石灰，闷料消解 3d，然后将消解的灰土运至路基摊铺，再打格掺 3％～6％的石灰，经犁、旋、闷料、机械分层碾压至规定的压实度。每层的填筑均通过压实度试验来检测压实度、灰剂量和含水率，以确保工程质量。

3.8.2.4 各种掺灰施工方法的比较

（1）外掺剂使用的比较

① 路基填料掺加石灰，会对周围产生污染，对施工人员的身体健康影响较大。

② 掺生石灰粉的效果优于掺消石灰的效果，因为生石灰粉与土的作用能力强，掺生石灰粉受气温和雨期影响较小，此外，生石灰粉撒布拌和宜均匀，返工率小，而且能节省投资。但生石灰粉法失效快，贮运时间不能长。

NCS 的降水效果与生石灰的效果相当，是最好的降低路基土料含水率的外掺剂之一，但生产比较复杂，需要生产的原材料较多。

水泥的吸水能力较差，对于塑性较强（塑性指数大于 20）过湿黏土来说，其效果较差；砂和粉煤灰在很多地区缺乏，难以选用；石灰是人们常常采用的一种外掺剂。

③ 在利用石灰处治高含水填土时，尚应在如下方面进行改进：生石灰粉的生产并不困难，价格也便宜，但必须在包装、运输及贮存等方面采取和水泥一样的措施，以利于批量生产和应用；生石灰粉的人工分撒造成尘土飞扬而对工人身体不利，有待制造专门的施工机械，拌和机械也应专门化，农用犁及潜耕机只是权宜之计。

（2）施工机械的比较

① 采用带旋耕犁的拖拉机施工时，施工程序比较多，外掺剂粉撒布均匀度也存在一定的困难。采用路拌机施工，无论质量还是速度都可以得到有效的保证。

② 无论采用什么机械拌和，摊铺的松方厚度都应控制在拌和机械的最大拌和深度内。

拌和机械应根据施工条件和拌和深度、拌和能力选型。目前拌和机械的类型和使用条件如下：

a. 专用路拌式稳定土拌和机，拌和松方的深度最大达到 40cm；

b. 农用旋耕犁配合重型铧犁进行拌和，旋耕机拌和松方深度只有 12cm，负责粉碎和拌和，重型铧犁负责将下部的土体翻上来，将拌好的灰土翻下去，拌和效果不如拌和机；

c. 国外有的挖掘旋转式灰土拌和机，拌和深度可达 1m。

（3）施工时应注意的主要事项

① 外掺剂的掺量应根据湿软土的含水率、外掺剂的吸水率、不同压实度要求时施工控制的最大含水率及天气情况，由试验确定。

② 施工过程中应采取措施，尽可能减少外掺剂扬灰对环境和施工人员的危害。

③ 第一遍拌和后一定要轻压闷料，轻压有两个作用：一是使外掺剂与湿软土紧密接触，降低湿软土的含水率；二是轻压后防止闷料过程中降雨时雨水过多浸入灰土层。闷料的作用是让外掺剂在水化热过程中，体积发生膨胀，让磨细生石灰有一个充分消解的过程，防止因体积膨胀影响压实密度，室内做击实试验时，其试验要闷料后再进行击实，闷料时间以过夜为宜。

④ 拌和遍数因土质、含水率和拌和设备而定。一般第一次拌和 3~4 遍即可。以将外掺剂与湿软土拌和均匀为宜，闷料后第二次也拌和 3~4 遍，以将土壤粉碎到最大粒径以下为宜。

⑤ 碾压时的含水率应控制在施工控制含水率的范围内，如含水率过大，应增加外加剂用量或增加拌和遍数和闷料时间，含水率过低，则应减少外加剂用量和适当洒水碾压。外掺剂处治湿软土后，其表面容易产生干缩、开裂、松散，应适当洒水养生或尽快进行上层施工。

⑥ 雨天对湿软土施工的影响很大，拌和好的灰土一旦被雨水浸透饱和，则很难处治。故一定要坚持当天拌和当天碾压完毕，并适当增大横向路拱，以利排水。

3.8.3　掺灰处治湿软路基填土的施工质量控制

3.8.3.1　晾晒法处治湿软土填料的施工质量控制方法

（1）调整含水率至最佳　由于湿软土的天然含水率较高，遇雨后其含水率还会增加，在高温季节施工时，湿软土外表面很快晾干，而里面土的含水率仍然很高，应当使用旋耕机翻晒、粉碎至含水率均匀，且在施工控制含水率范围再回填或整平、碾压，这样可以少掺灰或不掺灰。

（2）严格控制填筑厚度　湿软土的含水率较大，过薄工序增多，浪费人工和机械台班，也影响工期。过厚下层土翻晒不到，旋耕机更难粉碎到位，当上层土翻晒、粉碎到规定程度时，下层土的水分还没有散失，即使再如何碾压也无法满足压实度要求，采用重型压路机反复碾压时，路基将形成"弹簧"状态，使路基无法稳定，也无法继续施工。最终还是要返工。

（3）拌和彻底　在路基上进行翻晒处治时，应注意深翻彻底，在翻晒过程中要随时检查，杜绝留有夹层。

（4）温度、季节选择　如果晾晒以后还要进行掺灰处治，应尽量利用高温、晴好天气下掺灰，在碾压场地之外翻晒处治以后再上路摊铺、碾压，可以节省掺灰费用和时间。

（5）根据含水率调整灰剂量　在填料含水率产生变化时，应根据填料含水率的不同确定掺加剂的剂量，不能一概用同一个掺灰剂量。

3.8.3.2　掺生石灰处治湿软土填料的施工质量控制方法

（1）生石灰存放。尽量不让生石灰粉在工地堆放时间过长，以免与空气中或地下水中的CO_2反应，降低有效钙镁的含量，从而影响使用效果。

（2）生石灰必须磨细处治。为防止填料拌和、闷料过程中消解、拌和不充分，造成路堤填筑之后遇水继续消解，引起局部松胀鼓包，影响路基强度和平整度，生石灰必须磨细处治。

（3）清表及有机质处理。对湿软土中的草皮、树根以及腐殖质土应清理干净，以防有机物质延缓或阻止石灰与土中矿物之间的反应。

（4）拌和时要检查是否拌和均匀。在施工前和施工过程中，作业面内严禁用重型压路机碾压，禁止重型车辆通行。

（5）土团粉碎以利反应。在掺灰之前，或掺灰过程中，要将土料团粉碎，使石灰和土拌和均匀，便于土料与石灰充分反应。

（6）强度及变形试验与检测。各地的石灰有效钙含量不同，土质也不相同，应根据当地采用的石灰和土质进行不同比例的掺灰试验，试验内容根据使用的层位确定，一般需要进行CBR值试验（如果素土已达到要求，就可以不试验此项内容）、击实试验（确定最佳含水率和最大干密度）以确定不同的掺灰比例。路基施工完成以后还要进行回弹试验或弯沉试验，以适应压实密度和材料是否满足公路要求。

在生石灰土试样制样时，采用静压法制样比击实法制样好，且与现场碾压过程更相似。

在进行质量检测时，应注意灰土的最大干密度比素土（未处治土）的最大干密度小，最佳含水率比素土的最佳含水率大，应采用灰土的击实试验确定的最佳含水率和最大干密度进行路基填筑施工质量检验的质量控制。

灰土最大干密度的降低是与活性钙、镁离子和土中的阳离子发生反应以及土中的石灰剂量降低相关的，而这种反应和石灰剂量的降低也是随时间延长不断进行的。因此在路堤密实度检测时，应注意灰土的密度与闷料时间的关系，最好配合路堤施工，在试验室进行闷料后最大密实度与时间的关系曲线试验，以此曲线确定密度和检测时间的关系，修整密实度的计算。

（7）雨后必须排干地表水，待太阳晒干后再施工作业。

（8）灰土遇雨质量控制。当灰土摊铺后遇到降雨时，造成含水率过高，应采取翻松晾晒措施，如果翻晒后含水率还不能满足碾压要求时，可采取进一步掺灰的方法，但是所掺的石灰必须充分消解，以防将来石灰遇水继续消解，引起局部松胀鼓包，影响路基强度和平整度。

（9）压实完成后，应进行养生，养生期间禁止车辆通行，特别是重型车辆通行。

（10）尽量避免在不利季节施工，最好在第一次冰冻期来临一个半月前结束施工。

3.8.3.3　掺熟石灰处治湿软土填料的施工质量控制方法

（1）熟石灰的质量控制如下。

① 存放　石灰的存放应注意防雨防潮，尽量不让熟石灰粉在工地堆放时间过长，降低有效钙镁含量，而影响使用效果。

② 质量控制　石灰在使用前必须充分消解和严格过筛。使用消解不充分的石灰处治路基，碾压成型后遇雨过程中，未充分消解的石灰会继续消解，引起局部松胀鼓包，影响路基的强度和平整度。通常将生石灰提前 10～12d 运进施工现场，并进行充分消解；对于镁质石灰，由于难消解，则需提前 12～15d 进行消解，且加水速度不宜过快、过急，以便于镁质石灰能够充分消解。

（2）土块要粉碎，且拌和要充分均匀，拌和时要检查是否拌和均匀。

（3）含水率控制如下。

控制好原材料（土、石灰）及混合料的含水率，拌和好的混合料含水率宜大于最佳含水率 1%左右，且要拌和均匀。

灰土最后一次拌和前，试验人员应及时检测含水率，在春季及夏季施工时由于风大，气温较高，灰土含水率一般控制在比最佳含水率高 1～3 个百分点。在雨季期间由于空气潮湿，一般控制在最佳含水率的上限 1 个百分点之内，含水率不够应及时洒水补充，然后拌和均匀，含水率过大则晾晒，在施工控制含水率范围内再进行碾压。

（4）碾压时，压路机应遵从"先轻后重"、"先边后中"、"先慢后快"的原则连续不断地碾压至规定压实度。

（5）碾压过程中，石灰稳定土表面应始终保持湿润。在养护期间内让灰土暴露在保湿养生的条件是至关重要。

（6）灰土压实度的控制如下。

① 同一碾压段落尽量采用同一土场的土。同一土场不同层次的土，或不同土场的土，由于土质的差别其最大干密度随时有变化，因此，在同一施工段落最好选用同一种土，否则将导致局部地段很容易达到压实度，而有的地段超遍数碾压也难达到标准。遇到这种情况时，如果排除了含水率方面的因素，石灰剂量合格，碾压工艺没有问题，那么，主要是土质发生了变化，对原土样应重新取样做最大干密度试验，待试验结果出来后再做评定。

② 石灰剂量的控制。石灰剂量的变化对压实度影响较大，如果施工布灰出现随意性则将导致压实度出问题，此外，虽然按设计布灰但布灰不均匀或拌和不匀，形成局部灰多，局部灰少的情况，那么也将导致灰少的路段压实度偏高，而灰多的路段压实度不够的"假象"，因此，施工必须控制石灰剂量和灰土拌和的均匀性。

③ 石灰质量的控制一般是试验人员取样试验合格后才允许使用。

（7）压实完成后，作业面内严禁用重型压路机碾压，禁止重型车辆通行。

（8）尽量避免在不利季节施工，最好在第一次冰冻期来临一个半月前结束施工。

3.8.3.4 掺水泥处治湿软土填料的施工质量控制方法

掺水泥处治湿软土填料的施工质量控制方法一般同于石灰，如存放、拌和、粉碎、最大干密度和最佳含水率控制、强度控制、施工遇雨控制、养生等。不同的是因为有凝结时间的限制，水泥与土拌和之后应在 4h 之内将水泥土碾压到规定的密实度。

3.8.3.5 掺粉煤灰处治湿软土填料的施工质量控制方法

（1）因采用粉煤灰处治路基填料的位置或气候比较潮湿，应注意粉煤灰的存放。尽量不让粉煤灰在工地堆放时间过长，以免与空气中的水分或地下水、地表水反应，降低有效钙镁的含量，从而影响使用效果。

（2）在掺灰之前或掺灰过程中，要将土料团粉碎，使粉煤灰和土拌和均匀，便于土料与粉煤灰充分反应，拌和时要检查是否拌和均匀。

（3）对湿软土中的草皮、树根以及腐殖质土应清理干净。

（4）当灰土摊铺后，路堤填料含水率仍然较高，或者在灰土摊铺后遇到降雨时，采取翻松晾晒措施，如果翻晒后含水率还不能满足碾压要求时，可采取进一步掺灰的方法。

（5）压实完成后，应进行养生，养生期间禁止车辆通行，特别是重型车辆通行。

（6）在进行质量检测时，应注意灰土的最大干密度比素土（未处治土）的最大干密度小，最佳含水率比素土的最佳含水率大，应采用相应配比的灰土击实试验确定的最佳含水率和最大干密度进行路基填筑施工质量检验。

灰土最大干密度的降低是与活性钙、镁离子和土中的阳离子发生反应以及土中的粉煤灰剂量降低相关的，而这种反应和粉煤灰剂量的降低也是随时间延长不断进行的。因此在路堤密实度检测时，应注意灰土的密度与闷料时间的关系，最好配合路基施工，在试验室进行闷料后最大密实度与时间的关系曲线试验，以此曲线确定密度和检测时间的关系，修整密实度的计算。

（7）各地的粉煤灰有效钙含量不同，土质也不同，应根据当地采用的粉煤灰和土质进行不同比例的掺和试验，试验内容根据使用的层位确定，一般需要进行 CBR 值试验，击实试验（确定最佳含水率和最大干密度），以确定不同的掺灰比例。路基施工完成以后还要进行回弹试验或弯沉试验，以确定压实密度和材料是否满足公路要求。

在粉煤灰灰土试验制样时，采用静压法制样比击实法制样好，且与现场碾压过程更相似。

（8）雨后必须排干地表水，待太阳晒干后再施工作业。

3.8.3.6 掺 NCS 处治湿软土填料的施工质量控制方法

掺 NCS 处治湿软土路基填料的施工质量控制方法基本同于石灰。

3.8.3.7 压实均匀度的控制方法

在确定的配合比情况下，道路压实度给人们一个综合的定量控制指标，它以室内或现场的标准实验为基础，而在施工中实际存在着压实程度的不均匀，又可用压实度的偏差来判别。

压实度的减小充分反映在试件的水稳定性上，由于渗透系数和毛细水上升高度的变化而影响路基路面的工作状态，不均匀的压实度形成路基路面材料不同的物理力学指标，加之道路结构的稳定性与耐久性受压实度大小控制的规律，都要求对路基顶面以下 50cm 深度以上范围必须严格进行压实度的控制，而其中最小压实度控制，是检验压实工作有效性的限度。即要求不均匀的压实度均不能低于最小压实标准。欲获得均匀满意的压实度，只有依赖于均匀合适的压实含水率以及科学的拌和方法、碾压方法等的控制。

路基施工中极有可能出现处治土在拌和、摊铺、压实工序上混合料剂量及均匀性方面的问题，要求人们必须十分注意处治土施工的均匀度，从而保证压实度真正具有"有效性"。

由以上对不同填料施工质量分析可看出，控制压实均匀性首先必须控制好压实含水率的均匀性、拌和的均匀性以及严格控制配比均匀性。还可以从如下几个方面进行。

（1）轻重型击实标准对压实均匀度的影响　由轻型击实与重型击实对同一配比试件试验结果表明：试件的物理性能与强度指标随击实标准不同而大幅度变化，试件的压缩模量前者低 20％～45％，水稳性也相应变化，由此可理解为在重复交通荷载情况下，轻型击实会造成较大残留变形的条件，同时，相应工程中压实功能和遍数的不均匀易形成不同的压实效果，导致道路结构工作寿命缩短，可能出现严重的不平整度的变化是必然的，反之，若以重型击实标准控制压实度，可将此类影响降低到最小限度。

（2）控制路基厚度与宽度均匀性　关于道路结构压实度与宽度的均匀性，应由压实效果及其产生的影响来评价，这实际上反映结构层的板体作用大小对道路整体形变与稳定性的影响，只有具备相当理想的压实度和良好的整体板体性后才得以稳定，才能实现对地表水的防渗封闭和对地下水的隔断作用，否则，某一局部强度不足，将扩至一片到整个道路产生破坏。因而在宽度上必须具有足够的余地，以保证整个道路断面工作状态正常，并且要做到路面与路肩的良好衔接，起到全断面对水分的封隔作用，为确保路缘部分的压实度，决定其宽度偏差标准为±20mm 是可行的。

3.9　路堑开挖施工

3.9.1　土质路堑开挖

路堑开挖是路基施工中工程量最大、最普遍的施工内容，有多种施工机械，适宜于使用并能充分发挥机械的优势。所以，路堑开挖主要采用机械化施工。

从作业程序上说，路堑施工较为简单，无非是按要求把土挖掘并转运到弃土地点，不像路堤填筑有材料选择、分层碾压密实等问题存在。然而，从施工经验和公路使用的角度看，路基上发生的问题，却大多出在路堑上。例如，路堑施工往往成为整个工程的控制工程，影响工期。施工中常发生塌方、滑坡等事故。在道路使用过程中，路堑地段又是塌方、滑坡、翻浆、唧泥、冻害等路基病害的多发区段，而这些又在很大程度上与路堑施工得当与否有着密切的关系。如由于开挖坡度不合适或弃土太近，使土体失去平衡而发生塌方；由于排水不良，土体松软发生边坡溜滑；由于没有及时修筑挡土墙等防护工程而发生滑坡等现象。因此，在路堑施工中，对采取的作业方式、开挖步骤、弃土位置等应予充分重视，进行全面规划，保证有较高的质量和效率。所以，在挖掘作业特别是深挖作业时，应将粗加工和挖掘作业同时进行，使坡面作业减少；并且必须经常不断地检查尺寸；单面挖掘，单面堆土时，应尽量避免土堆太高；即使设计上没有防滑措施，也要将基底面进行阶梯挖掘，才比较合理。

3.9.1.1　开挖步骤

路堑开挖方式应根据路堑的深度和纵向长度，以及地形、土质、土方调配情况及开挖机械设备条件等因素确定，以加快施工进度和提高工作效率。

（1）横挖法　从路堑的一端或两端按横断面全宽逐渐向前开挖，称为横挖法。这种开挖方法适用于较短的路堑。

路堑深度不大时，可以一次挖到设计标高（图3-14）；路堑深度较大时，可分成几个台阶进行开挖（图3-15），各层要有独立的出土道和临时排水设施。分层横挖使得工作面纵向拉开，多层多向出土，可以容纳较多的施工机械，加快了开挖速度。若用挖掘机配合自卸汽车进行，台阶高度可采用3～4m。

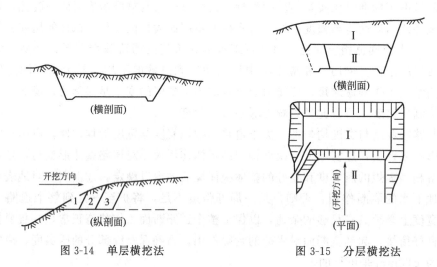

图 3-14　单层横挖法　　　　　　　图 3-15　分层横挖法

（2）纵挖法　沿路堑纵向将高度分成不大的层次依次开挖。纵挖法适用于较长的路堑。

如果路堑的宽度及深度都不大，可以按横断面全宽纵向分层挖掘，称为分层纵挖法（图3-16）；如果路堑的宽度及深度都比较大，可沿纵向分层，每层先挖出一条通道，然后开挖两旁，称为通道纵挖法（图3-17），通道可作为机械通行或出口路线，以加快施工速度；如果路堑很长，可在适当位置将路堑的一侧横向挖穿，把路堑分成几段，各段再采用上述纵向开挖，称为分段纵挖法。分段纵挖法适用于傍山长路堑。

图 3-16　分层纵挖法　　　　　　　图 3-17　通道纵挖法

3.9.1.2　路堑开挖注意事项

路堑开挖作业时应注意以下几点。

（1）由于水是造成路堑各种病害的主要原因，所以，不论采取何种方法，均应保证开挖过程中及竣工后的有效排水，如图3-18所示。施工时均应开挖截水沟，并设法引走一切可能影响边坡稳定的地面水和地下水。开挖路堑时，要在路堑的线路方向保持一定的纵坡度，以利于排水顺利和提高运输效率。

（2）开挖时应按照横断面自上而下，依照设计边坡逐层进行，防止因开挖不当，而引起边坡失稳崩塌。由于挖削部分较薄，对坡体崩塌问题往往容易忽视，应按原有自然坡面自上而下挖至坡脚，不可逆转施工，否则，可能引起滑坡体滑塌。

（3）在地质不良拟设挡土墙的路堑中，路堑开挖应以分段挖掘，同时修筑挡土墙或其他

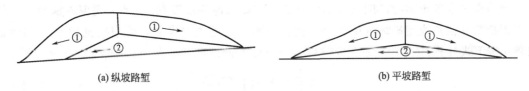

(a) 纵坡路堑　　　　　　　　　　　　　　(b) 平坡路堑

图 3-18　施工时排水

防护设计的方法为宜，以保证安全。

（4）路堑弃土应按要求，整齐地堆在路基一侧或两侧。弃土堆内侧坡脚（靠路堑一侧），至路堑边坡顶端距离不得小于一定限度。

（5）对于弃土运往它处时，挖掘工作面的运输散落土料，要及时清除，尤其是每个工作日作业结束时，更要注意及时用推土机将散落土清除干净，以防土遇雨积水，造成滑坡损害，以至于发生滑塌事故。

（6）松软土地带或其他不符合要求的土质地段，要采取各种稳定处理措施，并注意地下水的上升情况，据需要应设置排水盲沟等。

3.9.2　石质路堑施工

路堑是道路通过山区与丘陵地区的一种常见路基形式，由于是开挖建造，结构物的整体稳定是路堑设计、施工的中心问题。而地质条件（岩石的性质、地质构造、风化破碎程度及边坡高度等）对路基的稳定有决定性影响，设计前应对路线的工程地质条件、岩体特征（结构、产状、破碎程度）及公路等级、边坡高度和施工方法进行综合调查，制定切实可行的设计指标和施工方法。

3.9.2.1　一般规定

路基边坡的形状一般可分为直线、折线和台阶形三种。当挖方边坡较高时，可根据不同的土质、岩石性质和稳定要求开挖成折线式或台阶式边坡，边沟外侧应设置碎落台，其宽度不宜小于1.0m；台阶式边坡中部应设置边坡平台，边坡平台的宽度不宜小于2m。

边坡坡顶、坡面、坡脚和边坡中部平台应设置地表排水系统，当边坡有积水湿地、地下水渗出或地下水露头时，应根据实际情况设置地下渗沟、边坡渗沟或仰斜式排水孔，或在上游沿垂直地下水流向设置拦截地下水的排水隧洞等排导设施。

根据边坡稳定情况和周围环境确定边坡坡面防护形式，边坡防护应采取工程防护与植物防护相结合，稳定性差的边坡应设置综合支挡工程。条件许可时，宜优先采用有利于生态环境保护的防护措施。

当土质挖方边坡高度超过20m、岩石挖方边坡高度超过30m和不良地质地段路堑边坡，应按有关规定，进行路基高边坡个别处理设计。

3.9.2.2　爆破常见参数

山区公路路基石方量大，而且集中，用爆破法施工，不但大大提高工效、缩短工期、节约劳动力，而且可以改善线形，提高公路使用质量。爆破常见参数如下。

（1）最小抵抗线 W　药包中心至地表的最小距离。

（2）爆破作用指数 n

$$n = \frac{r}{W} \tag{3-7}$$

式中　r——漏斗口半径。

当地面坡度等于零时，用 r_0 表示。n 大，则爆破漏斗浅而宽；n 小，则漏斗深而窄。爆破作用指数 n 值是决定破坏范围大小及抛掷距离远近的主要参数，可根据抛掷率 E 与地面坡角 α 按下式计算：

$$n=\left(\frac{E}{55}+0.51\right)\sqrt[3]{f(\alpha)} \tag{3-8}$$

在半路堑抛坍爆破中，$n=1$。

（3）单位耗药量 K　单位耗药量 K 值是在水平边界条件下，形成标准抛掷漏斗时，爆破单位体积介质所需的炸药用量。它是衡量岩石爆破性能的综合性指标。

（4）炸药换算系数 e　以标准炸药为准，令其换算系数 $e=1$，若所用炸药不是标准炸药，则按下式换算：

$$e=\frac{300}{\text{所用炸药的实际爆力}}\quad\text{或}\quad e=\frac{11}{\text{所用炸药的实际猛度}} \tag{3-9}$$

（5）堵塞系数 d　从导洞至药室的转弯长度小于 1.5m 或堵塞长度小于 1.2W 时，d 在 1.0~1.4 的范围内选用，一般 $d=1$。

（6）抛掷率 E　抛掷率（即爆破后抛出石方体积与爆破漏斗总体积之比）不但是爆破设计的主要参数，同时也是检查爆破效果的主要指标，应根据地形、地质条件，结合工程的要求来确定。

（7）药包间距　在工程中，为了使爆破能形成所需的路堑形状，必须采用药包群。如药包间距太大，爆破后将形成一个个互不联系的爆破漏斗，其间残留一部分没有破碎的岩埂；药包间距太小，则爆破作用的重复性太大，增加导洞药室开挖工作量，大量浪费炸药，影响边坡稳定性，飞石安全距离也无法保证。因此，必须确定一个适合的药包间距，保证药包爆破时互相产生比较理想的共同作用。

（8）爆破区安全距离　爆破区安全距离是指爆破时的飞石、地震波、空气冲击波可能伤及人、畜、建筑物的距离。在这个距离内是危险区。飞石距离、地震安全距离、空气冲击波安全距离的确定可参见《公路设计手册——路基》。

3.9.2.3　常用的爆破方法

开挖岩石路基所采用的爆破方法，应根据石方的集中程度、地形、地质条件及路线横断面形状等具体情况而定。一般可分为小炮和大爆破两大类。小炮主要包括裸露药包法、钢钎炮、葫芦炮、猫洞炮等；大爆破则随药包性质、断面形状和地形的变化而不同。用药量在 1000kg 以下为小炮，1000kg 以上为大爆破。常用方法有裸露药包法、钢钎炮（炮眼法）、药壶炮（葫芦炮）、猫洞炮、微差爆破、光面爆破和预裂爆破、大爆破等方法。常用爆破方法如下。

（1）裸露药包法　裸露药包法是将药包置于被炸物体表面或经清理的岩缝中，药包表面用草皮或稀泥覆盖，然后进行爆破。

主要用于破碎大孤石或进行大块石的二次爆破。

（2）钢钎炮（炮眼法）　钢钎炮通常指炮眼直径和深度分别小于 7cm 和 5m 的爆破方法。由于其炮眼直径小，装药量不多，爆破的石方量不大，在路基石方工程集中且数量大时，较少采用这种炮型。但此法操作简便，机动灵活，耗药量少，在工程分散、石方量少时（如整修边坡、清除孤石），仍然是适用的炮型。此外，也常用此法为大型炮创造有利地形（图 3-19）。

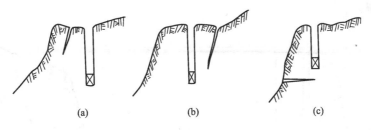

图 3-19　炮眼布置图

通常炮眼深度等于要炸去的阶梯高度。根据岩石的坚硬程度决定炮眼深度时，按下式计算：

$$L = CH \qquad (3\text{-}10)$$

式中　L——炮眼深度，m；

　　　C——系数，坚石采用 $1.0 \sim 1.15$，次坚石采用 $0.85 \sim 0.95$，软石采用 $0.7 \sim 0.9$；

　　　H——爆破岩石的厚度、阶梯高度，m。

用成排炮眼爆破时，同排各炮眼的间距可视岩石的硬度及黏结性参照下式计算确定：

$$a = bW \qquad (3\text{-}11)$$

式中　a——炮眼间距，m；

　　　b——系数，采用火花起爆为 $1.2 \sim 2.0$，采用电力起爆为 $0.8 \sim 2.3$；

　　　W——最小抵抗线，m。

用多排炮眼爆破时，炮眼应按梅花形交错布置，排与排之间的间距，约等于同排间炮眼距离的 0.86 倍。

炮眼的装药深度，一般为炮眼全长的 $1/3 \sim 1/2$，特殊情况下不得超过 $2/3$。

（3）药壶炮（葫芦炮）　药壶炮是指在深 2.5m 以上的炮眼底部用少量炸药经一次或多次烘膛，使炮眼底部扩大成药壶形（葫芦形），将炸药集中装入"药壶"中进行爆破，如图 3-20 所示。由于炮眼底部容积增大，装药较多，爆炸能量集中，从而可提高爆破效果。

此法适用于结构均匀致密的硬土、次坚石、坚石。当炮眼深度小于 2.5m，或是节理发育的软石、岩层很薄，渗水或雨季施工时，不宜采用。

选择炮位应与阶梯高度相适应，遇高阶梯时，宜用分层分排的炮群。炮眼深度一般以 $5 \sim 7m$ 为宜。为避免超爆，药壶距边坡应预留一定间隙。扩大药壶时应不致将附近岩层震垮。药壶法的用药量由下式计算确定：

$$Q = KW^3 \qquad (3\text{-}12)$$

式中　Q——炸药用量，kg；

　　　K——单位岩石的硝铵炸药消耗量，kg/m^3，一般情况下，软石 $0.26 \sim 0.28$，次坚石 $0.28 \sim 0.34$，坚石 $0.34 \sim 0.35$；

　　　W——最小抵抗线，m，一般为阶梯高度的 $0.5 \sim 0.8$ 倍。

单排炮群用电雷管起爆时，每排药包间距为 $a = (0.8 \sim 1.0)W$；用火雷管起爆时，每排药包间距为 $a = (1.4 \sim 2.0)W$。当组织多排药壶炮群时，各排之间的药包间距为 $b = 1.5W$。炮眼布置成三角形时，上下层药包间距 $a = 2W_下$（$W_下$ 为下层最小抵抗线，m）。

（4）猫洞炮　猫洞炮是指炮眼直径为 $0.2 \sim 0.5m$，深度 $2 \sim 6m$，炮眼呈水平或略有倾斜，用集中药包进行爆破的方法，如图 3-21 所示。其特点是充分利用岩体本身的崩坍作用，能用较浅的炮眼。

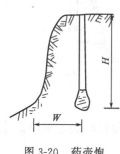

图 3-20　药壶炮

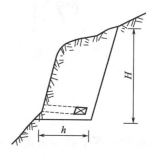

图 3-21　猫洞炮

爆破较高的岩体。其最佳使用条件是：岩石为Ⅴ～Ⅶ级，阶梯高度至少应大于炮眼深度的两倍，自然地面坡度在 70°左右。在有裂缝的软石和坚石中，阶梯高度大于 4m，采用此法可获得好的爆破效果，对独岩包和特大孤石的爆破效果更佳。

猫洞炮的药量按下述两种情况计算。

当被炸松的岩体能坍滑出路基时：

$$Q = KW^3 f(a)d \tag{3-13}$$

当被炸松的岩体不能坍滑出路基时：

$$Q = 0.35KW^3 D \tag{3-14}$$

式中　K——形成标准抛掷漏斗的单位耗药量，kg/m^3；

$f(a)$——抛坍系数，$f(a)=26/a$，其中 a 为地面横坡度；

d——堵塞系数，可近似用 $d=3/h$ 计算，其中 h 为眼深（m）。

药包间距 $a=(1.0\sim1.3)W$，W 为相邻两药包计算抵抗线的平均值。

（5）微差爆破　微差爆破是指两相邻药包或前后排药包以毫秒的时间间隔（一般为15～75ms）依次起爆，亦称毫秒爆破。多发一次爆破最好选用毫秒雷管。其优点是当装药量相等时，可减震 1/3～2/3；前发药包为后发药包开创了临空面，加强了岩石的破碎效果；降低多排孔一次爆破的堆积高度，有利于挖掘机作业；由于是依次爆破，减少岩石挟制力，可节省炸药 20%，并可增大孔距，提高每米钻孔的爆落石方。多排孔微差爆破是浅孔、深孔爆破的发展方向。

（6）光面爆破和预裂爆破　光面爆破是在开挖限界的周边，适当排列一定间隔的炮孔，在有侧向邻空面的情况下，用控制抵抗线和药量的方法进行爆破，使之形成一个光滑平整的边坡。

预裂爆破是在开挖限界处，按适当间隔排列炮孔，在没有侧向临空面和最小抵抗线的情况下，用控制药量的方法预先炸出一条裂缝，使拟爆体与山体分开，作为隔震减震带，起保护开挖限界以外山体或建筑物的作用。

进行光面爆破或预裂爆破时，应严格保持炮孔在同一平面内，炮孔间距 a 和抵抗线 W 之比应小于 0.8。装药量应控制恰当，并采用合理的药包结构，通常使炮孔直径大于药卷直径 1～2 倍。或采用间隔药包、间隔钻孔装药。预裂炮的起爆时间在主炮之前，光面炮在主炮之后，其间隔时间可取 25～50ms。同一排孔必须同时起爆，最好用传爆线起爆，否则会影响爆破质量。光面爆破和预裂爆破的主要设计参数归纳如下。

光面炮眼间距：

$$a_1 = 16d \tag{3-15}$$

预裂炮眼间距：

$$a_2 = (8 \sim 12)d \tag{3-16}$$

光面炮眼抵抗线：

$$W = 1.33a_1 = 21.5d \tag{3-17}$$

装药密度：

$$q' = 9d^2 \tag{3-18}$$

式中　d——钻孔直径，cm；

　　　q'——每米钻孔装药量，kg/m。

a、W 单位同 d，意义同前。

（7）大爆破　大爆破施工是采用导洞和药室装药，用药量在 1000kg 以上的爆破，如图 3-22 所示。采用大爆破施工要慎重，必须在施工前做好技术设计，爆破后应做好技术总结。

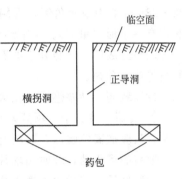

图 3-22　导洞与药室示意图

导洞和药室的开挖，约占大爆破全部工作时间的 70%，因此应在施工中合理组织人力，充分发挥机械效率，加快施工进度。为使药包集中，药室应作成近似立方体，药室断面应按设计规范开挖。导洞与药室之间用横洞连接，两者保持垂直，药室中心与导洞中心一般不小于 2.5m。

导洞分竖井和平洞两种，竖井深度不宜大于 16m，如超过或有地下水时，最好采用平洞，平洞总长度以 30m 为宜。选用竖井或平洞时，除考虑施工进度外，还应考虑爆破效果。

大爆破主要用于石方大量集中，地势险要或工期紧迫的路段。

3.9.2.4　爆破作业的施工程序

①　对爆破人员进行技术学习和安全教育；

②　对爆破器材进行检查和试验；

③　清除岩石表面的覆盖土及松散石层，确定炮型，选择炮位；

④　钻眼或挖坑道、药室，装药及堵塞；

⑤　敷设起爆网络；

⑥　设置警戒线；

⑦　起爆；

⑧　清理现场（处理瞎炮，测定爆破效果等）。

3.9.2.5　爆破作业

（1）炮位选择与钻眼

①　炮位的选择　炮眼位置直接影响爆破的效果。在选择炮位时应注意以下几点。

a. 选择炮位时，必须注意石层、石质、纹理、石穴，应在无裂纹、无水湿处为宜。在用铁锤敲击石面发生空响处，应避免打眼。

b. 应避免选择在两种岩石硬度相差很大的交界处。

c. 炮位选择时，应尽量为下一炮创造更多的临空面。

d. 群炮炮眼的间距，宜根据地形、岩石类别、炮型及炸药的种类计算确定。

e. 炮眼的方向应与岩石侧面平行，并尽量与岩石走向垂直。一般按岩石外形、纹理裂隙等实际情况，分别选择正眼、斜眼、平眼和吊眼等方位。

② 钻眼 钻眼工作分为人工钻眼和机械钻眼两种。人工钻眼操作简便，但效率低，适用于少量的石方爆破，机械钻眼所需设备较多，但钻眼速度快，工效高，适合大量石方爆破。

人工钻眼使用的工具有钢钎、大锤、注水工具和掏石粉的小勺。钢钎的长度需较炮眼深度高出 0.5m 为宜，常用直径 22mm 的一字形实心钢钎头，刃口可根据岩石软硬程度做成不同的形状。

机械钻眼的主要设备是凿岩机，有风动式和电动式。凿岩机的型号很多，应在施工前根据岩石的类别、钻孔的深度、工作环境与附属设备分情况选用。凿岩机用的钢钎一股为直径 22～38mm 的中空六角钢，常用碳素工具钢制作，凿坚硬岩石时，可用合金工具钢。钎头的形式有一字形（单刃）、十字形和梅花形（星形）。

炮眼打成后，应将其中的石粉、泥浆清除干净，用稻草或塞子将孔口塞好，避免石渣、泥块等落入孔内。

(2) 装药、堵塞炮眼与点火引爆

① 装药 装药是一项要求细致而危险性很大的工作，应由熟练的炮工担任。装药时，无关人员应撤离危险区。装药与堵塞工作要求连续快速进行，以免炸药受潮，降低威力。

散装的黑火药，装时用木片或竹片（不得使用铁器）将药灌入孔中，现场不得有任何火源，药装好后，将导火索插入药中，用木棍轻轻压实。

黄色炸药可以散装，也可将条状药包直接装入，待药装入一半时，将已插好导火索的雷管放入，再散装另一半药量，最后用木棍轻轻捣实。

② 堵塞炮眼 炮眼的堵塞材料，一般为干细砂土、砂、黏土等。最好用一份黏土，三份粗砂，在最佳含水量下混合而成的堵塞料。

在炸药装好后，先用干砂灌入捣实，再用堵塞料堵满炮眼并捣实，在捣实时应注意防止弄断导火索或导爆线。

在所有炮眼堵塞完毕后，应布置安全警戒，疏散危险区内的人员、牲畜，封闭所有与爆破地点相连的路径，做好点火引爆的准备。

③ 点火引爆 火雷管的引爆由指定的点火人员按规定线路同时点火。点火时应用草绳、香火引燃导火索，禁止用明火引爆。

电雷管用接通电源的方法引爆。

点火引爆后，应仔细记录爆炸的炮数，当爆炸的炮数与装药的炮数相等时，方可解除安全警戒。与炮数不相等时，应在最后一炮响过 30 分钟后，方可解除警戒。

(3) 瞎炮处理 点火后未爆炸的炮称为瞎炮。瞎炮不仅费工费料，影响施工进度，而且给处理工作带来不少困难，在施工中应注意防止产生瞎炮。一旦出现瞎炮，应立即查明原因，研究采取妥善处理的办法。

产生瞎炮的原因，一般有雷管、导火索受潮失效；导火索与雷管接头脱开；堵塞炮眼时导火索被拉断；炮眼潮湿有水；点炮时漏点等。

处理瞎炮时，先找出瞎炮位置，在其附近重新打眼，使瞎炮同新炮一起爆炸。如瞎炮为小炮且为一般炸药时，可用水冲洗处理。

(4) 清理渣石 清理渣石可用人工或机械进行，应严格按操作规程要求进行，以避免炸松的山石坍塌，造成伤人毁物事故。

炸落的岩石体积过大，可进行二次爆破，以便于清运工作的进行。

（5）爆炸药品的管理　爆破施工中为确保安全，除遵守有关规定外，对于工地的爆炸物品也要妥善保管，管理要点如下。

① 所有爆破器材、雷管、炸药都要在指定地点分别存放，相距不得小于 1km，距施工现场不小于 3km，并不得露天存放，绝不允许个人保存。

② 存放地点应有牢靠的固定仓库，库内通风良好，仓址四角应有正式的避雷设备，库址周围应有牢固的围墙和门扉，并有排水沟道保证仓库干燥。

③ 仓库应有警卫人员日夜负责看守，并有良好的防火设备。

④ 存放炸药、雷管的仓库周围 500m 半径内，不得安置有发电机、变压器、高压线和有各类发电、导电、明火操作的电焊机、瓦斯机等机械。

⑤ 爆破器材应有专人负责入库、发出，炸药、雷管的领用手续要严格、健全，库房内只准使用绝缘手电。

⑥ 在雷雨、浓雾及黑夜天气，不办理爆炸物品的收领工作。

3.10　路基工程常见的质量问题与处治

3.10.1　概述

公路路基是路面的基础，与路面共同承受车辆荷载，是保证路面强度与稳定性的重要条件之一，它是公路的重要组成部分。为了经常保持路基的良好状态，确保路基在行车作用和自然因素的影响下不发生过大的变形，保持完整无损，必须加强对路基的施工质量控制。

路基工程常见的质量问题有中线偏位、基底处理不当、压实度不够、路基沉降、高填路堤不均匀沉降及边坡失稳等，现分述如下。

3.10.2　路基工程控制中线偏位

中线偏位是指公路竣工以后，其中线的实际位置与设计位置之间的偏移量。这里所说的中线，包括道路的中心线，以及桥涵、隧道等构造物的轴线。中线偏位的产生，一般是在施工放样过程中，由测量误差所造成的，也可能是在路基、路面和各种构造物的施工过程中，由于对各部尺寸控制不严和施工不当所造成的。《公路工程质量检验评定标准》（JTGF 80/1—2004）（以下简称《评定标准》）规定，对竣工后的土石方工程、路面工程、桥隧工程、排水工程、挡土墙、防护及其他砌石工程的平面位置、纵向高程和几何尺寸均应进行实地测量以确定其质量的优劣。在上述的各项检测内容中，又以公路中线偏位的检测最为重要。因为各种构造物的放样，往往是以道路中线为基准进行的。所以，在检测时应该把对中线偏位的检测放在首位。

根据《评定标准》规定，路基中线偏位检测频率为用经纬仪检测，每 200m 测 4 点（弯道加 HY、YH 两点），高速公路、一级公路不得超过 50mm，其他等级不得超过 100mm。

3.10.3　斜坡、坑穴、水渠、填井、墓穴、淤泥处理

路堤基底是指土石填料与原地面的接触部分。为使两者结合紧密，防止路堤沿基底发生滑动，或路堤填筑后产生过大的沉陷变形，则可根据基底的土质、水文、坡度和植被情况及填土高度采取相应的处理措施。

填方路段应将路基范围内的树根全部挖除并将坑穴填平夯实。填土范围内原地面表层的种植土、草皮等应予清除，清除深度一般不小于15cm。清除出来的含有许多植物根系的表土可以铺在路堤边坡上，以利植物生长，起到边坡防护作用。

路堤基底清理后应予以压实。在深耕（＞30cm）地段，必要时应先将土翻松、打碎，再整平、压实。经过水田、池塘、洼地时，应根据具体情况采用排水疏干、换填水稳性好的土、抛石挤淤等处理措施，确保路堤的基底具有足够的稳定性。

地面横坡为（1：5）～（1：2.5）时，原地面应挖成台阶，台阶宽度不小于1m；地面横坡陡于1：2.5时，应做特殊处理，防止路堤沿基底滑动，常用的处理措施如下。

① 经验算下滑力不大时，先清除基底表面的薄层松散土，再挖宽1～2m台阶，但坡脚附近的台阶宜宽一些，通常为2～3m。

② 经验算下滑力较大或边坡下部填筑土层太薄时，先将基底分段挖成不陡于1：2.5的缓坡，再在缓坡上挖宽1～2m的台阶，最下一级台阶亦宜宽一些。

③ 若坡脚附近地面横坡比较平缓时，可在坡脚处作土质护堤或干砌片石垛护堤（图3-23）。

护堤最好用渗水性土填筑，但用与路堤相同的土填筑亦可。片石垛最好用大块的片石分层干砌。里外咬合紧密，不得只砌表面而内部任意抛填。片石垛的断面尺寸应通过稳定性验算确定。

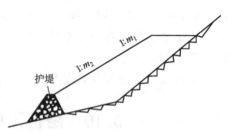

图3-23   路堤坡脚护堤

3.10.4 路基压实度不够处理

（1）原因分析   路基施工中压实度不能满足质量标准要求，甚至局部出现"弹簧"现象，主要原因是：

① 压实遍数不合理；

② 压路机质量偏小；

③ 填土松铺厚度过大；

④ 碾压不均匀，局部有漏压现象；

⑤ 含水量大于最佳含水量，特别是超过最佳含水量两个百分点，造成弹簧现象；

⑥ 没有对上一层表面浮土或松软层进行处治；

⑦ 土场土质种类多，出现异类土壤混填；尤其是透水性差的土壤包裹透水性好的土壤，形成了水囊，造成弹簧现象；

⑧ 填土颗粒过大（＞10cm），颗粒之间空隙过大，或采用不符合要求的填料（天然稠度小于1.1，液限大于40，塑性指数大于18）。

（2）治理措施

① 清除碾压层下软弱层，换填良性土壤后重新碾压；

② 对产生"弹簧"的部位，可将其过湿土翻晒，拌和均匀后重新碾压；或挖除换填含水量适宜的良性土壤后重新碾压；

③ 对产生"弹簧"且急于赶工的路段，可掺生石灰粉翻拌，待其含水量适宜后重新碾压。

3.10.5 路基边缘压实度不足

（1）原因分析

① 路基填筑宽度不足，未按超宽填筑要求施工；

② 压实机具碾压不到边；

③ 路基边缘漏压或压实遍数不够；

④ 采用三轮压路机碾压时，边缘带（0～75cm）碾压频率低于行车带。

（2）预防措施

① 路基施工应按设计的要求进行超宽填筑；

② 控制碾压工艺，保证机具碾压到边；

③ 认真控制碾压顺序，确保轮迹重叠宽度和段落搭接超压长度；

④ 提高路基边缘带压实遍数，确保边缘带碾压频率高于或不低于行车带。

（3）治理措施　校正坡脚线位置，路基填筑宽度不足时，返工至满足设计和"规范"要求（注意：亏坡补宽时应开镫填筑，严禁贴坡），控制碾压顺序和碾压遍数。

3.10.6　路基工后超限沉降、高填路堤不均匀沉降及边坡失稳

3.10.6.1　概述

随着高速公路的大规模修建，出现了许多高填方路基，高填方路基完工通车后，随着时间的延长和汽车重复荷载的作用，常出现路基的整体下沉或局部沉降，特别是在填挖方过渡段和路桥过渡段，路基下沉尤为突出。路基下沉的表现形式常有以下三种情况：路基纵横向开裂；路基整体下沉或局部沉降（如桥头跳车）；路基滑动或者边坡坍陷。

上述三种病害中，路基纵横开裂使得路基稳定性降低，特别是在雨天裂缝进水之后路基下沉造成路面平整度超限，给行车带来危险；路基滑动或者边坡坍陷使路基的功能完全丧失。因此，这些病害形式不同程度地影响了道路的正常使用，危害极大。

3.10.6.2　高填方路基下沉的原因

公路路线必须通过复杂山区时，按照《公路路基设计规范》的要求，应对高填方路基作高路堤的稳定性验算，且施工工艺、填料应作特别要求说明，否则，按一般路基进行设计。但是，在实际工程施工过程中或工程完工后，高填方路基仍然会产生较大的整体下沉或局部沉降。

（1）地基下沉

① 路基基底的压实度不够。由于一般路基基底的压实度要求较低，而高填方路堤基底压实度要求高，因此要按设计要求控制好高填方路段地基的压实度，否则当路基填料不断增加时，原地面的土层会由于压实度不够而发生压缩变形和挤压移位，继而导致路堤随之沉降或开裂。

② 路基排水不当引起地基承载力下降。在通常的施工过程中，一些路段虽按设计要求进行了处理，经检测各项指标满足要求，但由于排水处理不当或者后期的影响，受水浸泡，使得地基的承载力急剧下降而导致路基下沉。

③ 高填方路基与一般路基过渡段的地基沉降不均。

（2）路堤本身下沉

① 填料不合格　由于填方段的淤泥、沼泽土、冻土、有机土清除不彻底，或者填料中混有生活垃圾以及含草皮、树根的腐殖土，这些土块遇水即变成淤泥。另外，通车后这些不合格填料的微弱沉降变形累积起来即会引发高填方路基的下沉。

② 纵向分幅填筑、半填半挖搭接不好　高填方路基和一般路基填筑一样，最好是整幅

分层填筑，但有的路段受各种条件的限制，需沿纵向分幅填筑。在实际施工过程中，如果对高填方路基的填筑不严格控制，有时会出现垂直式无搭接填筑，而这种施工结果会引起前后两幅沉降不均匀。半填半挖路段如果施工不规范，也同样会出现沉降。

③ 每层填料碾压时的含水量控制不均，造成压实度不均匀　细粒土、砂类土、砾石土等用作填料时，均应严格控制在其最佳含水量±2%以内压实。当填料的实际含水量不符合要求时，应均匀加水或将土摊平晾干，使其达到上述要求后方可进行压实作业。运至路堤上的土需要加水时，用水车均匀地浇洒在土中，一定要用拌和设备拌和均匀。否则，碾压完成后，每一层的压实度不均匀即会引起整个路堤的不均匀沉降。

④ 其他方面的原因如下。

a. 在一些大型压实机械无法施工的地方，如一些路桥过渡的死角和有管线等设施压路机不能靠近的地方，未用小型夯实机械配合施工，这些薄弱点会留下隐患。

b. 压实厚度超标，每一层土整平不好，碾压后会出现局部压实度不够。

c. 填料来源不同，其性质相差较大，且未分层填筑，则引起不均匀沉降导致路基开裂或局部沉陷。

3.10.6.3　高填方路基下沉的防治措施与治理

为了更好地发挥公路的正常服务功能，对高填方路基出现的严重病害，必须采取行之有效的处理办法，使路基处于良好的技术状态。高填方路段防治的措施一般有：换填土法、固化剂法、粉喷桩法、灌浆法和铺设玻纤土工格栅法。

（1）换填土法　采用这种方法主要是针对填料不符合要求而引起的路基下沉，其下沉面积不大、深度不深。这种方法比较经济，操作也比较方便快捷。

此法是将原路基出现病害部分的填料挖除，把扰动的浮土清理干净，整平碾压达到压实度要求后，用符合规范要求的填料回填。换填时挖补面积要扩大，且每层挖成台阶状，由下往上，逐层整平碾压，压实度要求高出原路基压实度1~2个百分点。

（2）固化剂法　固化剂法就是采用固化剂加固地基的一种方法。采用土壤固化剂进行浅基处理施工主要根据设计要求来进行。一般情况下可分为两大类：一类是基底处理，将处于底部的软弱土通过土壤固化剂的掺入搅拌压密等工序，使其成为具有一定强度的结实土层，或者在底部通过掺入固化剂的外来料填入，经搅拌碾压成结实的垫层，这两种基底处理的区别在于就地土壤固化和外来固化料的填筑；另一类就是短桩处理，当地基处理超过一定深度时，固化剂的掺入只能通过短桩的形式插入，常常以复合地基的形式加固地基。

基底处理施工中经常有两种方法：一种是场拌法；另一种为路拌法。场拌法是选择在一个固定的合适场地内，将欲固化的土壤运至场地，运用机械的方法将土与固化剂强制搅拌，然后将经强制搅拌后的固化土在填筑的场地上摊铺平整压密，每次摊铺一定厚度，以便压实。这种方法搅拌质量较好，也易摊铺均匀，压实紧密，但成本较高，应用不广。应用较为广泛的是路拌法，路拌法的施工工艺流程如图3-24所示。

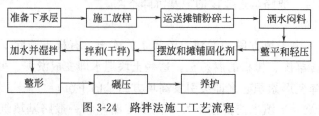

图3-24　路拌法施工工艺流程

对于采集的土要除去土中的树木草皮，如堆土过干燥应先洒水，使其表面湿润，如堆土太湿则需晾干，使土大体达到最佳含水量的标准，以便压实更有效。在每层压实后需做检测，只有达到标准后才可做下步工序。所用机械可用平地机、旋转多铧犁、路拌机、碾压机等将土粉碎并与固化剂搅拌，然后用碾压机械压实。

（3）粉喷桩法　粉喷桩作为一种深层水泥拌和桩，越来越多地被运用于公路、工业与民用建设中。尤其是在近几年，随着高速公路建设的飞速发展，粉喷桩被广泛用来加固路基、维护边坡以及地下工程支护、防渗墙等，并以其优越的特性成为应用广泛的一种简便而又经济有效的软土地基加固技术。

当水泥加固软土时，水泥表面的各种矿物很快与软土中的水发生水解和水化反应，生成的化合物中有些能迅速溶于水中，水泥颗粒表面则重新暴露出来，再与水发生反应，使周围的水溶液达到饱和，新的生成物不能再溶解，形成胶凝体；当水泥的各种水化物生成后，有的自身继续硬化，形成水泥石骨架，有的则与其周围具有一定活性的黏土颗粒发生离子交换和团粒化作用硬凝反应，形成了水泥土的团粒结构，并封闭各土团的空隙，形成坚固的联结，从宏观上看使水泥土的强度大大提高；硬凝反应生成不溶于水的稳定结晶化合物，增大了水泥土的强度；碳酸化反应，生成新的化合物，从而提高水泥土的强度，达到提高地基承载力的要求。

粉体喷射拌和法适用于加固淤泥，具有材料来源广、施工效率高、施工场地小、无环境污染等优点。但是该方法施工拌和后形成的水泥土均匀性相对较差，当天然地基含水量较低时，满足不了水泥水解水化反应所需的水量要求，达不到理想的处理效果，故在设计和施工时应慎重处理好这些问题。

（4）灌浆法　如果路基下沉的面积很大、深度很深，最好是采用灌浆法。灌浆法是利用液压、气压或电化学原理，对路基下沉部分钻孔，孔深应穿透薄弱层。然后通过注浆管将浆液均匀地注入地层中，浆液以充填、渗透和挤压等方式灌入填料的空隙，经人工控制一定的时间后，浆液将原来松散的土粒或裂隙胶结成一个整体，形成一个结构新、强度大、防水性能高和化学性能稳定的"结石体"，可以完全防止或减弱路基的下沉。

（5）铺设玻纤土工格栅法　见第4章。

本章小结

路基填筑质量是路基使用性能的关键。本章主要介绍路基病害、路基填料要求和处理、路基压实程序、湿软地基处理、土质路堑开挖、石质路堑开挖、湿软路基的处治和填料的选择等内容。通过本章的学习，同学应该了解路基各种病害及产生原因，理解路基压实参数、质量控制方法、爆破参数，掌握填料处治方法、路堤和路堑施工方法，掌握湿软地基的处治方法，掌握路基质量事故的处理方法。

 复习思考题

1. 简述路基病害的类型。

2. 路基应该满足什么要求？

3. 路基土是如何分类的？根据路基填料的性质说明应如何选择路基填料？

4. 路基填料的最佳含水率和最大干密度用什么方法确定？最佳含水率和最大干密度结果对路基压实有什么作用？

5. 常用路基施工机械有哪些？机械的选型与组合应遵循哪些原则？

6. 常见土方压实机械有哪些？各适合于什么条件？

7. 什么是压实度？路基压实度的选择与什么有关？影响压实度的因素有哪些？

8. 路基压实应该注意什么问题？

9. 路基的基底处理对于不同土质应该如何进行？

10. 不同土质路堤的填筑应注意哪些问题？如何进行填筑？填石路堤应如何进行填筑？

11. 试述高填路堤的施工要点。

12. 试述"三背"的施工要点。

13. 什么是"湿软地基"？如何解决湿软土地基的填筑？

14. 简述掺灰处治湿软路基填土的技术对策。

15. 试述晾晒法处治路基填料的施工工序。

16. 简述掺灰处治湿软土路基的施工要点。

17. 简述掺灰处治湿软土路基的施工步骤（厂拌法和路拌法）。

18. 简述湿软土挖方段掺灰处治的施工方法。

19. 简述低洼、稻田地段湿软土的处治施工方法。

20. 简述料场掺灰处治湿软土的施工方法。

21. 简述二次掺石灰的施工方法。

22. 各种掺灰施工方法使用什么条件？

23. 简述掺灰处治湿软路基填土的施工质量控制要点。

24. 土质路堑开挖分为哪几种方式？论述各种方法开挖的步骤。

25. 石质路堑开挖常用什么方法？爆破的常见参数都是什么？

26. 常用爆破方法有哪些？各适用什么情况？

27. 简述爆破作业的程序和各个步骤的施工要点。

28. 路基工程常见的质量问题包括哪些？各种问题分别如何处理？

第4章 软土地基处理

【知识目标】
- 了解软土地基的成因和特征。
- 掌握软土地基常见的处理方法及其内容。
- 掌握软土地基的各种处治方法的施工及其质量处理措施。

【能力目标】
- 能绘制各种软土地基处治的分类流程图和施工处治流程图。
- 能利用检测仪器对软基施工质量进行检测并能采用相应的措施进行处理。

4.1 概　述

在我国滨海平原、内陆湖塘盆地、江河湖海沿岸和山间洼地，均分布有近代沉积的软土。主要是以厚层、松软的淤泥沉积物为主，有时也夹有少量的腐泥或泥炭层。软土主要由水流缓慢淤积而成，形成年代一般比较久远，沉积厚度一般较深。在漫长的沉积过程中，由于植物的腐烂，在软土中有时夹有少量的腐泥或泥炭层。软土地表有时有一层数米厚的密实土层硬壳，而其下为流动性淤泥。

4.1.1 软土的成因

我国软土按其成因可分为四类，按其沉积环境不同可分为九类，见表4-1。

表4-1　软土类型及特征

类　　型		厚度/m	特　　征	分布概况
滨海沉积	滨海相	60～200	面积广，厚度大，常夹有砂层，极疏松，透水性较强，易于压缩固结	沿海地区
	三角洲相	5～60	分选较差，结构不稳定，粉砂薄层多，有交错层理，不规则尖灭层及透镜体	
	泻湖相	2～60	颗粒极细，孔隙比大，强度低，常夹有薄层泥炭	
	溺谷相		颗粒极细，孔隙比较大，结构疏松，含水量高，分布范围较窄	
湖泊沉积	湖泊相	5～25	粉土颗粒占主要成分，层理均匀清晰，泥炭层多是透镜体状，但分布不多，表层多有小于5m的硬壳	洞庭湖、太湖、鄱阳湖、洪泽湖周边，古云梦泽边缘地带
河滩沉积	河床相、河漫滩相、牛轭湖相	<20	成层情况不均匀，以淤泥及软黏土为主，含砂与泥炭夹层	长江中下游、珠江下游及河口、淮河平原、松辽平原
谷地沉积	谷地相	<10	呈片状、带状分布，靠山浅，谷中心深，谷地有较大的横向坡，颗粒由山前到谷中心逐渐变细	西南、南方地区或丘陵区

4.1.2 软土的主要物理特征

天然含水量大，压缩模量小，承载能力低，并在荷载作用下易于产生滑动或固结沉降变形的地基，称为软弱地基。

虽在国外及国内各行业对软土的定义和特征指标不尽相同，但从广义上说，软土是指强度低、压缩性高的软弱土层，以天然含水量、天然孔隙比为主要特征并结合其他指标进行分类，其主要物理力学特征见表 4-2。

表 4-2　软土的主要物理力学特征

类　型	天然密度 ρ /(kg/m³)	含水量 ω /%	孔隙比 E	有机质含量/%	压缩系数 $\alpha_{0.1\sim0.3}$ /MPa	渗透系数 K/(cm/s)	快剪强度		标准贯入值($N_{63.5}$)
							C_u/kPa	φ_u/(°)	
软黏土			>1.0	<3					
淤泥质土	1600～1900	$\omega>\omega_L$ 且<100	1.0～1.5	3～10	>0.3	<1×10⁻⁶	<20	<10	
淤泥			>1.5						<2
泥浆质土	1000～1600	100～300	>3	10～50	>2.0	<1×10⁻³	<10	<20	
泥炭	1000	>300	>10	>50		<1×10⁻²			

我国各地不同成因的软土都具有相同的特性，主要表现在：

① 天然含水量高，在 34%～72% 之间，孔隙过大，一般在 1.0～1.9 之间，饱和度一般大于 95%，液限为 35%～60%，塑性指数 13～20，天然密度为 1500～1900kg/m³；

② 透水性差，大部分软土的渗透系数为 $1×10^{-3}～1×10^{-7}$cm/s；

③ 压缩性高，压缩系数 $\alpha_{0.1\sim0.3}$ 为 0.5～2.0kPa⁻¹，属高压缩性土；

④ 抗剪强度低，其快剪黏聚力 C 在 10kPa 左右，快剪内摩擦角在 10°～15° 之间；

⑤ 流变性显著，其长期抗剪强度只有一般抗剪强度的 40%～80%。

4.1.3　软土路堤的极限高度

在天然软土地基上，基底不作特殊加固处理而用快速施工方法修筑路堤的填筑最大高度称为极限高度。当路堤高度超过此限时，路堤或地基必须采取加固或处理措施。

极限高度的大小，取决于地基的特性（软土性质和成层情况，有无硬壳及厚度）及填料的性质等，可按稳定性分析结果而定，在施工条件允许时，也可在工地进行填筑试验确定。

一般软土地区路堤高度超过 2.5～3.0m 即产生沉降，因此，定 2.5～3.0m 为临界高度。当超过此值时，可称为高路堤。

高路堤的最大特点就是产生较大的沉降，并且需要较长时间，一般 3～5 年才能趋于稳定，成为高速公路建设最难处理的技术问题之一。这一特点主要取决于高路堤荷载与地基土强度的相对稳定，路堤荷载的影响程度取决于路堤高度和路堤分布的范围两方面。

就高速公路而言，路基宽度一般大于 26m，纵坡小于 2%，因此高路堤的纵横向分布面积较大，必然导致路堤产生较大的沉降。对于层状分布的软土地基，各层土的刚度大小以及它们的分布位置，都会对地基变形量和变形的过程产生影响。如淤泥质土分布在浅层，就会引起地基较大的沉降，甚至破坏；如淤泥质土分布较深，地基就不会有太大沉降。因为高路堤荷载的传播应力是随深度递减的，如图 4-1 所示。

由于极限高度仅为设计施工时的参考数据，通常都近似地假设内摩擦角 $\varphi=0°$，并按下列公式进行估算。

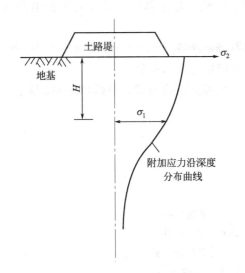

图 4-1　附加应力沿深度的分布曲线

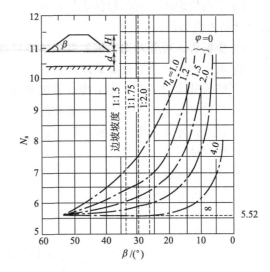

图 4-2　边坡角 β 与稳定因数 N_s 的关系

（1）均质薄层软土地基的路堤极限高度　软土层较薄时，滑动圆弧与软土层底面相切，如图 4-2 所示。并以下式估算：

$$H_c = N_s \frac{C_k}{\gamma} \qquad (4\text{-}1)$$

式中　H_c——极限高度，m；

　　　　C_k——软土的快剪黏聚力，kPa；

　　　　γ——填土的容重，$\times 10^3\,kN/\,m^3$；

　　　　N_s——稳定因数，是边坡角 β 和深度的因数 n_d $[n_d = (H+d)/H$，其中 H 为填土高度；d 与软土厚度有关，可由图 4-2 查得]。

由于 n_d 与 H 有关，所以需要用试算法。计算时先要假设 H 值，计算 n_d 值，由此查图得 N_s，再按上式算出 H_c。若算得的 H_c 与假定的 H 相符即可，否则需重新设 H 值，再行计算。

（2）均质厚层软土地基的路堤极限高度　软土层很厚（n_d 很大）时，滑动面不通过基底，则按下式估算极限高度：

$$H_c = \frac{5.52 C_k}{\gamma} \qquad (4\text{-}2)$$

式中符号同前。

（3）非均质软土地基的极限高度　非均质软土地基，土层比较复杂，各层的性质不同，需要用圆弧法计算确定。地基强度指标采用快剪法测定，在施工条件允许时，也可根据工地筑堤试验确定。

4.2　处治方法及选用原则

4.2.1　处治方法

根据工程需要和地基本身的特点，软土地基处理的理论和手段也在不断发展。具体方法不下几十种，有时所选择的处理方法往往是多种方法的综合应用。

按其加固性质，各种方法简述如下。

①　表层处理法。其中包括表层排水、砂垫层、铺垫、稳定剂处理以及反压护道法和土工聚合物处治加固。

②　换填法。可分开挖换填和强制换填以及抛石挤淤法等。

③　重压法。有路堤荷载重压和真空压实法以及降低地下水位法。

④　竖向排水固结法。应由排水系统和加压系统两部分组合而成，具体如图4-3所示。

⑤　深层水泥浆搅拌桩和高压喷射注浆施工法。

⑥　射水振冲碎石桩和干振碎石桩。

⑦　粉喷桩。

⑧　强夯加固法。

⑨　石灰桩加固法。

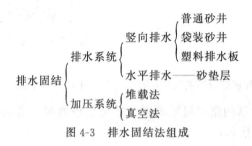

图 4-3　排水固结法组成

4.2.2　选用原则

软土地基处治的方法很多，各种方法都有它的适用范围。由于具体工程的地质条件千变万化，对地基处理的要求不尽一致，施工部门采用的机具、当地的材料都会不同。因此，必须进行具体分析，从地基条件、处理要求、处理范围、工程进度、材料机具等方面进行综合考虑，以确定合适的处治方案。

在综合考虑时，应尽力选择经济的施工方法，以避免浪费。在深厚软土地基，沉降量大的地方可筑临时性路面，待残余沉降达到一定量时再建正式路面。

在开发、引用新的地基处理方法或对不同处理方法作比较时，宜在大规模施工以前进行小型现场试验来检验其可行性，并获得必要的施工控制指标和施工经济指标。

4.3　表层处理

4.3.1　砂垫层

在软土层顶面铺设一层砂垫层，主要起浅层水平排水作用，在路基荷载下将软基中的固结水通过砂层排入路基边沟。砂层对于基底应力的分布和沉降量的大小虽无显著影响，但可加速沉降发展，缩短固结过程。

（1）砂垫层施工前的准备　将原地面上的腐殖土清除干净后，将基底做成设计要求的横向路拱。选择适宜的料源，以中粗砂为宜，严格控制含泥量，小于0.075mm的细粒含量不超过3%。

（2）适用范围

①　路堤高度小于两倍极限高度，软土表面无透水性低的硬壳。

②　软土层不很厚，或虽稍厚，但具有双面排水条件。

③ 当地有砂可取，运距不远，施工期限又不紧迫。砂垫层施工简单，不需特殊机具设备，占地较少。

（3）施工要点

① 砂垫层施工的关键是应将砂加密到要求的密实度，加密的方法常用的有振动法（包括平振、插振、夯实）、水撼法和碾压法等。并应逐层铺砂，逐层振密或压实，分层的厚度视振动力大小而定，一般为 15～20cm。碾压法施工时，最佳含水量一般控制在 8%～12%。

② 路堤填筑的速度应合理安排，使加荷的速率与地基承载力增加的速率相适应，以确保地基在路堤填筑过程中不发生破坏。通常可利用埋设在路堤中线的地面沉降板和布置在路堤坡脚外的位移边桩进行施工观测，借以判断地基是否稳定，控制填土速度。根据经验，一般情况下水平位移量控制在每天不超过 1.0cm，垂直位移量每天不超过 1.5cm 时，地基便可保持稳定。

③ 砂垫层宽度应宽出路基 0.5～1.0m，以免路基施工后，因沉降使固结水无法排出而失去作用。砂垫层厚度一般为 0.6～1.0m，应视路堤高度、软土层厚度及压缩情况而定。

④ 在软基上铺设砂垫层，由于地基承载力很低，应根据实情采用机械分堆摊铺法，即先堆成若干砂堆，然后用一般机械摊平或采用人工或轻便机械顺序推进铺设，即用人力手推车运砂铺设和小翻斗车铺垫。以免原地基留下车辙，两边隆起土埂，形成隔水层，失去透水性能。

⑤ 砂垫层的断面如图 4-4 所示。

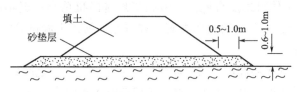

图 4-4　砂垫层断面图

4.3.2　反压护道

在路堤两侧填筑一定宽度和高度的护道，是以改善路堤荷载方式来增加抗滑力的方法，使路堤下的软土向两侧隆起的趋势得到平衡，从而保证路堤的稳定性。

（1）适用范围

① 采用反压护道加固地基，不需特殊的机具设备和材料，施工简易方便，但占地多，土用量大，后期沉降大，以后的养护工作量也大。

② 路堤高度不大于 1.5～2 倍的极限高度。

③ 非耕作区和取土不太困难的地区。

④ 主要适用于处理软土，对泥沼地段，有时也可采用。

（2）设计及施工要点

① 反压护道一般采用单级形式，因为多级式护道增加稳定力矩较小，所起作用不大。

② 反压护道高度，一般为路堤高度的 1/3～1/2。为保证护道本身的稳定，其高度不得超过天然地基所允许的极限高度。

③ 反压护道在有废方利用和有占地条件时比较适用。并合理地选择宽度，一般采用圆弧稳定分析法通过稳定性验算决定。在验算中，软土或泥沼地基强度指标可采用快剪法测定，或用无侧限抗压强度的一半或用十字板现场剪力试验所测得的强度。

④ 反压护道的施工应与路堤本身同时填筑，如分开填筑时，必须在路堤达到临界高度

前筑好。它的施工工艺要求与路堤填筑要求基本相同。

⑤ 反压护道典型断面如图 4-5 所示。

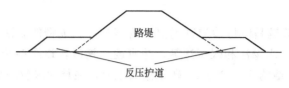

图 4-5 反压护道典型断面

4.3.3 土工聚合物处治

土工布作为一种补强材料用于加固地基已在我国广泛推广使用。软基处理时一般土工布是铺设在路堤底部，在路基自重压力作用下，土工布受拉，并产生抗滑力矩，从而提高了路基的稳定性。

4.3.3.1 土工布在软土地基加固中的作用

① 排水　形成一个水平向的排水面，起到排水通道作用。

② 隔离　利用土工织物直接铺在软土面上，能起到隔离作用。

③ 应力分散　利用土工织物的强度、韧性，从而能与地基组合形成一个整体，限制了地基的侧向变形，分散了荷载。这个整体也可以产生一种板体效应，减少了不均匀沉降。

④ 加筋补强　与土体组成复合地基，增强了地基的抗剪力。近年新发展应用的土工格栅能更好地与土相结合，补强加筋更为显著，并可作加筋挡土墙拉筋之用。

4.3.3.2 土工布铺设

土工布一般分一层或多层铺设。当铺设两层以上时，层与层之间要夹 10～20cm 的砂或砂砾垫层，以提高基底透水性。由于土工布在受拉状态时才产生抗滑力矩，因此土工布的铺设除锚固搭接长度需满足要求外，施工时还应注意保持土工布的平整和张拉程度，使其不致松弛。

因此土工布施工，应尽量在场地平整又无路拱的地基上铺设。在有路拱的地基上施工，无论土工布铺设时张拉多紧，当路基产生盆形沉降时，土工布就会松弛，只有沉降达到一定数值时，土工布才会起作用。施工中具体注意事项有如下内容。

① 铺设土工聚合物时，应注意均匀平整。在斜坡上施工时，应保持一定松紧度（可用 U 形钉控制）以避免石块使其变形超出聚合物的弹性极限。

② 铺设时，要确保其连续性，不得出现扭曲、折皱、重叠，特别要控制过量拉伸，以避免超过其强度和变形的极限产生破坏或撕裂、局部顶破。

③ 应注意端头的位置和锚固，以保证土工聚合物的整体性，其连接常用的有对面搭接法与折叠缝接法两种，施工现场中当发现有破损时，必须立即修补好。

④ 土工布的存放以及铺设过程中，应尽量避免长时间暴晒。存放过程中避免与污物接触，以防土工布被污染而失去透水性。

4.3.3.3 质量标准及允许偏差

（1）基本要求

① 土工合成材料应符合设计要求，外观无破损，无老化，无污染现象。

② 在平整的下承层上按设计要求铺设、固定，并应按设计要求张拉，紧贴下承层，锚固端应符合设计要求。

③ 接缝搭接黏结强度应符合要求。上下层土工合成材料搭接缝应交替错开。

（2）实测项目 其允许偏差应符合表 4-3 的要求。

表 4-3 实测项目

项次	检查项目	规定值或允许偏差	检查方法及频率	规定分
1	下承层平整度、拱度	符合设计施工要求	每 200m 检查 4 处	20
2	搭接宽度	+5.0mm，−0mm	抽查 2%	40
3	搭接缝错开距离	符合设计施工要求	抽查 2%	40

4.3.3.4 有纺土工布施工实例

（1）工程概况 唐津高速公路河北段三合同段全长 5.8km，均属软土地段，一般地下水位 1.5～2.0m，个别地段为 0.6～1.20m。根据设计文件，本路段的软基处理方法，除桥头和桥头通道两端采用塑料排水板加土工布和粉喷桩加土工布处理外，其他路堤均采用砂垫层加土工布的处理方法。

下面就土工布在软土地基处理中的施工工艺作一简要介绍。

（2）道路建设中土工布的选择 用作隔离层的土工布，必须满足两方面的要求：一方面它能阻止较细的颗粒侵入较粗的粒状材料中去，并保持一定的渗透性；另一方面它必须具备足够的强度，以承担由于荷重产生各种应力或应变，亦即织物在任何情况下都不得产生破裂现象。选用时必须对材料的孔隙率、透水性、顶破及刺破强度、抗拉强度及其延伸率等进行核实，以选择适宜的材料。

本工程要求土工布的单位面积质量不小于 $400g/m^2$，抗拉强度要求为 49kN/m。

（3）土工布施工工艺

① 测量放样。先用木桩标出土工布位置，再用白灰线将木桩连接起来，以保证土工布铺设位置的准确。

② 土工布的展铺。土工布铺设在路基表面，必须先清除路基表面上有可能损坏织物的凸出物等，然后将土工布展开铺平，尽可能无褶皱地布设在路基上，并用砂将土工布四周压住。

③ 土工布连接一般采用两种方法：一是搭接法；二是缝合法。搭接法是将一片土工布的末端自由地压在另一片的始端上，地基越松软，搭接宽度越大。防止地基变形时，土工布位移使搭接宽度减少。一般对平坦地面搭接长度不少于 30cm，对不平坦或极软的路基搭接长度不小于 50cm。缝合法是用手提缝纫机将两土工布缝起来，其搭接量一般小于 5cm，缝接的强度主要由缝纫机线、缝口间距等因素而定。目前缝接方法有一般平接缝、丁形接缝、蝶形接缝三种。以握持抗拉强度来比较缝接的强度，差别较大，一般缝法只能达原材的 30%，丁形接缝和蝶形接缝，能达到原材料的 80%～90%。

④ 土工布作为隔离层，承受的荷载并不太大。但是在施工过程中，土工布却要承受各种临时性荷载，如重型机械和运料汽车等的作用，可能引起损坏。因此要针对路基状态、路堤填料或施工机械提出具体的要求，以确保土工布的完整性。

4.3.3.5 土工格栅

（1）土工格栅的适用范围

① 加固路堤边坡。一般高路堤填筑往往需超垫，因路基边缘不易压实，而导致后期边坡雨水侵袭、坍塌失稳时有发生。而用放缓边坡办法，则占地面积很大。如采用土工格栅对路堤边缘进行加固，就能收到较好的效果。其构造如图 4-6 所示。

② 土工格栅加筋土。席垫式形状与土体充分接触产生最大的加筋效应。较土工带更容

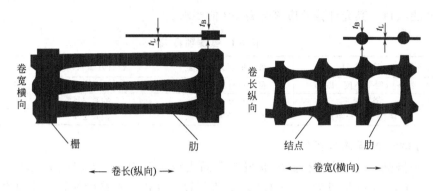

图 4-6　土工格栅构造

t_B—结点厚度；t_L—肋厚

易铺装，施工速度快。采用土工格栅修筑加筋土墙面的侧面变形小，使整个加筋土墙更加稳定。

③ 软基处理不仅限于泥沼及软土地基，凡地基承载力低、沉降不能满足构筑物要求的杂填土软弱地基均可采用土工格栅加固，其优点是。

a. 可迅速提高地基承载力，加快施工进度；

b. 控制软基地段沉降量发展，缩短工期，使公路及早投入使用。

（2）土工格栅加固土的机理及其作用　土工格栅加固土的机理存在于格栅与土的相互作用之中。一般可归纳为三种情况，如图 4-7 所示。图 4-7（a）为格栅表面与土的摩擦作用；图 4-7（b）为格栅孔眼对土的嵌锁作用；图 4-7（c）为格栅肋的被动阻抗作用。

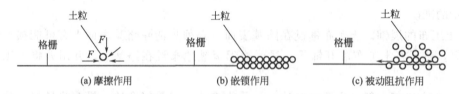

图 4-7　土工格栅与土的相互作用

上述三种作用均能充分约束土的颗粒侧向位移，从而大大地增加了土体的自身稳定性。至于这三种作用在土体中各自发挥作用的程度，由格栅的种类、开孔大小以及土颗粒级配等因素决定。据实验资料表明，土工格栅抗拉强度已接近于软钢，再加上孔眼对土的锁定作用，土工格栅表面与土的摩擦作用，格栅肋的被动抗阻作用，使得土工格栅在土中的抗拔能力或格栅对土的加固效果，已明显高于其他土工织物。

【应用实例】 淮江高速公路 J-3-4 标采用粉喷桩施工，因地质较差，部分桩位出现空洞现象。经钻芯和静载试验表明桩的质量较差，不能满足高速公路规范要求。为保证路基稳定和减少工后沉降采用了土工格栅处理。

粉喷桩施工地段，当填土高度大于 3.0m 时，在路基底面 40cm 处加设一层土工格栅；填土高度小于 3.0m 时，铺设两层土工格栅，隔 20cm 铺设一层。铺设方法是土工格栅肋呈横向排列；双层时，则下层肋呈横向，上层肋呈纵向，并搭接两肋，用 A0.9mm 的铁丝捆扎牢固。

由于土工格栅属人工平铺，不需特别机械设备，只需弯曲机加工足够数量的 U 形钢筋卡备用，将原材料堆放到指定地点即可施工。

① 人员组合　铺设土工格栅人员可作如下安排：两人搬放，平铺土工格栅，并着手搭

接，用 4～5 人绑扎铁丝，铁丝切成 15～20cm 长。测量人员放出有足够长的路段，可供绑扎之用。

② 施工步骤

a. 场地平整　对准备铺设地段的路基进行整平，有局部不平或松散路段，要经处理达到要求，并将大土块颗粒去除，以保持路基整洁。

b. 测量放样　按设计桩号和宽度放出大样，并用白灰线划出界线。

c. 平铺土工格栅　按撒好的灰线，开始铺设，并铺出灰线以外 10cm。然后用 A6mm 钢筋加工成的 U 形卡，将两边固定，铺到路基对面，宽度按边线铺好，每隔 5.0m 用 U 形卡固定，顺序铺土工格栅，搭接两个栅肋约 6cm，并每隔 3～4 个格栅纵肋用铁丝绑扎。应用双层铁丝绑扎牢固，然后准备上土。

③ 土工格栅技术要求

a. 原地面整平，确保上工格栅形成整体性，保证抗拉强度能最大限度地发挥，平整度应控制在 ±100mm 以内。

b. 搭接宽度不少于 6cm。

④ 注意事项

a. 上土时，应顺着格栅的方向，顺序而上，不得在路基范围内随意乱上。

b. U 形卡要嵌入土内至少 4cm，以保证格栅稳固。

c. 因格栅形成整体后，发挥作用很大，为防地基不均匀沉降，搭接时要注意搭接宽度和铁丝绑扎的牢固性。

经过以上处理的地段，完工已近一年，据最近观测，路基土方沉降仅为 5cm，而在同等条件下未使用土工格栅的路基沉降已达 15cm 左右。可见土工格栅铺筑的路基提高了路基的稳定性，降低了沉降量，效果是显著的。

此外，从造价方面比较，采用砂垫层和一般土工布复合处理需 44.5 元/m²，而土工格栅仅为 16.5 元/ m²。

4.4　换填法

换填法一般适用于地表下 0.5～3.0m 之间的软土处治，其方法有开挖换填法、抛石挤淤法、爆破排淤法等。

4.4.1　开挖换填法

开挖换填法即将软弱地基层全部挖除或部分挖除，用透水性较好的材料，如砂砾、碎石、钢渣等材料进行回填。此种方法简单易行，也便于掌握。如 1995 年在天津港保税区西一西二路，东一东二路，将原路基开挖 1.2m 左右，回填钢渣，在钢渣上面做结构层。此种方法对于软基较浅（1～2m 深）的泥沼地特别有效。但对于深层软基处理，要求沉降控制较平的路基、桥涵构造物、引道等，应考虑采用其他方法。

4.4.2　抛石挤淤法

在路基底部抛投一定数量片石，将淤泥挤出基底范围，以提高地基的强度。这种方法施工简单、迅速、方便。

（1）适用范围

① 适用常年积水的洼地，排水困难，泥炭呈流动状态，厚度较薄，表层无硬壳，片石能沉达底部的泥沼或厚度为 3~4m 的软土。

② 在特别软弱的地面上施工，由于机械无法进入，或是表面存在大量积水无法排除时，常用抛石挤淤法。

③ 适用于石料丰富、运距较短的情况。

（2）施工要点　抛投片石的大小，随泥炭或软土的稠度而定，对于容易流动的泥炭或淤泥，片石可稍小些，一般不宜小于 30cm。抛投顺序，应先从路堤中部开始，中部向前突进后再渐次向两侧扩展，以使淤泥向两旁挤出。当软土或泥沼底面有较大的横坡时，抛石应从高的一侧向低的一侧扩展，并在低的一侧多抛填一些。

片石露出水面后，宜用重型压路机反复碾压，以便压实紧密，然后在其上面铺设反滤层，再行填土。抛石挤淤的典型断面如图 4-8 所示。

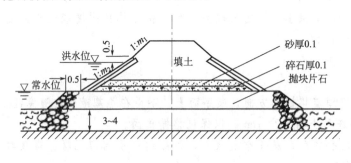

图 4-8　抛石挤淤的典型断面图（单位：m）

4.4.3　爆破排淤法

爆破排淤就是将炸药放在软土或泥沼中爆炸，利用爆炸时的张力作用，把淤泥或泥扬弃，然后回填强度较高的渗水性土壤，如砂砾、碎石等。

爆破排淤是换土的一种施工方法，较一般方法换填深度大、工效较高，软土、泥沼均可采用。

（1）适用范围

① 当淤泥（泥炭）层较厚，稠度大，路堤较高和施工期紧迫时，可采用爆破排淤法换土。

② 如路段内没有桥涵等构造物，路基承载力均衡一致，因整体沉降对道路不会产生破坏，也可考虑换填。但对桥涵构造物及两侧引道等，应考虑采用其他方法。

（2）施工要点　爆破排淤法可根据爆破与填土的相对关系，分为两种。

一种方法是先在原地面上填筑低于极限高度的路堤，再在基底下爆破。这种方法适用于稠度较大的软土或泥沼，先填的路堤随爆随沉、避免了回淤。但先填后爆要严格控制炸药，使之既能炸开淤泥或软土，又不致扬弃已填的路堤，要做好这一点是较为困难的。根据经验，炮位间距可取最小抵抗线的 1.2 倍，炮孔宜为 45°，这样所获效果较好。

另一种方法是先爆后填，适用于稠度较小、回淤较慢的软土。采用这种方法时，应事先准备好充足的回填材料，于爆破后立即回填，做到随爆随填，填薄再爆，爆后即填，以免回淤。

4.4.4　施工实例

柳州—南宁高速公路宾阳至南宁第二段第十合同段起讫桩号 K51＋480～K56＋300，全长 4.82km，属山岭重丘区，地形复杂，起伏较大。

山区沟壑的形成多经历千百年的冲刷和淤积，使部分积水区形成软弱地基。这种软基路段的特点是虽较短，但连续不断，淤积又厚，处理起来也不轻松。在施工中主要采用清淤换填和抛石挤淤换填两种方法。对于高填路基下的软基，采取了彻底清淤，换填 50cm 厚片石，并用开山坚石填筑至设计路基底标高，再分层填筑路堤。此法保证了高路堤的稳定性，而未发生路基沉降的问题。

对于路经稻田的浅型软基，除了根据设计施工外，对部分不能避免路基内流水的地段，采取增设盲沟排水方法进行处理。但盲沟在设置过程中应做好出水口与线外排水系统的顺接，以确保路基内不积水。

4.5 重压法

4.5.1 堆载预压法

堆载预压是指在软土地基上施加一定的静载，使地基得以加固，从而提高其承载力的一种路基施工方法。目前应用十分广泛，如沪宁、京津塘、唐津等高速公路，都用该法对地基进行加固。下面就谈谈笔者在温州市龙湾互通立交中的软土路基施工中的几点体会和注意事项。

4.5.1.1 原理

在施加荷载时，由软土中的土颗粒骨架和孔隙水应力共同承担来自上部所附加的由静载产生的垂直应力。随着应力的增加孔隙水沿着三个方向移动，一个是沿着垂直向上的排水通道（塑料排水板或砂井）排出，另两个方向是排向加载区的两侧。孔隙水应力随着时间的推移逐渐减少，而土颗粒骨架承担的应力越来越大，随着应力增大，土颗粒间隙被压紧，间隙缩小即产生沉降，直至间隙完全消失，土粒完全密实，软基得到了加固，承载能力也就大幅度提高。

从堆载预压加固原理来看，孔隙水能否从软基中顺利排出，是关系到加固速度快慢和加固质量的关键。

4.5.1.2 填前路拱修整

软土地基填前应先修出一定的路拱，因软土路基堆载预压加固的过程就是排水固结的过程，软基中的孔隙水通过竖向排水通道排到原地表清理后的底层上，然后通过其上横向排水系统（50cm 砂砾垫层或土工布）排向两侧边沟。修筑路拱后，不仅有利于排水，且防止了随着路基填高的增加，其底部出现窝水现象而影响路基质量。

4.5.1.3 排水系统

（1）排水沟（边沟） 地下水或雨水进入边沟后，应顺利地排入河流中或其他排水道内，不能积聚于其中，否则可能会使边沟内的水与软基内的地下水形成对流，不利于地下水的排出。因此清表以后，应顺次放出中桩和边桩，然后在边桩外挖出边沟，并控制好沟底标高，使其畅通，不要有局部积水。

（2）竖向排水系统控制 竖向排水采用塑料排水板，它是通过滤膜的渗水和塑板凹槽在路基的自重或荷载（超载）作用下，挤压基底土层，排水板直接排出地下土层自由水，增加排水通道，缩短距离，加快地基土排水固结，从而提高承载力。塑料排水板的质量要求和试验结果见表 4-4。

表 4-4 塑料排水板的质量要求和试验结果

项 目	单位	质量要求	试验结果 C_V	测试 C_V	备 注
复合体纵向抗拉	kN/10cm	＞0.025	2.72/2.25	2.37%	
纵向通水量	cm³/s	＞46	61.3/84.3		
滤膜等级孔径	mm	0.025	＜0.0685		防止泥料进入
渗透系数	cm/s	＞1.5×10^{-3}	6.46×10^{-3}		

软基处理深度大于等于 15m 时，截面积选用 150mm×6.0mm；软基处理深度小于 15m 时，截面积选用 150mm×4.5mm。

从表 4-4 试验结果可以看出，塑料板质量符合设计要求。此外，塑料板插打要竖直，无扭曲、无污染、无破损等现象发生。打入深度不小于设计值。施工时应注意以下几点：①钢靴加工安装时，应注意与大管粘牢，防止泥土进入产生塑板回带；②上拔套管带出淤泥时，要及时清理，防止堵塞横向排水通道；③为保证排水板的排水性能，塑板不允许搭接；④塑料板在操作、装运、保管存放时，注意不要破坏外包的滤膜，避免污染，以免影响排水效果。

（3）横向排水系统施工　采用了砂砾垫层，主要利用其水稳定性和颗粒之间存在孔隙的特性作为排水通道，把塑料排水板提起的水排出路基外，因而要求砂砾材料含泥量不能超标，颗粒级配符合规范要求。

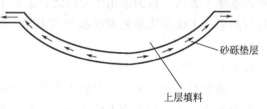

砂砾垫层碾压不宜振动，否则颗粒之间排列紧密，孔隙率减小，排水通道缩小，影响排水效果。

此外，建议在砂砾垫层上填筑一层隔水性较好的黏性土，这样在沉降后期通过砂砾的毛细现象排水，如图 4-9 所示。如果填筑水稳

图 4-9　砂砾垫层排水途径

性好、材料强度较好的岩渣，可能会形成盆底积水现象，自由水排不出路基外，造成路基病害。

4.5.1.4　填筑路堤的几点体会

（1）路基宽度控制　由于路基在堆载静压下，排水固结后，有沉降发生，且数值不小。因此，路基的填筑宽度不能再为设计宽度加上 50cm，而应根据其沉降值（估算）来确定填筑宽度。若沉降值为 50cm，其填筑宽度 B 应为。

$$B = x + 0.5a + 0.5 \tag{4-3}$$

式中　x——设计宽度，m；

　　　B——填筑宽度，m；

　　　a——边坡坡率。

这样可保证在路基沉降后断面尺寸达到设计要求。如图 4-10 所示为某标高下计算的路基宽度和实际施工后的情况。在沉降后，要使 $x'' \geqslant x$。

（2）堆载预压　做完纵横向排水系统后，埋设好各种沉降、侧向位移观测标志，然后分布上载。

上载时应掌握分步进行的原则，不能盲目地进行，否则可能导致破坏。在 1994 年佛开路某标段，由于上载过快，导致路段整体滑动。一般设计文件对加载速率都有具体规定，每天加载压实厚度不超过 30cm，路堤沉降不大于 10mm，侧向位移不大于 6mm。如果沉降或

位移有一项超出上述数值，即应停止加载，待路基稳定后才能继续施工。

但在施工时观测到，由于天然地基存在一定的天然承载力，在荷载不超过某一临界荷载（指沉降率突然开始增大）时上载可以快些，不会导致软基侧向移动。但当到临界荷载时，应加倍小心，密切注视沉降量和侧向位移的变化值。

填料的粒径应严格控制在 20cm 以内，每层松铺厚度在 30～40cm，填料含水量应不超过最佳含水量的 2%。摊开平整每层填料，采用压路机先静压两遍，然后振动碾压，先两侧后中间，控制碾压行车速率。依据实验，对于含水量较大土质，提高其碾压遍数来提高压实度往往是徒劳的；而含水量相对较小一些时，提高压实遍数往往是比较经济的。

（3）沉降观测点的布设　　根据软基处理段的长度及地质情况，布设一定数量的沉降观测点，并能代表一段路基整个地质及沉降情况，地质情况变化地段要加设观测点。

① 以下以某工程主线 K8＋573.00～K9＋182.00 区段为例，在 609m 软基区段内共布设18 个观测点。

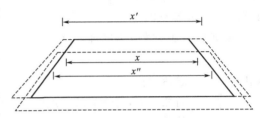

图 4-10　路基预压宽度示意图
x—某标高下路基计算断面宽度；x'—施工宽度；
x''—沉降后某标高下的路基宽度

a. K8＋573.00～ K8＋713.50 塑料板平均深 14m，属路基荷载，布观测点 6 个。

b. K8＋713.50～K9＋000.0 无软基处理，属超载，布设观测 2 个。

c. K9＋000.00～K9＋040.00 塑板深度 8.0m，属路基荷载，布设观测点 1 个。

d. K9＋040.00～K9＋182.00 塑板深度 17.0m，属路基荷载，布设观测点 9 个。

② 为保证沉降观测的精度，要求采用三等水准测量方法观测并做到如下几点。

a. 严格保护好沉降杆，防止撞坏及其他干扰。

b. 观测由专人负责，水准闭合环线或支水准线，其允许闭合差为 12mm 或 4mm。

c. 观测时视距不等差应小于 3.0m，前后视距累计差小于 6.0m。

d. 外业手簿长期保存，并认真记录，如实反映，最后汇总，为分析总结之用。

（4）施工过程中观测结果　　变形速率控制均以连续两天的水平和垂直平均位移作为判断值。严格控制施工过程中地基变形速率，是保证施工期路堤稳定的关键；而路基加荷速率则取决于地基变形的控制标准。当地基条件基本相似，处理方式又相同时，填筑速率越大，则沉降速率越大，也越危险。最大沉降速率发生在路基填筑后期。

在施工期间掌握路基填筑的变形速率在 10～20mm/d 之间，按此标准控制，未发生过地基滑移破坏等事故。由于路基填筑施工不可能天天进行，而是时断时续地作业，所以变形速率是依据总沉降量计算而得。

就目前施工结束的主线路基分析如下。

① 排水条件的好坏，对加快固结速率是十分明显的。如在夹砂砾横向排水垫层的地段，在路基填筑过程中，沉降速率都很高。基本是路基填筑完成后，沉降已趋于稳定。说明砂砾层对早期沉降起很大作用。

② 在路堤填筑过程中，W-S-T 过程曲线有两种不同的规律。在软土较厚段，如 K9＋062.73 和 K9＋100.00，曲线有一个或多个转点；在软土较薄的路段（K9＋030.00），曲线呈单一走向。前者很明显存在一个临界填土高度问题，即路基填土高度较低时，沉降速率低，当超过某一临界高度时，沉降速率就增大。

③ 砂砾垫层上覆盖土工格栅对路基的均匀沉降效果较好。

④ 为确保路基的良好排水效果，应疏通好路基两边的排水沟，以前在路基上开挖的明沟，必须用砂砾垫层回填形成透水性盲沟。

4.5.2 真空预压软基加固法

真空预压法是利用大气压强（0.098MPa）等效堆载预压法对软弱地基进行加固的一套方法，即依靠真空抽气设备，使密封的软弱地基产生真空负压力，使得土颗粒间的自由水、空气沿着纵向排水通道，上升到软基上部砂垫层内，由砂垫层内过滤管再排到软基密封膜以外，从而使土体固结。

4.5.2.1 工艺原理

根据太沙基有效应力原理：

$$p = \bar{p} + u \tag{4-4}$$

式中 p——总压力；

$\bar{p}$——有效应力，$\bar{p} = \gamma H$，γ 为土的容重，H 为土深；

u——孔隙水压力，$u = \gamma_w H$，其中 γ_w 为水的容重。

对上式微分得：

$$\mathrm{d}p = \mathrm{d}\bar{p} + \mathrm{d}u \tag{4-5}$$

当总压力 p 为常量时：

$$\mathrm{d}\bar{p} = -\mathrm{d}u \tag{4-6}$$

从上式可以看出，孔隙压力的降低值就是有效应力的增加值。有效应力分布如图 4-11 所示。

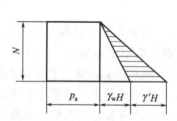 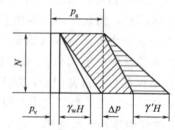

(a) 抽真空前有效应力分布图，p 为大气压力，$u = \gamma_w H$ 为孔隙水压力，$\bar{p} = \gamma H$ 为有效应力

(b) 抽真空后有效应力分布图，ΔP 为真空度在土体中的损耗值，p_v 为抽气后膜下空气压力

图 4-11 有效应力分布

对密封膜下的软土地基进行连续抽真空，造成膜内外的压力差 p_u（即真空度 $p_u = p_a - p_v$），促使土中的孔隙水产生渗流，因而孔隙水的压力 u 不断降低，而有效压力 $\bar{p}$ 则不断增加，p_u 不断减小；当 p_v 趋向于零，$u = p_v$ 时，渗流停止，固结完成。

从上述原理看，真空预压法适用于含水量高、孔隙比大、强度低、渗透系数和固结系数均较小的黏性土的加固。由于此法要使用薄膜，就铺设薄膜而言，以在 10℃ 以上的气温施工为好。就预压效果而言，以 10℃ 左右为最佳。如果采取防寒防冻措施，则在 0~15℃ 的气温下此法仍可应用。

如果设计要求的地基承载力较高，也可将真空预压、堆载预压和碎石桩联合使用。

4.5.2.2 工艺流程及工艺要求

（1）工艺流程（图 4-12） 其纵横向排水系统不受此限。

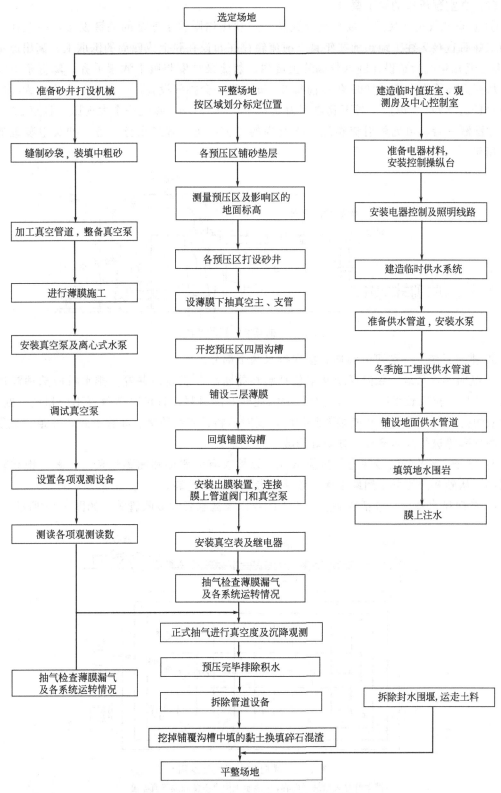

图 4-12 真空预压软基加固法工艺流程图

（2）真空预压法的施工要求

① 真空抽气设备装置　抽真空装置是真空预压加固软土地基的关键设备，一般在工厂内加工好后直接运往工地。前些年真空射流箱往往布设在膜上或四周的围堰上，高出原地面1m多，近几年改为布设在围堰外侧的土坑内，射流泵高度与膜下滤管平齐，降低了射流高度，从而提高了真空度。1992年以前每2000m²配一套抽气设备，一般膜下真空度为0.08～0.085MPa。1993年以后，膜下真空度为0.09～0.095MPa，接近一个大气压，且每2500m²左右才配制一台，可见将射流箱埋进土坑内的工艺改进，效果十分显著。抽真空装置如图4-13所示。

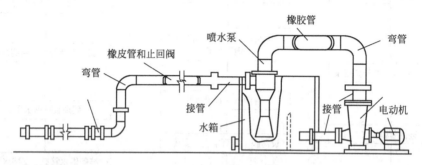

图4-13　抽真空装置示意图

② 排水系统　一般可分纵向和横向排水两个部分。

a. 纵向排水系统　纵向系统基本包括塑料排水板、袋装砂井等，排水板应选用渗透系数大、抗拉和抗顶破强度高、耐久性和耐蚀性能好的材料。打设时塑料板不能扭曲、断桩、漏打及短打。对于采用砂井或袋装砂井的，要对砂料、袋料质量、布置形式、井距、数量直径、灌砂率等进行全面检查，并做好隐蔽工程记录。

对3‰～5‰的袋装砂井进行拉拔试验，以检查有无假接和缩颈现象。一般在饱和软土地层中，从砂井内均可见到地下水，效果好者还会溢出地表。

b. 横向排水系统　包括砂垫层、土工织物以及滤水管和吸收管等，如图4-14所示。

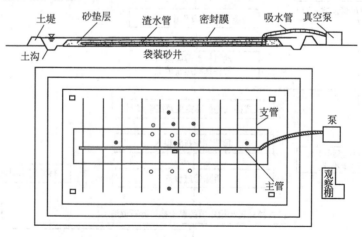

图4-14　横向排水系统示意图

图中符号表示量测内容，◎表示土中真空度和膜下真空度，
⊗表示膜上沉降，○表示空隙水压力

砂垫层用中、粗砂，无草根杂物，含泥量小于 5%，分两次铺设。第一层铺好后，安水管，装好后再铺第二层砂，铺设厚度按设计要求，层面要平整。安装滤水管的排列方式，分为鱼骨状和环状。前者有主管（A89mm）和支管（A50mm），支管间距为 4~5m，管上按 30~40mm 的间距钻滤水孔（A8mm），管外用滤水布和棕皮包好扎牢。后者是取消主管，所用滤水管均按支管的规格和处理方法，间距为 3~4m。各连接件的两通、三通、四通接头连接件均应严密，以防泥砂进入。为增加其透水性，也可以用塑料板在砂垫层内水平方向上纵横布置并与滤管连接，从而起到改善横向排水的作用。

③ 密封系统

a. 密封系统由编织布、塑料薄膜、土沟和土堤组成，如图 4-14 所示。

b. 铺膜前将砂垫层顶面整平，并清出一些带棱角的坚硬物，如尖石、瓦砾等，然后铺设编织布一层，塑料薄膜两层，并要宽出砂垫层 1.5~2.0m。编织布用针缝接，塑料薄膜用热黏结，连接必须牢固。上下层膜之间的纵横搭接缝要尽量错开。

c. 铺膜时选择无风或小风天气进行，并顺风向铺设。薄膜四周铺到土沟内，回填黏土压实，将膜压住。土沟外侧筑一个土堤，堤顶高出膜面 0.2m。

d. 试抽气时，膜上不覆水，如果膜下真空度始终上不去，说明有漏气的地方，漏气之处往往会发出吱吱的声音。发现后应立即修补，等设备运转正常，膜上、膜下真空度表读数均上升后，即可在膜上覆水。覆水的目的在于压住薄膜，防止被风刮起撕破，此外也加大了对软基的荷载压力。

④ 量测系统　量测系统由真空表、孔隙压力器、沉降板和观测房等组成。其布设过程分以下三步。

a. 建造临时值班室、观测房及中心控制室，准备好所用的电器材料。

b. 在铺设砂垫层前，要埋设真空表测头、孔隙水压力器测头和沉降板，并分布于加固软土地基的不同部位（按设计要求办理），在砂垫层铺设过程中，还要按设计要求在垫层中埋设上述量测仪表，如图 4-14 所示。

c. 安装控制操纵台、电器控制和照明线路以及测试管线，测读各项观测读数，并应详细记录，为今后分析之用。

4.5.2.3　机械和材料

真空预压加固软土地基所需的机械见表 4-5，所需材料和性能见表 4-6。

表 4-5　真空预压加固软土地基所需的机械

名称	单位	数量	说　　明
抽真空装置	套	1~2	由电动机、单极单吸离心泵、清水高压射流泵、真空发生器、蓄水箱等组成，现已有生产
真空表	套	4~8	
孔隙水压力器	套	4~8	有钢弦式和双管式两种
沉降板	套	4~8	
水平仪	台	1	
静力触探仪	台	1	
十字板剪力仪	台	1	
发电机	台	1	

表 4-6　真空预压加固软土地基所需材料和性能

材料名称	规格及性能要求
滤水管	
主管	ϕ89mm 镀锌钢管
支管	ϕ50mm 镀锌钢管,上钻 ϕ8mm 滤水孔,孔间距 S 为 30～40mm
滤水布	塑料编织布
棕皮	清洁干燥
塑料绳	
密封膜	
编织布	丙纶、涤纶、维纶等合成制造的编织布
薄膜	聚氯乙烯制,其抗拉强度、耐酸碱、耐腐蚀、耐老化、水稳性均需要符合设计的要求
吸水管	橡胶软管,其耐腐蚀、耐老化性能均需符合设计要求

4.5.2.4　工程实例

（1）以天津新港为例,真空预压作业时间为 90～120d,软基深度为 17～21m,沉降量一般在 110～140cm（包括施工沉降）,含水量比加固前减少 17％～20％,孔隙比缩小 18％～22％,容重增加 5％以上,抗剪强度一般提高 80％左右,十字板强度提高了 65％～100％。对软基深层固结起到了加速作用,减少了工后沉降,效果十分显著。

（2）某高速公路应用真空预压法对 1～1.0m 钢筋混凝土箱涵的软土地基进行加固,空载真空度大于 99.3kPa。预压持续 70d,地面沉降 35.5cm,地基承载力由 60kPa 提高到 124.6kPa,满足了工程要求。

（3）天津新港港区有 48 万平方米的新吹填土超软地基需要加固,该地基是在自重下还未完全固结的欠压密土,地面以下 20m 范围内的土层为淤泥、淤泥质黏土或淤泥质亚黏土,属于高压缩土,采用真空预压加固地基,打设排水板 20m。加固后土体固结度、强度、残余沉降量均满足了设计要求。

（4）在天津港南疆进港公路三期软基加固工程中,膜下真空度保持在 85kPa 以上,抽真空有效时间 150d,地面平均沉降 1.1m,地基承载力达到了设计要求的 80kPa,满足了工程要求。

4.5.2.5　关于几个问题的认识

（1）关于地基回弹问题　为了缩短施工周期,往往要进行超载预压。当超载预压部分卸载时,有时会有回弹现象。天津新港真空预压卸载回弹了 3～4cm,据介绍沪宁路卸载后回弹了 6～8cm。既然有回弹现象,那么会不会工后不再产生沉降呢?

从土力学角度来分析,在有水存在的土质中,在外力作用下,发生三种变形,即弹性变形、塑性变形、蠕变。前一种是可恢复的,后两种是不可恢复的。路基卸载后发生回弹就是因为弹性变形而引起的。因为在堆载预压期间,一部分孔隙水应力消失了,而另一部分孔隙水应力,由于预压时间短,仍然存在。当卸载时,垂直应力对地基的法向应力减弱,这一部分没有消散的孔隙水应力失去平衡,重新占据土颗粒空间,使土颗粒骨架扩张,从而形成路基回弹。

由于土体固结是一个十分缓慢的过程,有的土质需十几年以上才能彻底固结,地基不再产生沉降。而施工周期不可能这么久,因此,在处理过的软基上,会产生工后沉降。

回弹现象是一个不容忽视的问题,特别是高速公路,桥涵构造物很多,如果处理不好,在竣工初期就可能导致路基与桥头错台,造成跳车,影响行车安全。

（2）堆载预压两侧隆起现象　对于透水性较差的软弱地基,在堆载预压的法向应力作用下，土颗粒中的孔隙水应力加大，为了保持应力平衡，一部分自由水排出地基，另外的自由水则流向加固区的两侧，由于这些多余的水分子渗到土颗粒间，使土颗粒发生体积膨胀，从而引起地基隆起，直接构成对加固区域的威胁。为解决这一问题，往往在加固区两侧增设一定高度的反压护道或在堆载下面增设塑料板桩或砂井，便于土颗粒间的大部分自由水和空气沿着纵向排水通道排出地基，从而达到消除地基隆起现象。

（3）中间与边缘沉降的差别　真空预压软基加固完成卸载后，被加固的软基中间沉降量大于四周，总沉降量中间与边缘相差 30～40cm。出现这种情况是由于加固区四周与外界土接触，当真空抽气时，临界土颗粒间的自由水会源源不断输送进去，这样，就会形成被加固的四周软基内土颗粒间的自由水相对更多于中间部分土颗粒间的自由水，因此，四周的固结就没有中间的快。同时与之相应的软基加固后相邻地基也会受到影响，地基向加固区侧移，形成开裂，真空预压可以影响到边界外 8.0m 的范围，有时造成加固区周围房屋开裂，影响其他构造物的安全。

4.5.3　真空预压加堆载预压法

真空预压加堆载预压法是两种软基加固方法的有机结合。它的设计原理基本与真空预压法相同，所不同之处是真空预压加固后，最多使软基达到 0.09MPa 的承载力，而当构造物所需的荷载大于 0.095MPa 时，则由堆载预压来补充，从而使地基满足设计的要求。它比单一的堆载预压节省大量时间，缩短了一半以上的预压时间，而且避免了因单一堆载预压荷载过大、时间过长而可能出现的软基失稳现象。

在施工中应注意的是，应待真空抽气稳定后，才能进行堆载。在膜上 0～80cm 厚度内，应用黏性土和砂性土配合人工及小推车进行回填，特别是接触第一层堆料中，不允许混杂带有棱角的坚硬物，必要时可挑拣出去，以免将膜刺破。

当回填到 80cm 以上时，可用汽车直接送料，从而加快工程进度。

4.6　垂直排水法

砂井、袋装砂井、塑料排水板等，均属竖向排水的方法。天然地基的固结排水过程在路堤中间是竖向的。根据固结理论，软黏土固结所需的时间与排水距离的平方成正比，为了加速地基的固结，最有效的方法就是增加土层的排水途径，缩短排水的距离。

砂井、塑料排水板等竖向排水体，就是为此目的而设置的。土层中的孔隙水主要是从水平方向通过砂井排出，部分从竖向排出，从而大大缩短了排水距离，在短时间内可以达到较高的固结度，如图 4-15 所示。

按照使用目的，排水固结法可以解决以下两个问题。

① 沉降问题　使地基的沉降在加载预压期间大部分完成或基本完成，使建筑物在使用期间不致产生不利的沉降和沉降差。

② 稳定问题　加速地基土抗剪强度的增长，从而提高地基的承载力和稳定性。排水固结法由排水系统和加压系统两部分组合而成。

4.6.1　砂井

砂井施工工艺恰当与否，直接影响砂井的排水效果。因此工艺的选择主要考虑三个问题：

① 保证砂井连续、密实，并不出现缩颈现象；

② 施工时尽量减少对周围土的扰动；

③ 施工后砂井的长度、直径和间距应满足设计要求。

对于砂井施工通常采用以下几种方法。

（1）套管法 套管法是将带有活瓣管尖或套有混凝土端靴的套管沉到预定深度，然后在管内灌砂后，拔出套管，形成砂井。根据沉管工艺的不同，又分为静压沉管法、锤击沉管法、锤击静压联合沉管法、振动沉管法等。

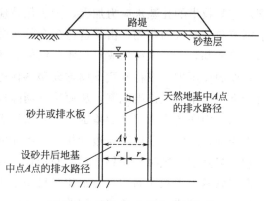

图 4-15 地基 A 点排水路径比较

① 静压、锤击联合沉管法 用此法施工往往在提管时，由于砂的拱作用力及与管壁的摩阻力，易将管内砂柱带上来，使砂井断开或缩颈，影响砂井排水效果。

② 振动沉管法 用振动打桩机将设计直径的套管沉入到预定的深度，在提管的过程中填砂形成砂桩，砂桩要想密实，必须慢速振动提管，同时要灌水，使管内水饱和，管在振动下沉过程中，土体受震动而液化，同时受到侧向挤压，使得土体结构重新分布，达到提高密实度、减少孔隙的目的。

采用该法施工不仅避免了管内砂随管带上，保证砂井的连续，同时砂受到振密，砂井质量较好。应用振动沉桩工艺时，激振力与套管的直径及长度的关系可参照表 4-7 选用。

表 4-7 激振力参考表

套管直径/cm	长度/m	参考激振力/kN	套管直径/cm	长度/m	参考激振力/kN
20	4～10	20～120	40	10～25	200～400
30	5～15	100～250			

（2）水冲成孔法 此法是通过专用喷头，在水压力作用下冲孔，成孔后经清孔，再向孔内灌砂形成。采用此法施工时，有两个环节需特别注意。

① 控制好冲孔时水压力大小和冲水时间，这实际和土层性质有关，当分层土的性质不同，而用相同水压时，会出现成孔直径不同的现象。

② 如孔内泥浆未清洗干净，砂中含泥量增加，会使砂井渗透系数降低，这对土层的排水固结是不利的，如泥浆排放疏导不好，也会对水平排水层带来不利的影响。压力控制不严，水冲成孔时易出现串孔，对地基扰动比较大。

水冲成孔法设备比较简单，对土的扰动较小，但在泥浆排放、塌孔、缩颈、串孔、灌砂等方面，还存在一定的问题，有待解决。

（3）螺旋钻成孔工艺 以动力螺旋钻钻孔，提钻后向孔内灌砂而成砂柱。此法适用于陆上工程，砂井长度在 10.0m 以内，且土质较好，不会出现缩颈、塌孔现象的软弱地基。此法所用设备简单而机动，成孔比较规则，但灌砂质量较难掌握，对很软弱的地基也不太适用。

4.6.2 袋装砂井

4.6.2.1 概述

袋装砂井加固软土地基的基本原理是根据巴伦固结理论，即黏性土固结所需时间与排水距离的平方成正比，与土的渗透系数成反比。砂井是人为地形成排水通道，缩短排水距离，同时使垂直排水固结变成水平排水固结，加快排水速度，加快软土固结，提高抗剪强度目的。

由于普通砂井在施工过程中，容易产生缩颈，砂不易密实，以及砂井在施工挤压及承载工作阶段地基的变形，可能使砂井切断。且用砂量大，材料及施工费用较高，故近年来袋装砂井及塑料排水板，逐步在国内外得到广泛的发展应用。

4.6.2.2 设计原则

袋装砂井的直径、间距和长度，应根据工程地质条件、荷载的大小、工期、对固结度的要求、允许的剩余沉降值等，通过固结理论计算来确定。

(1) 直径和间距 根据固结理论，缩小砂井间距比增大砂井直径能使加固效果更显著，设计时采用"细而密"的方案比"粗而疏"的方案效果好。一般袋装砂井直径选用7cm，井距一般为1.0~2.0m，相当井径比15~30。当砂井长度大于20m时，宜采用直径10cm的砂袋。

(2) 砂井深度 砂井深度是软土层排水固结效果的决定因素之一，而排水固结效果与固结压力的大小成正比。当地基深处的附加应力很小时，砂井的作用则很小，故砂井有一个最佳有效长度。对于以地基的稳定性为控制的工程，如路堤等，以滑弧稳定分析来确定砂井深度，砂井深度以超过最危险滑弧深度为好。

(3) 砂井平面布置及砂垫层 砂井平面布置一般采用等边三角形和正方形两种形式。等边三角形布置比正方形排列紧凑，采用较多。砂井的布置范围一般比路堤范围宽一些，这是因为路堤以外一定范围内地基仍然产生由于路堤荷载作用而引起的压应力和剪应力，路堤以外的地基土如能加速固结对提高地基的稳定性和减小侧向变形以及由此引起的沉降是有好处的。

为了保证袋装砂井内渗出来的水能顺利排出，在砂井顶部一般铺设30~60cm厚的砂垫层，袋装砂井应伸入砂垫层内20cm。砂要求用中粗砂，含泥量小于3%。

当加固面积较大时，需设置纵横盲沟，在纵横盲沟交叉处设排水井，用水泵排出。砂垫层的边部砌片石，以利排水和防止砂垫层砂的流失。加固区应设排水沟，以构成较完整的排水系统，这是软基处理的关键。袋装砂井布置如图4-16所示。

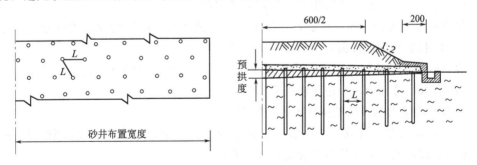

图4-16 砂井布置示意（单位：cm）

4.6.2.3 袋装砂井施工

(1) 施工前的准备工作

① 审查和熟悉图纸、设计文件和施工技术规范，并进行技术交底。根据设计宽度、桩距、深度绘制袋装砂井平面布置。

② 测量放样，恢复定线，直线部分 10m 设一个中桩，曲线部分 5m 设一个中桩，并同时放出边桩，井孔定位放样，应经复核无误。

③ 根据设计要求，选择合适的塑料袋及粗、中砂进场，并应通过质量检测。

④ 按照工地土质情况，选择打设机具型号和振动锤型号，并运至施工现场，检查保养。

（2）操作步骤（图 4-17）

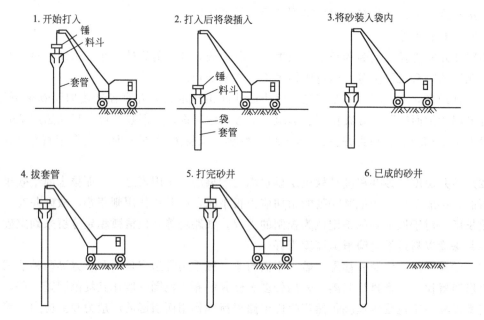

图 4-17　袋装砂井施工步骤

① 机械就位。打设机械沿路线方向自外向内施打，机械就位后，套管应对准桩位，缓慢放下。套管底端应有可闭底盖或有预制桩尖。

② 施打或沉入套管。井孔定位后，沉入或施打到土基内，直至设计深度。施打时，开动振动锤后应缓慢进行，并随时检查套管的垂直度。

③ 穿入砂袋。扎好砂袋下口后（袋长比井深约长 1.0m），在其下端放入 20cm 左右的砂，作为压重，将袋子放入套管中沉入到要求的深度。

④ 就地灌砂。将袋口固定在装砂用的漏斗上，灌入砂。灌砂时应边落砂边向砂袋内注水，并振动以利灌砂顺畅密实，直至砂溢出砂袋。

⑤ 检查砂袋中砂的饱满程度，当发现不足时，应继续二次灌砂，直至砂满为止。然后一边把压缩空气送进套管，一边缓慢提升套管，直至拔出。

⑥ 用铁锹将露出的砂袋桩头埋入砂垫层中。

⑦ 也可用预制砂袋沉放，先在袋内装满砂料，扎好上口，成为预制砂袋，运往现场，弯成圆形，成圈堆放，成孔后将砂袋立即放入孔内。

（3）施工中的注意事项

① 施工前要进行试打，取得实际数据。施工中特别要注意打设深度及减少回带现象。

② 减小成孔直径，可以减少对孔壁的挤压，从而减少涂抹效应的影响。在施工中一般限制成孔外径在 107mm 以内。

③ 定位要准确，砂井垂直度要好，以确保实际排水距离与理论计算一致。

④ 确定袋装砂井施工长度时，应考虑袋内砂体积减小、孔内的弯曲、超深等因素，以免砂袋全部深入孔内，造成与砂垫层不连接。

⑤ 砂料含泥量要小，这对于小断面的砂井尤为重要，因为直径小，长细比大的砂井，其井阻效应较为显著，一般含泥量要求小于 3%。

⑥ 砂袋入口处的套管口应装设滑轮，避免砂袋刮破而漏砂，聚丙烯编织袋在施工中，应避免太阳长时间直射。

⑦ 施工中要经常检查桩尖与套管口的密封情况，以免套管内进泥太多，影响质量。

4.6.2.4　机械及成孔设备

成孔方法，可根据机械设备条件进行比较选择。目前所采用的有如下五种施工方法：锤击沉入法、射水法、压入法、钻孔法以及振动贯入法等。且均有专用的施工设备，一般为套管式的振动打设机械，只是在进行方式上有所差异。各种成孔方法所选用的机械及工效见表 4-8。

表 4-8　各种成孔方法所选用的机械及工效

成孔方法	机具总质量/t	主要机械设备	平均成孔时间	工　效	
				平均	最高
锤击沉入法	1.0	1t 绞车(卷扬机)1 台,55kW 电机 1 台,0.6t 锤 1 个	12min 43s	22min 50s	18min 37s
射水法	0.5	0.5t 绞车 1 台,75TSW-7 水泵 1 台	100min	115min 32s	12min
压入法	4.0	1t 绞车 2 台,3t 绞车 2 台	15min	30min	
钻孔法	1.0	100 型钻机 1 台	60min	75min	
振动贯入法		KM$_2$-12000A 型振动打桩机 1 套	30s	8min	6min

4.6.2.5　质量要求

（1）原材料控制

① 砂应采用渗透系数大于 1.0×10^{-5} m/s、小于 0.08mm 的颗粒含量小于 5%、有机质含量小于 1%、不均匀系数大于 5.0% 和细度模数必须大于 2.4 的中粗砂。

② 砂袋的隔土性应小于 0.08mm。

③ 抗拉强度和延伸率应符合设计要求。

④ 袋装砂井的孔径一般为 7~12mm。其孔距、孔深及平面排列形式，均要符合设计规定。一般以细、长、密的效果较好。

（2）效果检测　加固区的地基，应在加固前后钻取土样，对土的物理力学性能作出比较，并进行现场十字板剪切试验，以检验加固后的效果。

（3）袋装砂井实测项目　见表 4-9。

表 4-9　袋装砂井实测项目

项次	检查项目	规定值或允许偏差	检查方法和频率
1	井间距/mm	±150	抽查 2%
2	井长度	不小于设计	查施工记录
3	竖直度/%	1.5%	查施工记录
4	砂井直径/mm	+10,-0	挖验 2%
5	灌砂量/%	5%	查施工记录

注：此表摘自《公路工程质量检验评定标准》（JLJ 071—1998）。

4.6.3 塑料排水板

塑料排水板作为垂直排水通道，可代替常用的砂井排水法。其滤水性好，能确保排水效果，并且有一定的强度和延伸率，具备适应地基变形的能力，板截面尺寸不大，插放时地基扰动小，施工方便。

4.6.3.1 塑料排水板的性能及规格

（1）塑料排水板由芯板和滤膜组成。芯板是由聚丙烯和聚乙烯塑料加工而成，且两面均有间隔沟槽的板体。土层中固结渗流水通过滤膜渗入沟槽内，并通过沟槽从横向排水垫层中排出。由于塑料排水板所用材料不同，其结构也各有不同，如图 4-18 所示。

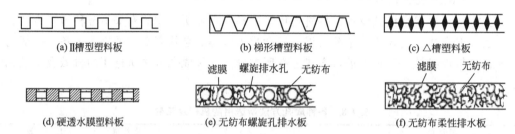

图 4-18 塑料排水板的结构

（2）各种类型塑料排水板要求的性能见表 4-10，以便选用时参考。

表 4-10 各种类型塑料排水板要求的性能

项目	指标／类型		TJ-1	SPB-1B	SVD2	日本
断面结构						
外形尺寸/mm			100×4	100×4	100×7	100×1.6
材料	板芯		聚乙烯、聚丙烯	聚氯乙烯	聚乙烯	聚乙烯
	滤膜		纯涤纶	涤纶无纺布		
纵向沟槽数/个			38	38		10
沟槽面积/mm²			152	152		112
板芯	抗拉强度/Pa		210	170	150	170
	180°弯曲		不脆不断	不脆不断	不脆不断	
	扁平压缩变形					
滤膜	滤膜单位重力/(N/m²)		0.65(含胶 40%)	0.50		
	抗拉强度/Pa		30	44.3	107	
	耐破度/(N/cm)		71.7	51.0		
	撕裂度/N	干		1.34		
		饱和				
	顶破强度/N		103			
	渗透系数/(cm/s)		$1×10^{-2}$	$4.2×10^{-4}$		$12×10^{-2}$

我国目前生产的塑料排水板有南京生产的聚氯乙烯梯形槽塑料板及天津塘沽塑料制品厂生产的聚丙烯、聚乙烯梯形槽塑料板等。

4.6.3.2 塑料排水板施工

（1）施工工艺及机械

① 施工机械基本可与袋装砂井打设机械共用，只是将圆形套管改为矩形套管。对于目前我国应用的两用打设机械，其振动打设工艺、锤击振力大小，可根据每次打设根数、套管

断面大小、入土长度及地基均匀程度具体决定。一般对均匀软黏土地基，振动锤击振力可参照表 4-11 选用。

表 4-11　振动锤击振力参考值

长度/m	导管直径/cm	振动锤击振力/kN		长度/m	导管直径/cm	振动锤击振力/kN	
		单管	双管			单管	双管
>10	130～146	40	80	>20		120	160～220
10～20	130～146	80	120～160				

② 插板机多为振动打入式，其中包括导架、驱动套管下沉的振动锤、绞车以及安放排水板的卷筒和防风装置等。配备数量可根据工程量大小、工期要求自行决定。IJB-6 型步履式插板机如图 4-19 所示。

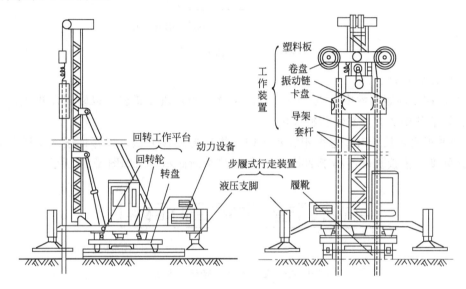

图 4-19　IJB-6 型步履式插板机

③ 安装套管靴、桩尖和塑料板连接。

套管不仅应有足够的强度和刚度，同时还应有较小的截面，以减少对周围土体的扰动。

塑料排水板通过套管，从套管穿出并与桩尖相连，套管连同塑料排水板顶住桩尖，压入土中。塑料排水板与桩尖连接的方式一般有三种，如图 4-20 所示。

④ 开机插板。插板机就位后，通过振动锤驱动套管对准孔位下沉，排水板从套管内穿过，与端头管靴相连并顶住排水板插到设计深度。

但在插板机提升过程中，普遍存在不同程度的回带，如果回带过长，则会影响加固效果。因此施工规范规定，不得超过 50cm，且回带的根数不宜超过设计总根数的 5%。在打设过程中应保证垂直度符合要求，以满足加固地基在深度方向上的均匀性。

⑤ 剪断排水板。排水板外露长度不小于 25cm，埋入砂垫层中并做出标记，以防止塑料板随地基沉降而降至砂垫层以下，形成排水系统的脱节，同时也便于检查打设的数量和间距。

(2) 施工中的注意事项

① 塑料排水板插入过程中防止淤泥进入板芯，堵塞输水通道而影响排水效果。

② 塑料板与桩尖连接一定要牢固，避免提管时脱落，将塑料板带出。凡带出 2.0m 以

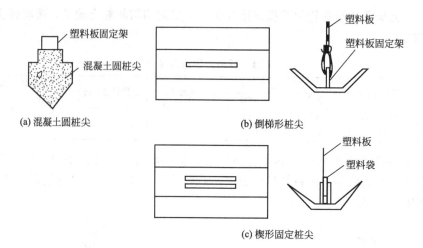

图 4-20　桩尖连接方式

上的，均应作废补打。

③ 严格控制间距与深度，桩尖与套管配合要适当，避免错缝，以防淤泥进入，增大塑料板与套管壁的摩擦力，易使塑料板带出。

④ 塑料板必须接长时，应采用滤水膜内平搭接的连接方法，以保证输水畅通并具有足够的的搭接强度，搭接长度不小于 20cm，塑料板接头断面示意图如图 4-21 所示。

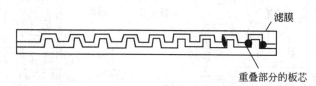

图 4-21　塑料板接头断面示意图

4.6.3.3　质量标准

（1）基本要求　塑料排水板质量和板底标高必须符合设计要求，排水板下沉时不得出现扭结、断裂等现象，其顶端必须按规范要求伸入砂垫层。

（2）实测项目　见表 4-12。

表 4-12　塑料排水板实测项目

项次	检查项目	规定值或允许偏差	检查方法和频率
1	板间距/mm	±150	抽查 2%
2	板长度	不小于设计	查施工记录
3	竖直度/%	1.5	查施工记录

注：1. 本表摘自《公路工程质量检验评定标准》（JTG F80/1—2004）。
　　2. 塑料排水板间距要求均匀。

4.6.4　施工实例

4.6.4.1　砂井

（1）工程概况　宁连一级公路连云港段全长 52.0km，路基宽 24.5m，双向四车道，除桥头引道外，平均填土高度为 2.5～3.0m。

本工程分三个施工段落，即南城至宋跳段，长 11.7km；南城至马好段，长 38.58km；

新沂河大桥段，长 2.93km。软土段集中在前两段，其中又以南宋段的地基最差，采用挤密砂桩、砂垫层和填土预压的综合方法。

本路段位于江苏北部黄海之滨的海积、冲积平原地区。路线所通过的软基地段，地下水位高，软土层分布长，厚度大，物理力学指标差。软土天然含水量高，为 43.2%～74.5%；天然孔隙比较大，为 1.03～2.1；压缩性大，其压缩系数一般均大于 $0.5kPa^{-1}$，最大的为 $2.61kPa^{-1}$；渗透性差，承载力极低等。

（2）南宋段砂桩施工工艺

① 平整清理场地，绘制好桩位平面图，按顺序编号。

② 填筑三角垫层，用全站仪按大地坐标实地放样，用木桩或竹签定出每根砂桩的具体位置。

③ 埋设沉降标。

④ 南宋段砂桩直径为 0.42m，长度控制为打设进入淤泥层并穿透，放在强度较高的持力层上（11m 左右），以确保砂桩的施工质量，提高承载力。

⑤ 采用振动沉管打桩机和其他辅助设备，振动沉拔桩锤功率为 42kW 以上。桩管直径上部为 37.7cm，下部（1～2m 范围）为 41.0cm，进料口根据桩长可增设一个。如 8.0m 砂桩在 4.0m 处增设一个，桩尖采用活动四瓣式。砂采用中、粗砂，标准应满足设计要求。

⑥ 主要工艺及注意事项如下。

a. 用振动沉拔锤将桩管打至处理地基的设计深度，并进入持力层 50cm 为止。进入持力层的标志，以在振动锤激振力作用下，桩管下沉速度小于 20cm/min，或电流表值是否超过 55A 为准。

b. 向桩管内投砂时，应边投边灌水，使其达到饱和状态。

c. 提升管前留振 1min 后，边开振动锤边均匀缓慢提升桩管，提升速度控制在 1.0m/min，且每升 1.0m，留振 0.5min，等拔管到一半左右，再边振动边继续投砂灌水，直至将桩管提升到孔口。

d. 考虑到淤泥受到已施工群桩侧向挤压作用，使得相邻未施工地基产生应力集中，破坏原地基应力动态平衡，造成一段时间的塑变过程。为避免因移位而造成的塌孔、缩颈现象，桩位施工顺序应按隔行隔列跳着施工。

e. 灌砂量是砂桩施工主要控制指标，可通过试桩和试验综合分析考虑，本工程松散系数为 1.28～1.30，据此计算出每米投料量及设计桩长总投料量。

f. 拔出桩管后提带的淤泥应及时清理以免影响排水效果。

g. 人工干砌护脚，开挖临时排水沟，回填 50cm 砂垫层。

（3）砂桩质量检测

① 密实度检测　密实度检测可在成桩后一个月进行，采用标准贯入试验的方法进行检测。

标贯试验检测仪器由适当的钻机和标贯器组成，其中锤重 63.5kg，自由落距 76cm，探杆直径 42mm。检测按贯入度 30cm 的锤击数为准。

检测依据国标《岩土工程勘察规范》（GB 50021—2001）及《建筑地基处理技术规范》（JGJ 79—2002）。其标准为：

0～3.0m 每贯入 30cm 的 $N_{63.5}$ 锤击数不小于 7；

3.0～7.5m 每贯入 30cm 的 $N_{63.5}$ 锤击数不小于 15；

7.5m 以下每贯入 30cm 的 $N_{63.5}$ 锤击数不小于 180。

② 载荷试验 载荷试验分别进行单桩承载力和复合地基承载力试验，并均按设计要求进行。

4.6.4.2 塑料排水板

（1）工程概况 沪杭高速公路第六合同段所经区域为杭嘉湖平原，地质情况比较复杂。本地区 50m 以浅地层自上更新纪以来，经受 3 次海浸并相应沉积了三层海相软土层，表面为冲积-海积亚黏土层。第一软土层埋藏浅，厚度在 1～8m；第二软土层为巨厚层，厚度在 10～20m 之间，属淤质软土。根据设计文件，本工程需打设塑料排水板 79333 根，总计长达 902436.1m，其间距和打设深度，由钻探地质资料而定。间距有 1.5m 和 2m 两种。呈梅花形布置，深度由 8.0～20.0m 不等。

为保证按时完成任务，共投入六台机组进行施工。第六合同段长 19.905km，其中 7.1km 需打设塑料排水板。从 1995 年 8 月开始，至 1996 年 1 月完成。

（2）材料技术指标 在塑料排水板进入施工现场后，都要取样并委托浙江水电科研所做试验检测，各项指标均应符合表 4-13 的要求，否则一律清退出场，从而保证了处理软基的效果。

表 4-13 塑料排水板技术指标

项　目		单　位	设计板深		备　注
			<15m	>15m	
材料	芯板		高压聚乙烯	高压聚乙烯	
	滤膜		涤纶无纺土工布	涤纶无纺土工布	
复合体	厚度	mm	4.5±0.2	6.0±0.2	
	宽度	mm	100±2	100±2	
	每延米质量	g	105～115	120～130	
	抗拉强度	kN/10cm	>1.3	>1.5	
	伸长率	%	<10	<10	
	纵向通水量	cm³	>30	>40	侧向力为 350kPa
滤膜	单位面积质量	g/m²	>90	>90	
	抗拉强度 干态	N/cm	>20	>20	延伸率 10%
	抗拉强度 湿态	N/cm	>15	>15	延伸率 15%
	渗透系数	cm/s	$5×10^{-4}$	$5×10^{-4}$	
	有效孔径	μm	<75	<75	O_{95}

（3）排水板施工技术要求及技术措施 通过本工程的施工实践，笔者总结和制定了以下几项具体的技术要求和技术措施，较大幅度地提高了塑料排水板的打设施工质量。

① 在打设的施工机具上刻有明显的进尺标志，以控制塑板的打设深度，并经监理现场检测认可。

② 塑板外套滤膜应保证完整无损，进入现场前由专人负责检查，发现滤膜有破损处，应采用相应的措施进行弥补。

③ 打设前应先了解地下有无障碍物，如电缆等，然后平整场地，按设计要求铺设一定厚度的砂砾垫层。

④ 工艺流程如图 4-22 所示。

⑤ 打设过程中，当塑板所定的进尺长度不够时，不允许使用搭接法延续长度，以保证塑料排水板打设后的排水性能。

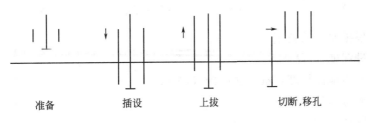

图 4-22 工艺流程

⑥ 施工前测量并绘制点位图确定塑板的打设位置，并留有明显的标记。打设机上设置人工操作控制的机械平衡装置，保证打设机械的平衡度和垂直度。

⑦ 打设后外露出施工面 30cm 的塑料板不能切断，将其埋在砂垫层中。打设施工完成后，应尽快进入下道移孔工序，不宜过多地延长时间。

（4）施工中的注意事项　施工中主要应从三个方面控制，分别是打设深度、间距以及竖直度。

① 打设深度要受地质环境、插板机型、套管及锚靴形状等多种因素影响。当套管回拔时，是在被拔升一段距离后才吃带，这就是通常所说的"回带"，那么这个回带值到底有多少呢？所以塑料排水板施工前，都要试打几根，根据回带长度，决定套管打设深度。

但有些地段，地质复杂，也很难用打设深度来控制，尤其是淤泥质软土地段。施工中尽管采用这样或那样的办法，但仍难免回带的发生，因此一般要求回带长度不大于 50cm，当大于此值时，要采用在该塑板周围以梅花状补打的方法补救。

② 因砂砾垫层在施工中有一定的拱度要求，这样插板机在垫层上很难保持平衡，如直接打设塑板，不仅容易造成塑板扭曲，也不易满足垂直度要求。所以打设前要调正插板机保持平衡。

③ 塑板打设前要根据图纸，并经详细复核，放出每一根桩的位置，确保间距正确，尤其是边角部位，以免漏打。

④ 套管上拔时带出的泥土，一般都围堵在砂砾垫层与排水板上端周围，这圈泥土将减少排水板与垫层的联系。如带到孔口的为淤泥或淤泥质土，还有可能阻断塑板与垫层的联系，这种情况称为"死井"。

为防止"死井"的发生，一定要清除干净塑板与垫层接壤处的泥土，然后用与垫层同样的砂料补填，使其排水畅通，塑板发挥正常的排水作用。

（5）关于搭接延续问题　当排水板所定尺寸长度不够时，不允许使用搭接延续。笔者提出不允许搭接的理由是：塑板由芯板和外套滤膜组成，芯板的两面有数个 2.5mm×1.6mm 的排水槽，不管以任何一种方式搭接延续，芯板的排水沟槽都不能很好地贯通，而影响到排水性能。

通过现场施工实践，对芯板搭接延续过的塑板进行细致观察，发现排水量甚少，而且与搭接的深浅位置有很大关系。为防止出现搭接和塑板的浪费，应根据不同的区域和加工深度，先计算出每根排水板打设深度，再确定每盘塑板打设根数及总长度，提供给厂家每盘长度按此值生产产品。

每根塑板的长度是根据打设深度、露出地面长度、蛇形弯曲和板靴挂入量来计算确定的。因此在施工中使用以下公式来计算确定每根塑料排水板的长度。该公式为：

$$S = S_d + S_y + S_s + S_b \tag{4-7}$$

式中　S——每根排水板的长度，m；

　　　　S_d——打设深度，m；

　　　　S_y——预留出地面长度，m，取 $0.2 \sim 0.3$m；

　　　　S_s——蛇形弯曲量，m；

　　　　S_b——板靴挂入量，m，取 0.3m。

上式中蛇形弯曲量应根据不同的地质条件及打设深度经现场试验检测后确定。施工中，测得的实际数据经汇总分析，蛇形弯曲量 $S_s = 0.011 S_d$。

对于塑料排水板延续问题，尚需进一步研究探讨，因为有的单位持有不同看法。蛇形弯曲量的确定，在工程中虽有一定的实用价值，但对于每一工程、每一地质条件都须进行试验检测，增加了一定的工作量。因此，这项工作应进一步广泛展开，以积累数据，建立经验公式和经验系数，以提高施工效率和工作质量。

4.7　粉喷桩

4.7.1　粉喷桩固结原理

粉喷桩是以石灰或水泥等粉体作为固化材料，通过专用的粉体搅拌机械，用压缩空气将粉体喷到软弱地层中，凭借钻头叶片，在原位进行强制搅拌，形成土和掺和料的混合物。通过水泥的水解水化作用，使其产生一系列的物理-化学反应，从而产生一种特殊的、具有较高强度、较好变形特性和水稳定性的混合柱状加固体，它对提高软土地基承载能力、减少地基的沉降量有明显效果。

水泥加固体的强度取决于被加固土的性质，如含水量、有机质含量、烧失量等，以及水泥品种、标号、掺入量和外加剂。其强度随着水泥掺入量的增加而增大，强度标准值宜取试块 28d 龄期的无侧限抗压强度为准。

4.7.2　粉喷桩设计

主要是计算出加固后的复合地基承载力，原则上是天然软土地基承载力不能满足设计时均可利用搅拌桩进行加固处理。尤其是 100kPa 以下的低承载力软土地基，加固后复合地基承载力可达 240kPa 以上。

复合地基承载力标准值可按下式计算：

$$f_{spy} = nm' f_{sk} + (1 - m') f_{sk} \tag{4-8}$$

式中　f_{spy}——复合地基承载力标准值；

　　　　n——深层水泥桩与桩基上的应力分担比，根据实测取值范围为 $3 \sim 5$；

　　　　m'——深层水泥桩膨胀后的面积置换率，$m' = (0.5 \sim 1.8) f'$；

　　　　f_{sk}——原状土承载力标准值。

对于一般路基，经计算，如工后沉降量大于 45cm，则宜采用粉喷桩处理软基。桩基桥台位置经计算工后沉降量大于 30cm，则应对其台前及台后的地基用粉喷桩处理。粉喷桩的桩径一般为 50cm，设计的桩长宜穿透软土层并达到持力层内 50cm。桩距与土的性质有关，一般间距为 $1.2 \sim 1.5$m，桩位在平面上呈梅花形或矩形分布。

粉喷桩加固料宜采用强度等级为 42.5 的普通硅酸盐水泥，水泥用量可根据土的天然含水量不同而变化，参考值见表 4-14。

表 4-14 水泥用量参考

天然含水量/%	≤50	50~70	>70
水泥用量/(kg/m³)	50	55	60~65

4.7.3 粉喷桩的适用范围及特点

（1）适用范围 本法适用于淤泥质土、黏性土、粉土、杂填土且天然含水量大于 30% 的软弱地基的加固。

研究表明对含有多水高岭石、蒙脱石等松土矿物的软土，效果较好，对含有氯化物和水铝石等黏土矿物以及有机质含量高、pH 值低的黏土加固效果稍差。

在高路堤桥头接线处或深度在 10.0m 以内的处理效果更为明显。

（2）特点 粉喷桩加固软土地基与其他软基处治方法相比，具有以下特点。

① 该法在软基中采用钻头搅拌钻孔成桩，对地基及周围建筑物扰动很小。

② 以粉体作为固结料，不需向地基注入附加水分，可以充分地吸取地下水，加固后的地基柱体承载力与相类似的高压喷射注浆法相比要高，其固结效果更好。

③ 该法加固水泥土桩与周围土体形成复合地基，不需预压即可获得较高的复合地基承载力及复合变形模量，加固体的压缩量仅为 0.6% 左右。下卧层沉降量一般情况也能减少地基沉降总量的 1/3~2/3。

④ 施工作业简便，机械及配套设备易于解决，且低压操作、安全可靠、无污染、无振动、无噪声。

⑤ 根据不同土质条件及设计要求，分别选择加固材料种类，如水泥、石灰粉、钢渣粉等。以较小的投入即可达到理想的加固效果，成本低、效益高。

4.7.4 粉喷桩施工

（1）施工工艺流程 粉喷桩施工工艺流程如图 4-23 所示。

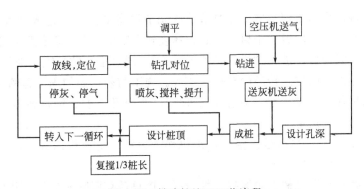

图 4-23 粉喷桩施工工艺流程

（2）常用施工工艺参数 粉喷桩常用施工工艺参数见表 4-15。

（3）施工机械

① 钻机 钻机是粉喷桩施工的主要成桩机械。它必须满足以下条件：a. 动力大、扭矩大，适合大直径钻头成桩，钻头直径一般为 50cm；b. 具有正向转进、反转提升的功能；

c. 提升力大,并能实现匀速提升。

表 4-15　粉喷桩常用施工工艺参数

序号	参数名称	单 位	参数值	备 注
1	搅拌转速 n	m/min	27～80	
2	原位土搅拌次数 t	次	$t \geqslant 25$	
3	提升速度 v	m/min	0.5～1.7	$v \leqslant HZn/t$
4	喷粉量 q	kg/min	q	$q = \pi D^2 \rho_d a_w v/4$
5	空气压力	MPa	0.25～0.8	
6	钻进速度 v_p	m/min	0.5～0.8	

注：ρ_d 为土的干密度，kg/m³；D 为粉喷桩直径，m；Z 为钻头叶片总数；H 为叶片垂直投影高度；a_w 为固化剂掺入比。

过去一般使用的钻机有上海探矿机械厂和铁四设计院联合研制的 GPP-5 型 I、II 两种，加固深度分别为 12.5m 和 18.0m。随着不断地改进，粉喷桩专用机械日趋成熟，发展成为现在的 PH-5A、PH-5B、PH-5S、PH-5D 等多种型号的粉喷桩机。

② 喷粉机　喷粉机是定时设置发送粉体材料的设备，它是粉喷搅拌法加固软土地基施工机械中的关键设备。粉体发送机的工作原理如图 4-24 所示。

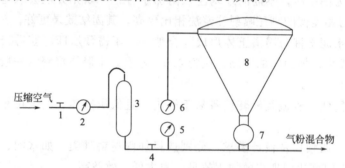

图 4-24　粉体发送机的工作原理
1—节流阀；2—流量计；3—气水分离器；4—安全阀；5—管道压力表；
6—灰罐压力表；7—发送器转鼓；8—灰罐

由空气压缩机送来的压缩空气，通过节流阀调节风量的大小，进入"气水分离器"，使压缩空气中的气水分离。然后"干风"到达粉体发送器喉管，与"转鼓"定量输出的粉体材料混合，成为气粉混合体，进入钻机的"旋转龙头"，通过空心钻杆喷入地下。

粉体的定量输出，由控制转鼓的转速来实现。施工前须按照加固工程的地质条件，通过室内试验，找出最佳粉体掺入量。根据施工时钻机的提升速度、钻机转速、搅拌钻头的类型，选用合理的粉体发送量。

③ 空气压缩机　粉体喷出是以空气压缩机作为风源。空压机的选型，主要以加固工程地质条件和加固深度为依据。

粉体喷射搅拌法是以机械强制搅拌，气粉混合体只需克服喷灰口处土及地下水的阻力而喷入土中。旋喷法则是依靠高压脉冲泵所喷射的高压水来破坏土层。因此，粉喷桩所用压力不需要很高，空压机的风量也不宜太大。

④ 搅拌钻头　粉体喷射搅拌法凭借搅拌钻头叶片的搅拌作用使灰粉与软土混合。因此钻头的形状直接影响灰土搅拌效果。钻头的形式，应保证在反向旋转提升时，对柱中土体有压实作用，而不是使灰土向地面翻升来降低柱体质量。

⑤ 计量装置　该装置用于监测粉喷桩施工中粉体输入量的连续性及均匀性的装置，及时掌握钻机在粉喷过程中，喷入软土层的水泥数量，它能逐段逐层分析粉体的输入量。通过安装在粉体发送机上调孔装置，使输入量能满足设计要求，并能自动记录及打印。

（4）施工操作

① 工艺性试桩　开工前应先进行工艺性试验，其目的在于提供满足设计要求喷粉量的各种操作参数。如管道压力、灰罐压力、钻机提升速度、喷粉机转速等。并验证加固料的搅拌均匀程度及成桩质量，了解下钻及提升的阻力情况，并采用相应的措施，确保成桩质量。一般工艺性试验的桩数，每个场地不少于 3～5 根。

② 就位　钻机井架上必须设置标准而又显著的深度标志尺。钻机就位时必须调平，用水平尺来测定粉喷机械的水平，用经纬仪测定钻机井架垂直以确保成桩的垂直度，如图 4-25（a）所示。

③ 开钻　钻机就位后，开始送气，钻进。严禁没有粉体计量装置的粉喷机投入使用，钻进时的钻孔深度一般由钻机上的深度计来控制。送气的目的可使钻进顺利、负载扭矩小和防止钻头喷口堵塞。随着钻进，加固的土体在原位受到搅动，如图 4-25（b）所示。

④ 喷粉　当钻至设计深度时，即可停钻，如图 4-25（c）所示。继而就可提升钻杆同时喷粉。加固料从料罐到送灰口有一定的时间延迟，严禁在没有喷粉情况下进行钻机提升作业。针对时间上的间隔，在开始提升时可适当地在此停留 2～3s，随后便可提升喷粉，如图 4-25（d）所示。

在提升时要严格注意灰罐的压力。在地面以下 3.0m 的喷粉压力应控制在 0.25～0.3MPa，并应注意喷粉计量器的数字是否有规律的变动，如发现管道不畅通，同时灰罐压力在增大，就说明钻头的送灰孔已经堵塞，必须进行现场处理。送灰时的粉体不能有间隔，也不能时多时少、时有时无，以保证充分拌和混合料的均匀性。

⑤ 提升结束　当钻头提升到距离地表 30～50cm 时，发送器即可停止向孔内喷粉，成柱结束，如图 4-25（e）所示。

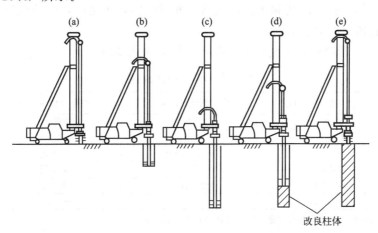

图 4-25　粉体喷射搅拌法施工顺序

⑥ 复拌　此时可停止粉喷，复拌深度不应小于设计桩长的 1/3，且不小于 5.0m，目的在于确保粉喷桩粉体的均匀性和强度稳定性。

（5）现场质量控制

① 粉喷桩施工的检测

a. 施工中检测，主要是检查桩位、桩长、喷灰量、复搅长度以及是否进入硬土层等。对每批进场水泥，应做抽检，并不得有受潮结块或其他杂物。

b. 对成桩的检测一般在成桩 28d 后，在桩体上部开挖截取三段（0.7m、1.0m、1.5m）进行桩身无侧限抗压强度试验及检查桩径。检查频率为 1‰～2‰。在桩中心可用钻机采取岩芯，检查桩身的连续性和桩长。对每个场地可进行 2～3 处原位静载荷试验，检查复合地基的承载力，并做好施工原始记录，见表 4-16。

表 4-16　粉喷桩施工原始记录表

施工单位		桩号					日期			
	单桩编号									
1	喷粉深度/m									
2	灰面标高/m									
3	灰罐压力/kPa									
4	管道压力/kPa									
5	钻进速度/(m/min)									
6	提升速度/(m/min)									
7	搅拌速度/(m/min)									
8	气体流量/(L/min)									
9	重复挖拌桩长/m									
10	粉体加入量/kg									
11	粉体总量/kg									
12	粉体喷入量/kg									
13	每延米粉体用量/kg									
14										
备注		监理意见								

主管　　　　　　　　复核　　　　　　　　　　　　　　　　　　　　　　记录

② 基本要求　水泥强度等级应符合设计要求，根据成桩试验确定的技术参数进行施工。严格控制喷粉时间、停粉时间和水泥喷入量，发现喷粉量不足时，应整桩复打，喷粉中断时，复打重叠孔段，应大于 1.0m。

③ 实测项目　粉喷桩施工允许偏差应符合表 4-17 的要求。

表 4-17　粉喷桩实测项目

项次	检 查 项 目	规定值或允许偏差	检查方法和频率	权值
1	桩距/mm	±100	抽查 2%	1
2	桩径/mm	不小于设计	抽查 2%	2
3	桩长/m	不小于设计	查施工记录	3
4	竖直度/%	1.5	查记工记录	1
5	单桩喷粉量	符合设计要求	查施工记录	3
6	强度/kPa	不小于设计	抽查 5%	3

注：本表摘自《公路工程质量检验评定标准》（JTG F80/1—2004）。

【施工实例】

（1）工程简介

① 1991 年曾于天津塘沽新港吹填软土区，采用粉喷桩加固 31 万平方米。桩长 5m，累计深度 30070 延米。

② 1992 年沪宁高速公路 A 标段（上海安亭至苏州唯亭），桥头连线及路基软土段，采

用粉喷桩加固处理，累计深度 95833 延米。

桥头连接线部分的粉喷桩，实施长度 L 的选定，主要以满足桥头路基工后沉降量和粉喷桩长度进行决定。当桥梁为斜交时，增设三角加固区。

（2）淮江高速公路 J-3-4 标段粉喷桩施工实例

① 工程概况　淮江高速公路 J-3-4 标段，由公路局五公司扬州项目经理部施工，该标段位于江苏宝应县境内，属里下河古泻湖蝶状淤积平原区。地势低洼，地面基准高程一般为 2.0m，略有起伏，呈北高南低之势，地下水位一般在地面以下 0.4～1.5m。

设计粉喷桩地段为 K57+200～K60+450 段。该段内地表土层为灰黄色黏性土，软塑-可塑，高压缩性，厚度为 0.6～2.9m（Ⅰ层）。在此层以下，普遍分布着灰色淤泥，流塑状态，高压缩性土层，厚度达 5.6～7.9m（Ⅱ层），允许承载力为 40～50kPa。该层是用粉体喷射法加固的重点，以下即为性能较好的灰色或灰黄色黏土，亚黏土层，呈硬塑-可塑状态，为良好的下卧土层。

根据设计要求，该段采用粉体喷射搅拌桩进行软基处理，用于粉喷桩的水泥为干粉，水泥喷入量 50kg/m，桩身标准强度大于 2.0MPa，根据不同的土层采用不同桩距和桩长（设计上桩长以打穿淤泥层进入硬土层 50cm 为原则），桩距一般为 1.0～1.5m。为确保粉喷桩施工安全及施工质量，当钻头提升至地面高程下 50cm 时，应停止粉喷，而只搅拌；同时应采取复拌措施，第二次搅拌时不喷粉，复拌深度为桩长的 1/3 并不小于 5m，复搅下钻、提钻速度同第一次。粉喷桩桩顶 50cm，采用水泥回填。

② 施工工艺及控制过程

a. 一般工艺流程如图 4-26 所示。

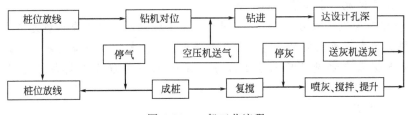

图 4-26　一般工艺流程

b. 施工中采用的工艺参数有：ⓐ钻进速度，$v=0.5～0.8m/min$；ⓑ提升速度，$v_p=0.5～0.8m/min$；ⓒ搅拌速度，$R=30～50r/min$；ⓓ钻体流量，$Q=20L/s$；ⓔ空气压力，p 为 0.2～0.4MPa。

c. 喷灰量的控制。在粉喷桩施工过程中，喷灰量的控制难度最大。因该标段大部分粉喷桩为业主指定分包，到场施工单位的粉喷桩机仅部分有水泥计量秤。在施工过程中，对有电子秤的钻机实行数字仪表监控，对没有电子秤的钻机，经省、市高指同意，采用以桩组为单位进行加灰量控制。考虑到每袋水泥量不足，根据现场抽检，取其平均值每袋水泥按 48kg 控制。如设计桩长 6m，按 6 根一组控制减去桩头 20cm 预留灰量，一次应往灰罐中加入 30 袋水泥（1440kg）。加水泥前请自检人员和监理一同认可，5 根桩施工完毕后再打开灰罐请自检人员和监理检查是否喷完，如喷完则认为这 5 根桩喷灰是符合设计要求，记录时按平均值记录，如发现有剩余，且剩余量大于总灰量的 1%，则认为此组 5 根不合格，重新在 5 根桩旁边施打。

③ 桩头"空洞"现象发生经过　1997 年 11 月 14 日起在部分地段施工中多次出现粉喷

桩桩头"空洞"现象，其中主线 K58＋046～K58＋175、K58＋410～K59＋000、CK0＋276～CK0＋377 及 EK0＋593～EK0＋602 路基东半部分尤为严重。后经与驻地监理工程师商量进行桩加长尝试，并改进钻头进行施工，部分桩头不再出现"空洞"，但仍有部分地段出现"空洞"现象。将该情况上报省市高指后，省、市高指和设计院多次就此事召开专题会议，并在现场进行了三级旁站试桩，在试桩过程中仍有部分桩出现"空洞"现象。与此同时设计院对出现"空洞"的桩体及原状土进行取样分析，并于 12 月初召开了专家评审会，会上对产生"空洞"现象的原因进行了分析，并提出了解决措施。

④ 原因分析　从地质勘测资料来看，出现桩头"空洞"现象的地段为全标段地质条件最差的地区，其软土呈淤泥状态，天然含水量 53.7%～81.7%，天然孔隙比 e_0 为 1.016～2.233，液限 47.0%～72.8%，塑限 24.0%～31.5%，塑性指数 22.9～41.3，液性指数 1.0～2.51，为很高压缩性土，固结系数 $(0.3\sim0.74)\times10^{-3}$ cm²/s，抗剪强度 C 为 6.1～8.0kPa，φ 为 1.50°～12.5°，承载力为 40～60kPa。据河海大学土料土工试验成果表明，J-3-4 标段大部分地段为弱膨胀土。现将出现"空洞"的原因分析如下。

a. 设计原因

ⓐ 由于本地区地表为硬土层，淤泥层分布在下层，其天然含水量一般在 50%～80% 之间，局部大于 80%，孔隙比在 1.0～2.3 之间，淤泥结构形式为蜂窝状或棉絮状，疏松多孔，在钻头进行钻进并搅拌时淤泥发生骤变，承载力急剧下降，使上部水泥和淤泥混合物下沉，形成桩头"空洞"。

ⓑ 设计过程中在进行地质勘探时距离过远，在实际施工过程中发现部分地层起伏较大，而设计桩长是按沿路线中心勘测地质资料所确定的，因此部分地方设计桩长过短，不能穿透淤泥层，造成悬浮淤泥和水泥混合物下沉。

ⓒ 设计喷粉时管道压力为 0.25～0.4MPa，由于淤泥阻力及极限承载力很小，孔隙比较大，因此在提升喷灰至桩上部时，将水泥及桩身淤泥压入桩周围土体空隙中，造成桩体上部空洞。这一点可以从变更设计后已施工部分地段按 15.8% 置换率均匀补桩时钻进困难来证明。

b. 施工工艺原因

ⓐ 由于粉喷桩机本身的局限，水泥在管道内有一段行程时间前后仅能通过人工控制，难以使水泥在提升钻头的同时到达桩底，当钻至设计深度后提升钻头并同时喷灰时，水泥未能到达桩底，因此桩底有一段无灰。

ⓑ 螺旋钻头在钻进时，将孔内上部土体带出孔外，造成桩体土量锐减。

c. 设计方面的其他不足之处

ⓐ 根据铁道部《粉体喷搅搅拌法加固软弱土层技术规范》（TB 10113—1996）规定含水量大于 60% 的软土层不适宜用粉喷法进行地基加固，且 pH 值大于 4 或膨胀土地基亦不宜用喷水泥法进行加固，而应用喷生石灰粉进行加固。

ⓑ 部分地段设计桩距过大，桩体对土的置换率过小，不能形成复合地基，其抗剪强度和工后沉降不符合上部土体受力及规范要求。

⑤ 处理措施　针对以上原因分析，设计院于 1997 年 12 月 12 日下达了"准江线 J-3-4 标粉喷桩问题的有关意见"一文，文中对置换率、桩长、桩距、喷灰量进行了变更设计，同时对施工工艺提出了更高的要求，其处理措施如下。

a."空洞"处理　对已发生的"空洞"采用 8% 的石灰在桩顶上回填夯实，并重新在

"空洞"孔侧补桩。对以后再发生的"空洞",应即用素土回填,重新下钻喷粉进行接桩处理,重叠长度不小于1.0m,直到成桩为止。

b. 变更设计

ⓐ 增大置换率 已施工完成的正常桩,由于桩距调整,需要进行补桩的,应在所完成范围内按置换率15.8%均匀补桩。未施工的段落范围内,设计桩距大于1.2m的,均调整为1.2m。

ⓑ 桩长调整 桩长必须以打穿软土层进入硬层0.5m为准,现场采用双控:一是根据设计院增补静力触探(每隔20m一个断面,每个断面3个点)显示深度控制;二是以钻机电流明显增大为进入硬土层的标志,施工和监理单位均应增加上述记录。

ⓒ 加桩 在原设计处理宽度的基础上每侧各增加2排(原桩外,桩长、桩距与所在段落相同)以加固路基边坡,使之稳定。

ⓓ 水泥用量调整 K57+200~K58+036段,粉喷桩采用55kg/m,K58+036~K59+212及宝应互通所有匝道粉喷桩均采用60kg/m,其他段落仍采用50kg/m。

c. 施工方法调整

ⓐ 钻进顺序以环形施工为准,即先钻外围2~3桩,形成闭合圈后,再施打圈内桩。

ⓑ 钻头改为叶片式钻头。

ⓒ 喷粉机必须具有水泥喷入量的计量装置(流量计或电子秤)。

d. 施工工艺和参数调整

ⓐ 钻进速度1.0m/min,管道压力控制在0.1~0.2MPa之间,以不堵塞钻头喷粉口为原则。

ⓑ 提升喷粉速度小于0.8m/min,管道长度一般不大于60m,摆放平顺。超过60m的应采取保证喷灰量的措施,但最大长度不得大于80m,在提升前应提前喷粉(提前喷粉时间由各机组试喷确定)。

ⓒ 所有粉喷桩均进行全程复搅,以保证水泥和土搅拌均匀,复搅提钻时,提升速度小于1.0m/min。

⑥ 处理效果 从粉喷桩施工情况来看,变更设计后较少出现桩头下沉现象,唯已施工完毕部分地段按15.8%置换率均匀补桩钻进异常困难,有的因之扭断钻杆,打坏钻机变速箱。从此点也可说明有部分水泥已喷入桩周的土体内,使之形成板块。因此,后来有关单位,同意取消此项加桩施工。

施工完成后,经有关部门对该标段粉喷桩施工质量按规范要求进行了检验,结果表明,抽检的2‰桩体无侧限抗压强度均符合设计要求。从目前路基沉降很少情况来看,变更设计后的处理效果还是不错的。

(3) 深层搅拌桩

① 深层搅拌桩是软土地基处理的一种方法,现已在许多高速公路和房建的软土地基处理上得到了广泛运用。其原理虽与粉喷桩相同,都是通过水泥与土体发生一系列物理、化学反应而形成的具有一定强度和足够水稳定性的水泥柱,来达到加固地基的目的,但在施工工艺上有所不同。

深层搅拌桩以水泥浆作为加固料,比粉喷桩承载力要高,喷浆较粉喷桩喷灰要均匀,施工监控比较方便,其固结效果更好。

② 如南疆非泊位立交桥桥头引道软基处理,加固区搅拌桩采用桩长10m,桩径50cm。

顺接刚性路面的沉降与变形部分，路基加宽1.5m。采用桩长5.0m，桩径不变，桩距1.5m，水泥用量为53kg/m，并掺入拌水石膏，掺量为水泥用量的2%，其28d无侧限抗压强度和复合地基承载力，均大于真空预压及堆载预压。

深层搅拌桩施工完后100d左右，沉降量基本稳定，而真空预压需要140d，堆载预压需要6～12个月。通过现场应用，实测了STB型深层搅拌机的施工效率，每台班可加固40～50延米，进度较快，并基本消除桥头跳车和错台现象。据统计，包括材料费、机械费、人工费等，制作每延米搅拌桩约需80元。

③ 1998年在津滨高速公路八合同段通道的软土地基中，均采用深层搅拌桩，经质量检测，都符合设计要求，见表4-18。

表4-18　复合地基承载力试验表

试验点编号	桩号	桩长/m	龄期/d	复合地基承载力基本值 f_0	对应沉降/mm	备注
1	393	12	>28	70kN(单桩)	8	
2	418	12	>28	116kPa	9	桩头破坏
3	331	12	>28	115kPa	9	

4.8　强夯、挤密碎石桩对液化地基的处理

4.8.1　概述

连徐高速公路是国家重点工程，是连云港至霍尔果斯欧亚大陆桥的东桥头堡。该路西段（徐州段）跨越黄淮冲积平原东南部，路线有近一半处于液化土不良地质地段。由公路局承接的标段为该路段的试验段。通过试验段施工中的反复试验，为液化地基处理提供了成功的经验。以下将从液化土的形成条件、工程特性和处理措施等几个方面，简要介绍该路段液化地基处理施工的情况。

4.8.2　液化土形成的原因

4.8.2.1　土的液化机理

松散的砂土和粉土，在地下水的作用下达到饱和状态。如果在这种情况下土体受到震动，土就会有变得更紧密的趋势，这种趋于紧密的作用，使孔隙水压力骤然上升，而在这短暂的震动过程中，骤然上升的孔隙水压力来不及消散，这就使原来由土颗粒间接触点传递的压力（有效压力）减小，当有效压力完全消失时，土层会完全丧失抗剪强度和承载能力，变成像液体一样，这就是土的液化现象。

由此可见，发生液化现象，多是松散的砂土和粉土，而且要受到震动和水的作用。

4.8.2.2　液化条件

(1)地质条件　黄淮冲积平原是由历史上黄河泛滥泥沙沉积而成。从2000多年前的周定王五年（公元前602年）黄河第一次大改道南徙，到宋朝以后，黄河多次泛滥成灾。而后，1077年的擅州曹村大决口和1855年的兰考城北黄河大决口，使徐州平地积沙8～10m，这几层土都处于松散状态，标准贯入度N值只有3～5击/0.3m，形成了沿线液化土层的基本条件。

(2)地下水的作用　砂土和粉土只有在饱和状态下，才会发生液化，而松散的砂土和粉土，在地下水位以下时才能达到饱和状态。因此，地下水的作用和地下水位的高低是影响液

化的重要条件。

在 7 度地震区域，地下水位高于 6.0m，地震时就易发生液化。而徐州地区地下水丰富，地下水埋深只有 0.5～1.5m，这就具备了液化形成的必不可少的条件。

（3）外力的作用　饱和的砂土和粉土在外力如地震作用下，抗剪强度很快丧失。砂土的抗剪强度 τ 可用下式表示：

$$\tau = (\sigma - u)\tan\varphi \tag{4-9}$$

式中　σ——剪切面上外力作用下的法向应力；

　　　u——剪切面上孔隙水压力；

　　　φ——土的内摩擦角。

地震时，土体受到强烈的震动，孔隙水压力 u 急剧增高，当 u 与总法向应力相等时土体抗剪强度 $\tau=0$，此时，地基失去承载力。

地震烈度愈高的地区，地面震动愈强烈，土层就愈容易液化。一般在 6 度以下的地区，液化现象很少发生，但 7 度以上的地区，当地面加速度超过 0.138 时才发生液化。当地面加速度为 0.168 时，液化就相当普遍了。

连徐路西段 7 度地震设防区域，具备了地基液化的外在条件。

4.8.2.3　地基液化的影响因素及液化的判别

地基土体液化在具备上述基本条件的情况下，还与地质年代、土颗粒粒径、土的密实度等因素有关。土是否会液化，还需要根据多项指标来综合分析判断。当符合某种条件时，可不考虑液化影响。

（1）地质年代　年代久远的沉积土，经过长时间的固结作用和地震的影响，土的密实程度增大，从而形成胶结紧密的结构。地质年代愈久，土层的固结度、密实度和结构性也就愈好，液化的可能性就越小。调查表明，地质年代在第四纪晚更新世（Q3）以前的饱和土不会发生液化。也就是说，该路段只有在 Q4 地质年代的土层，才具有可液化性。

（2）土颗粒粒径和黏粒含量　土颗粒愈细愈容易液化，当土的平均粒径在 0.1mm 时，抗液化能力最差。土层中黏粒（粒径小于 0.005mm 颗粒）增加，土的黏聚力增大，抵抗液化的能力增强。当黏粒含量超过 10% 时，7 度地震不会引起土体液化。

土的黏性可用塑性指数 I_P 来定量分析，当土的塑性指数 $I_P \le 10$ 时，土体可液化性大。该路段表层 30～50cm 以下至 8～10m 间的土层，塑性指数 I_P 一般在 9.5～10 之间，从而证明其具有可液化性。

（3）上覆层厚度与土层的埋深　有资料表明，土质的液化深度，很少有超过 15.0m 的，更多的是小于 10m。上覆层土层具有抑制液化土层的喷砂冒水作用，在 7 度地震区域，当覆盖层厚度超过 7.0m 时，可不考虑液化。

连徐路西段上覆土层厚度只有 0.5～1.0m，上覆土层对液化翻浆的抑制作用很小。

（4）土的密实度　有关资料分析表明，相对密度小于 50% 的砂土，地震时普遍发生液化，而相对密度大于 70% 的土层，不大可能发生液化。

液化的进一步判别，可采用标准贯入试验进行，详细情况在本部分"效果检验"中介绍。

4.8.2.4　液化土的工程特性

（1）液化等级的划分　液化指数综合反映各种因素的影响和液化的危害程度，液化指数按下式确定：

$$I = \sum_{i=1}^{n} \left(I - \frac{N_i}{N_{cYi}} \right) d_i W_i \tag{4-10}$$

式中　I——液化指数；

　　　　n——15.0m 范围内饱和土层中标准贯入点总数；

N_i，N_{cYi}——i 点标贯锤击数实测值和临界值；

　　　　d_i——i 点所代表的土层厚度；

　　　　W_i——i 土层考虑单位土层厚度的层位影响权函值，m，$W_i = 15 - D_{si}$，D_{si} 为该层土中点的深度，$D_{si} \geqslant 5.0$m。

（2）液化土的分布　本路段可液化土在全线呈间断分布。液化土层以 $Q_{4Ⅱ}$ 及软塑亚砂土及粉细沙、$I_P \leqslant 10$ 的亚黏土为主。液化厚度在 1.5～8.0m 之间，埋深 0～8.0m，以严重液化为多。

（3）液化土的直观特性　可液化土都具有较好的保水性能，含水量接近 50%时，泌水也非常缓慢。刚挖出来的土，外表看起来没多少水分，但轻轻地拍一拍，土的表面就会出来水分，土体就会颤悠。在地基处理过程中，机械震动引起液化之后，表面的硬土层就像是漂在水面上一样，踩上去跳动，可以引起几米以内的漂动。液化土和表面的硬土层就如鸡蛋的蛋清和蛋壳，表层一旦破坏，翻砂冒浆随即发生，下面的液化土，就像蛋清一样往外冒。

4.8.3　液化地基处理措施

液化地基处理的基本原则就是提高土层密实度和改善排除孔隙水的条件，增大其透水性。考虑到高速公路与工民建相比有涉及范围大、发生震害产生的损失小和修复相对容易等特点，从经济上考虑，连徐路砂土液化路段不做全部处理，经过试验段确定了如下处理方案。

对中等以上的液化地基，大型桥梁采用碎石桩加固；对严重的液化地基，构造物基础原则上以碎石桩处理，若处理段与强夯处理相连时，采用强夯全幅处理；对于高路堤，强夯至坡脚外 3.0m；路堤中心两侧各 10.0m 范围内不进行主夯和副夯，只进行满夯；对于存在软弱薄层的中等以上可液化段，进行全幅处理。

实际发生震害时，两侧坡脚往往容易发生喷砂冒水，而导致路基边坡以外地基和路堤共同沉陷和滑移破坏，所以坡脚至边沟外缘部分需全部进行加固。对于一般路基，根据液化产生的规律，中心线两侧各 10m 范围内不做处理。

4.8.3.1　强夯处理

（1）强夯的作用机理　强夯法是通过重锤自由落下，在极短时间内对土体施加一个巨大的冲击能量，这种冲击能又转化成各种波形（包括压缩波、剪切波和瑞利波），使土体强制压缩、振密、排水固结和预压变形，从而使土颗粒趋于更加稳固的状态，以达到地基加固目的。

（2）强夯参数的确定　不同的土质其加固效果各异，对砂性土、粉土和其他塑性指数 $I_P \geqslant 10$ 的土，采用强夯效果明显。本路段主夯与副夯采用 1500kN・m、2000kN・m、3000kN・m 三种夯击能。满夯采用 700kN・m、800kN・m、1000kN・m 三种夯击能。

强夯参数，应选有代表性路段，由试夯进行确定。

例如 E7 标段，分别采用不同夯击能和夯点布置，通过试夯分析和检测效果发现了问题，及时调整了参数。原设计强夯参数与试夯调整后的强夯参数对比见表 4-19。

表 4-19　强夯参数调整表

项目名称	试夯前	试夯后	备　　注
垫层厚度/m	0.5	1.0	
加固深度/m	16.1	10	
	8.10	9.4	
	11.0	7.1	
最佳夯击能/kN·m	5000	3000	
	3000		
	4000	1500	
每点击数/次	5	3	
夯点间距/m	5.5	5	
夯击遍数/遍	3	3	
间歇时间/d	根据试夯决定	3	
垫层材料	砂砾	碎石	
夯点布置	四个主夯点中间加一个副夯点	四个主夯点中间加一个副夯点	

（3）强夯施工

① 强夯机械的选用　本路段强夯主要有两种类型的机械，如图 4-27 所示。

一种是起重能力 50t 的覆带吊，另配 18～20t 的铸铁夯锤；另一种是 20～25t 起重能力的吊机配 16～20t 的夯锤，这种夯机吊臂顶上须配辅助门架。因此，每个夯点须移动一次吊机，而且移动速度慢，效率较低。相比较使用大吨位吊，移动方便，每移一次机可打 3～4个夯点，效率要比带龙门架的夯机高出近一倍。

② 夯点布置和夯击遍数　夯点采用正方形布置，如图 4-28 所示。主、副夯 1500kN·m、2000kN·m、3000kN·m 三种夯击能对应的间距分别为 4.0m、4.5m、5.0m。满夯时夯点搭接 1/4 径，夯击遍数为三遍。第一遍为主夯，间隔 72h，待孔隙水压力消失后进行副夯，然后间隔约 72h 后进行第三遍夯击，即满夯。施工中根据土质情况，间隔时间有所变化。

③ 垫层设置　连徐地区表面固结较好的土层只有 0.5m 左右，原设计没有设置垫层，机械震动很容易引起表面破坏和地基液化冒浆，承载力下降，机械下陷行进困难，同时夯坑过深起锤困难。根据试验段总结的经验，设计又增加了强夯碎石垫层。

垫层的作用主要是：支撑强夯机械的行走，形成应力扩散层，利于夯击能的传播，利于表层水的排除，加大夯坑底与地下水之间的距离，避免夯坑翻浆。实践证明，垫层的作用是很明显的。

垫层在主、副夯地段厚度为 1.0m，满夯时为 25～30cm。

4.8.3.2　挤密碎石桩处理

（1）挤密碎石桩的原理　挤密碎石桩是依靠振冲器的强力振动，使液化土颗粒重新排列，振动密实，另一方面依靠振冲器的水平振动力，在加碎石填料的情况下，通过碎石使土层挤压密实。碎石桩与桩间土体形成复合桩从而提高地基承载力。碎石桩也提供了竖向排水通道，利于土层的排水固结。

（2）施工机具　本路段碎石桩桩径采用 0.5m，桩长 7～10m。呈梅花形布置，间距为1.3～1.4m。

施工中采用 DZ40 和 DZ60 两种走管式振动沉桩机，振动锤有 35t 和 45t 两种，激振力

(a)

(b)

图 4-27　强夯施工

不小于 28t。桩管内径有 377mm 和 426mm 两种，管端设平底活瓣桩头，桩管设二次投料口。

桩机启动电流达 80A，每台桩机须配备 120kW 发电机一台，当使用一台 160kW 发电机带 2 台桩机时，要注意错开启动时间，否则发电机将会因负荷过大，而发生故障。

（3）填料　制作桩体的填料宜就地取材，如碎石、卵石、砂砾、矿渣等均可使用，但不宜采用风化石块。填料的最大粒径一般不大于 5.0cm。粒径太大不仅容易卡孔，而且能使振

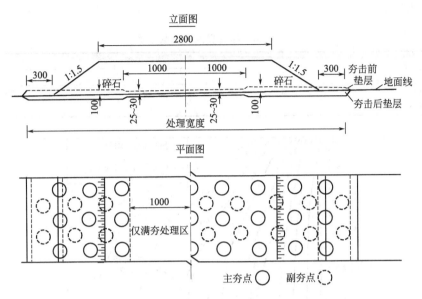

图 4-28　夯点布置图（单位：cm）

冲器外壳强烈磨损。整个工程需要的总填料量可由下式计算求得：

$$V = \mu N V_P l \tag{4-11}$$

式中　l——桩长；

　　N——桩数；

　　V_P——每米桩体所需的填料量；

　　μ——富余系数，一般取 $\mu = 1.1 \sim 1.2$。

（4）工艺要点　碎石桩施工分三次投料，从第一投料口、第二投料口和孔口分别投料，投料总量严格按设计控制。第一次投料量，当桩管为 377mm 时为 50%，426mm 时为 64%，反插振动 3~4 次；待碎石全部投入后，开启第二投料口投料至灌满桩管反插 2~3 次（深度不超过 1/2 桩长）至料全部投出；然后进行孔口补料，反插 3~4 次，至设计用料全部投出为止。

（5）施工工效　据现场统计，一般情况下，一台桩机完成一根桩需 20~25min，一个台班每台桩机正常情况下能完成 20~30 根桩。

4.8.4　处理效果

徐连路液化地基处理效果检验采用标准贯入法（SPT）和瑞利波（SASW）法两种检测方法。

4.8.4.1　标准贯入法

标准贯入法试验（SPT）是用质量为 63.5kg 的穿心锤，以 76cm 落距，将一定规格尺寸的标准贯入器打入土中 15cm，再打 30cm。后 30cm 的锤击数即为标准贯入的指标 N。标准贯入锤击数限值见表 4-20。

液化地基加固效果具体体现在密实度提高的程度上，但在实际检验时，由于取样的时候，会造成土体扰动，所以准确测定现场土体加固后的密实度是非常困难的。实践中，可以依据土体标贯值 N 与密实度 D_r 之间的相互关系，通过测定的标贯值来观察加固情况。N 与 D_r 的相互关系参见美国 Gibbs 和 Holtz 于 1957 年根据室内试验资料提供的关系曲线，如图

4-29 所示。

表 4-20 标准贯入锤击数限值

近远震	烈 度		
	7	8	9
近震	6	10	16
远震	8	12	—

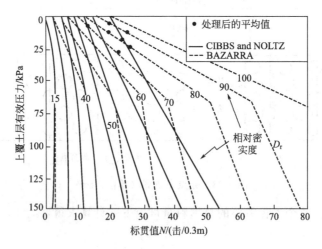

图 4-29 标贯值 N 与密实度 D_r 的关系曲线

4.8.4.2 瑞利波法（SASW）

瑞利波法是通过锤击作为振动源，然后在距锤击处一定距离内设置检波器，记录所在位置的波形，再通过频谱分析和滤波技术等分离出不同波长的振动到所在位置的时间差，求得不同波长的瑞利波波速。而不同波长的瑞利波波速反映不同深度范围内的土层性质，由此可推出不同深度土层的瑞利波波速和剪切波波速。

连徐路采用 ES-R25&127 工程地震仪，如图 4-30 所示为振动源和滤波器布置图。

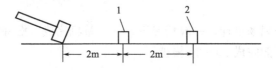

图 4-30 振动源和滤波器布置图

1，2—滤波器

根据国家地震局工程力学所推荐的标准，土层 $v_s > v_{cri}$ 为不液化，土层 $v_s \leqslant v_{cri}$ 时为液化。其中：

$$v_{cri} = K_v \left\{ 1 + 0.125 \left[d_s - \frac{1}{\sqrt[4]{d_s}} - 0.05(d_w - 2) \right] \sqrt{3/P_c} \right\}^{1/5} \tag{4-12}$$

式中 K_v——系数，7 度地震区为 145，8 度地震区为 160，9 度地震区为 175；

d_s——测点深度；

d_w——地下水深度；

P_c——砂土黏料含量。

经过计算，连徐路设计要求 v_{cri} 为 200m/s，要求 $v_s \geqslant 200$m/s，其中检查频率为 1 点/40m。测点在中心线两侧 15m 处交叉布置。

连徐路液化地基处理前标贯值 N 只有 2～5 击，处理后的地基 N 值普遍高于质量标准要求。说明液化地基采用强夯和碎石桩处理是经济可行的。表 4-21 为 K225＋180～K225＋395 强夯段，东南大学用 SASW 法（瑞利波法）测设的结果。该段平均加固深度为 7.08m，平均剪切波速均大于 200m/s，达到了设计要求。通过施工，笔者的体会是强夯法与碎石桩相比较，更为经济，而且施工速度快，加固效果优于碎石桩。

表 4-21　K225＋180～K225＋395 强夯段瑞利波法检验结果

波速 v_s /(m/s)　深度 /m　点号	0～1	1～2	2～3	3～4	4～5	5～6	6～7	7～8	平均剪切波速 /(m/s)	强夯影响深度
e5001	327.9	211.5	196.7	232	0	242.2	0	0	242	7.2
e5002	312.4	277.9	250.4	331.2	273.4	293.1	306.6	475.3	375	7.3
e5003	330.8	270.4	290.1	249.4	218.5	218	302.3	0	268	7.6
e5004	289.7	236.7	259.7	212.8	228.8	227	226.4	234	239	6.8
e5005	301.4	325.4	248.4	293.4	246.3	259.2	288.8	208	271	6.9
e5006	390.2	242.6	260.4	232.8	256.9	282	359.5	388.4	301	6.4
e5007	353.8	418.8	242.5	216	330.8	243.7	248.2	260.9	288	7.0
e5008	371.9	326.6	295	265.8	364.1	249.2	0	0	312	7.1
e5009	322.6	256.6	252.1	212.3	322.6	0	264.5	288.2	273	6.8
e5010	389	212.8	200.4	251.9	378.9	420.3	375.1	245.5	308	7.2
e5011	323.2	312.7	268.1	252	248.2	270.7	209.7	359.9	280	7.5
e5012	0	376.9	285.1	276.9	238.3	233.8	196.1	256.3	265	7.3
e5013	367.9	230.4	263.1	220.8	257.1	256.1	292.2	0	269	7.3
e5014	0	344	152.5	201.4	198.5	222.1	242.1	314.5	239	7.4
e5015	279.4	260.1	202.3	268.1	228.4	280.7	177.7	294	248	7.4
e5016	293.8	263	180.7	243	192.8	250.5	357.1	349.2	265	7.2
e5017	523	265.9	178.8	327.5	242	212	281.5	251.6	259	6.4
e5018	364.7	315	246.6	196.2	226	213.9	205.9	358.2	265	6.8
e5019	317.9	335.4	204	290.7	262.6	259.6	0	361.4	289	7.3
e5020	0	351	220	341.8	318.3	247	404.9	0	276	6.9
e5021	303	449.2	202.7	256	190.6	204.5	361.4	513.5	309	7.0
e5022	0	318.8	344	310.7	230.8	364.4	306.1	329.1	219	7.2
e5023	381.2	264.6	223	235.4	282.2	189.6	332.1	507.2	275	7.4
e5024	0	372.3	259.2	228.6	288.4	489.1	484.7	534.8	305	6.8
e5025	250	368.5	199.9	209.4	207.4	211.6	347.4	397.8	273	6.9
e5026	232	286.5	275.3	249.4	202.6	0	323	0	261	
e5027	0	259.3	218	191.3	221.6	202.9	308.1	286.1	240	7.1
e5028	243	290.1	255.4	219.7	257.9	248.2	213.5	449.3	271	7.3

本章小结

软土地基在我国很多地区都有分布，本章从软土地基的形成、特征、处理方式、施工及质量控制等方面介绍了软土地基的处理与施工。学习完本章之后，希望同学了解软土地基的成因、特点，掌握其常见的处理方式和施工方法，掌握其施工质量处理措施。

复习思考题

1. 简述软土地基的成因和特征。

2. 软土地基路堤高度如何确定？

3. 软土地基有什么处理方法？如何进行选用？

4. 常见软土层表面处理有几种方式？各适用于什么条件？如何施工？

5. 路基换填法分为几种情况？各适用于什么情况？如何施工？

6. 重压法处理软基分为几种方式？分述其适用条件和施工方法。

7. 常见的竖向排水法有哪几种形式？分别是如何施工的？

8. 粉喷桩如何固结软基？其承载力如何计算？适用于什么情况？试述其施工参数和施工程序。

9. 液化土是如何形成的？有什么工程特征？

10. 液化地基经常采用什么处理措施？分述其施工程序和质量处理措施。

第5章 挡土墙设计

【知识目标】

- 掌握挡土墙的分类及其适用条件。
- 理解挡土墙的纵向和横向布置细节。
- 掌握重力式挡土墙主动土压力计算。
- 掌握重力式挡土墙稳定性验算和失稳处理措施。

【能力目标】

- 能绘制不同形式的挡土墙简图。
- 能绘制挡土墙纵横断面并能进行细节处理。
- 能够根据挡土墙失稳情况进行处理措施的选择。

5.1 挡土墙的类型及适用条件

5.1.1 挡土墙的分类

为防止路基填土或山坡土体坍塌而修筑的承受土体侧压力的墙式构造物，称为挡土墙，是用来支撑陡坡以保持土体稳定的一种构造物。在公路工程中，它广泛地用于支撑路堤填土或路堑边坡，以及桥台、隧道洞口和河流堤岸等处。

路基工程中，挡土墙的建筑费用较高，故路基设计时，应与其他可能的工程方案进行技术、经济比较，择优选定。

按照挡土墙设置的位置，挡土墙可分为：路堑墙、路堤墙、路肩墙和山坡墙等类型，如图 5-1 所示。

按照挡土墙的结构形式，挡土墙可分为：重力式挡土墙、锚定式挡土墙、薄壁式挡土墙、加筋土挡土墙等。按照挡土墙的墙体材料，挡土墙可分为：石砌挡土墙、混凝土挡土墙、钢筋混凝土挡土墙、钢板挡土墙等。

挡土墙各部分名称如图 5-1(c) 所示。靠回填土或山体的一侧面称为墙背；外露的一侧面称为墙面，也称墙胸；墙的顶面部分称为墙顶；墙的底面部分称为基底或墙底；墙面与墙底的交线称为墙趾；墙背与墙底的交线称为墙踵；墙背与铅垂线的夹角称为墙背倾角 α。

5.1.2 挡土墙的用途

挡土墙设置位置不同，其用途也不相同。

路堑墙设置在路堑坡底部，主要用于支撑开挖后不能自行稳定的边坡，同时可减少挖方数量，降低挖方边坡的高度如图 5-1(c) 所示。

路堤墙设置在高填土路堤或陡坡路堤的下方，可以防止路堤边坡或基底滑动，同时可以

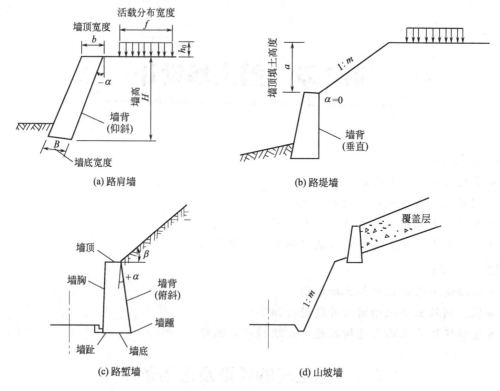

图 5-1 挡土墙形式

收缩路堤坡脚，减少填方数量，减少拆迁和占地面积，如图 5-1(b) 所示。

路肩墙设置在路肩部位，墙顶是路肩的组成部分，其用途与路堤墙相同。它还可以保护临近路线的既有的重要建筑物，如图 5-1(a) 所示。

山坡墙设置在路堑或路堤上方，用于支撑山坡上可能坍滑的覆盖层，破碎岩层或山体滑坡如图 5-1(d) 所示。

5.1.3 挡土墙的适用条件

挡土墙类型应综合考虑工程地质、水文地质、冲刷深度、荷载作用、环境条件、施工条件、工程造价等因素，经论证后选择使用。

5.1.3.1 重力式挡土墙

重力式挡土墙依靠墙身自重支撑土压力维持其稳定。一般多用片（块）石砌筑，在缺乏石料的地区有时也用混凝土修建。如图 5-1 所示的挡土墙均为重力式挡土墙。

重力式挡土墙形式简单，施工方便，可就地取材，适应性较强，故被广泛应用。但其圬工数量较大，对地基的承载能力要求较高。适用于一般地区、浸水地区和地震地区的路肩、路堤及路堑等支挡工程。

为适应不同地形、地质条件及经济要求，重力式挡土墙具有多种墙背形式。其中直线型的是普通重力式挡土墙，如图 5-2(a)、(b) 所示，其断面结构形式最简单，土压力计算简便。带衡重台的挡土墙称为衡重式挡土墙，如图 5-2(d) 所示，其主要稳定条件仍凭借于墙身自重，但由于衡重台上填土的重量使全墙重心后移，增加了墙身的稳定，且因其墙面胸坡很陡，下墙墙背仰斜，所以可以减小墙的高度，减少开挖工作量，避免过分牵动山体的稳定，有时还可以利用台后净空拦截落石。衡重式挡土墙适合在山区公路中采用，但由于其底面积较小，对地基承载力要求较高，因此应设置在坚实的地基上。不带衡重的折线型墙背挡土墙介于上述两者之间，如图 5-2(c) 所示。

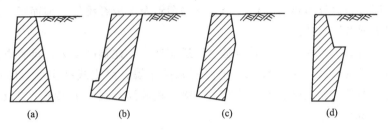

图 5-2　重力式挡土墙

(a)、(b) 普通重力式挡土墙；(c) 折线型墙背挡土墙；(d) 衡重挡土墙

5.1.3.2　锚定式挡土墙

锚定式挡土墙可分为锚杆式和锚定板式两种。

锚杆式挡土墙是由预制的钢筋混凝土立柱、挡土板构成墙面，与水平或倾斜的钢锚杆联合组合，如图 5-3 所示。锚杆的一端与立柱连接，另一端被锚固在山坡深处的稳定岩层或土层中。墙后侧向土压力由挡土板传给立柱，由锚杆与稳定岩层或土层之间的锚固力使墙获得稳定。它适用于墙高较大的岩质路堑地段，可用作抗滑挡土墙，可采用肋柱式或板壁层单级或多级墙，每级墙高不宜大于 8m，且上下级间应设置宽度不小于 2m 的平台，是具有锚固条件的路堑挡土墙。

锚定板式挡土墙是由钢筋混凝土墙面、钢拉杆、锚定板以及其间的填土共同形成的一种组合挡土结构，如图 5-4 所示。它借助于埋在填土内的锚定板的抗拔力抵抗侧向土压力，保持墙的稳定。锚定板式挡土墙的特点在于构件断面小，工程量省，不受地基承载力的限制，构件可预制，有利于实现结构轻型化和施工机械化。它适用于缺乏石料地区的路肩墙或路堤墙，但不应修建于滑坡、坍塌、软土及膨胀土地区。墙高不宜超过 10m，双级或多级时，每级不宜超过 6m，且上下级间应设不小于 2m 的平台。

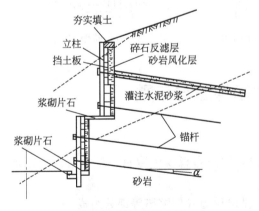

图 5-3　锚杆式挡土墙

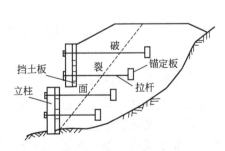

图 5-4　锚定板式挡土墙

5.1.3.3　加筋土挡土墙

加筋土挡土墙是填土、拉筋、面板三者的结合体，如图 5-5 所示。在垂直于墙面的方向，按一定间隔和高度水平地放置拉筋材料，然后填土压实，通过填土与拉筋之间的摩擦作

用，把土的侧压力传给拉筋，从而稳定土体。填土和拉筋之间的摩擦力改善了土的物理力学性质，而使得填土与拉筋结合为一个整体。在这个整体中起控制作用的是填土与拉筋之间的摩擦力，面板的作用是阻挡填土坍落挤出，迫使填土与拉筋结合为整体。

拉筋材料通常为镀锌薄钢带、铝合金、增强塑料及合成纤维等。墙面板一般用混凝土预制，也有采用半圆形铝板的。

加筋土挡土墙属于柔性结构，对地基变形适应性大，建筑高度大，具有省工、省料、施工方便、快速等优点，适用于一般地区的路肩式挡土墙、路堤式挡土墙，但不应修建在滑坡、水流冲刷崩塌等不良地段。高速公路、一级公路墙高不宜大于12m，二级及二级以下公路墙高不宜大于20m。

5.1.3.4 薄壁式挡土墙

薄壁式挡土墙属于钢筋混凝土结构，可以分为悬臂式和扶壁式两种。

悬臂式挡土墙由立壁、墙趾板和墙踵板三个部分组成，如图5-6所示。当墙身较高时，沿墙长每隔一定距离加设扶壁（肋板）连接墙面板及踵板，构成扶壁式挡土墙，如图5-7所示。

薄壁式挡土墙结构的稳定不是依靠本身的重量，主要依靠墙踵板上的填土重量来保证。具有断面尺寸小、自重轻、能修建在较弱的地基上等优点，适用于城市或缺乏石料的地区及地基承载力较低的填方地段。立臂的背坡一般为竖直，胸坡一般为（1：0.02）～（1：0.05）。立臂的最小厚度通常采用15～25cm，路肩挡土墙不宜小于20cm。当立臂较高时，宜在立臂的下部将截面加厚。悬臂式墙高不宜超过5m，扶壁式墙高不超过15m。其缺点是需耗用一定数量的水泥和钢筋，施工工艺较为复杂。

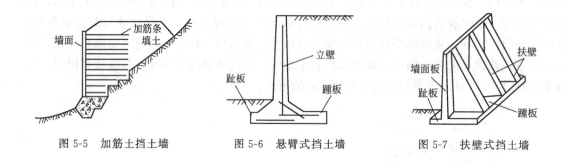

图 5-5　加筋土挡土墙　　　　图 5-6　悬臂式挡土墙　　　　图 5-7　扶壁式挡土墙

5.2　重力式挡土墙构造与布置

5.2.1　重力式挡土墙的构造

挡土墙的构造必须满足强度和稳定性的要求，同时考虑就地取材、结构合理、断面经济、施工养护方便和安全。

常用的重力式挡土墙一般是由墙身、基础、排水设施和伸缩缝等部分组成。

5.2.1.1 墙身构造

（1）墙背　可做成仰斜、垂直、俯斜、凸形折线和衡重式等形式，分别如图5-2所示。

对于仰斜、垂直、俯斜三种挡土墙的土压力来说，仰斜墙背所受的土压力最小，故墙身断面较经济。用于路堑墙时，墙身与开挖面坡较贴合，故开挖量与回填量均较小。但当墙趾处地面横坡较陡时，会使墙身增高，断面增大，故仰斜墙背适用于路堑墙及墙趾处地面平坦的路肩墙或路堤墙。仰斜墙背的坡度不宜缓于 1∶0.3，以免施工困难。

俯斜墙背所受的土压力较大。在地面横坡陡峻时，俯斜式挡土墙可采用陡直的墙面，借以减小墙高。俯斜墙背也可做成台阶形，以增加墙背与填料间的摩擦力。

垂直墙背的特点介于仰斜和俯斜墙背之间。

凸形折线墙背是将仰斜式挡土墙的上部墙背改为俯斜，以减小上部断面尺寸，多用于路堑墙，也可用于路肩墙。

衡重式墙在上下墙之间设置衡重台，并采用陡直的墙面。适用于山区地形陡峻处的路肩墙和路堤墙，也可用于路堑墙。上墙俯斜墙背的坡度为 (1∶0.25)～(1∶0.45)，下墙仰斜墙背的坡度在 1∶0.25 左右，上下墙的墙高比一般采用 2∶3。

（2）墙面　墙面一般均为平面，其坡度应与墙背坡度相协调。墙面坡度直接影响挡土墙的高度。因此，在地面横坡较陡时，墙面坡度一般为 (1∶0.05)～(1∶0.20)，矮墙可采用陡直墙面；地面平缓时，一般采用 (1∶0.20)～(1∶0.35) 较为经济。

（3）墙顶　重力式挡土墙墙顶最小宽度，浆砌挡土墙不小于 50cm，干砌挡土墙不小于 60cm。浆砌路肩墙顶一般宜采用粗石料或混凝土做成顶帽，厚 40cm。如不做顶帽，对路堤墙和路堑墙，墙顶应以大块石砌筑，并用砂浆勾缝，或用 5 号砂浆抹平顶面，砂浆厚 2cm。干砌挡土墙墙顶在 50cm 高度内，应用 25 号砂浆砌筑，以增加墙身稳定。干砌挡土墙的高度一般不宜大于 6cm。

（4）护栏　为保证交通安全，在地形险峻地段，或过高过长的路肩墙的墙顶应设置护栏。为保持土路肩最小宽度，护栏内侧边缘距路面边缘的距离，二、三级路不小于 0.75cm，四级路不小于 0.5cm。

5.2.1.2　基础

地基不良和基础处理不当，往往会引起挡土墙的破坏，因此必须重视挡土墙的基础设计，事先应对地基的地质条件作详细调查，必要时须先做挖探或钻探，然后再来确定基础类型与埋置深度。

（1）基础类型　绝大多数挡土墙，都直接修筑在天然地基的浅基础上。

当地基承载力不足，地形平坦而墙身较高时，为了减小基底压应力和增加抗倾覆稳定性，常常采用扩大基础，如图 5-8(a) 所示，将墙趾或墙踵部分加宽成台阶，或两侧同时加宽，以加大承压面积。加宽宽度视基底应力需要减少的程度和加宽的合力偏心距的大小而定，一般不小于 20cm。台阶高度按加宽部分的抗剪、抗弯拉和基础材料的刚性角的要求确定（刚性角：浆砌片石 35°，混凝土 45°）。

当地基压应力超过地基承载力过多时，需要的加宽值较大。为避免加宽部分的台阶过高，可采用钢筋混凝土底板，如图 5-8(b) 所示，其厚度由剪力和主拉应力控制。

地基为软弱土层（如淤泥、软黏土等）时，可采用砂砾、碎石、矿渣或灰土等材料予以换填，以扩散基底压应力，使之均匀地传递到下卧软弱土层中，如图 5-8(c) 所示。一般换填深度 h_2 与基础埋置深度 h_1 的总和不宜超过 5m，对淤泥和泥炭等应更浅些。

当挡土墙修筑在陡坡上，而地基又为完整、稳固、对基础不产生侧压力的坚硬岸石时，可如图 5-8(d) 所示，设置台阶基础，以减少基坑开挖和节省坬工。分台高一般约 1m，台宽视地形和地质情况而定，不宜小于 0.25m，高宽比可以采用 3∶2 或 2∶1。最下一个台阶的底宽应满足偏心距的有关规定，不宜小于1.5~2.0m。

如地基有短段缺口（如深沟等）或挖基困难（如需水下施工等），可采用拱形基础，以石砌拱圈跨过，再在其上砌筑墙身，如图5-8(e)所示，但应注意土压力不宜过大，以免横向推力导致拱圈开裂。设计时，对拱圈应予验算。

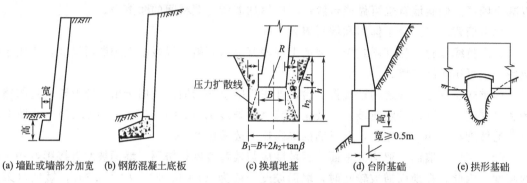

(a) 墙趾或墙部分加宽　(b) 钢筋混凝土底板　(c) 换填地基　(d) 台阶基础　(e) 拱形基础

图5-8　重力式挡土墙的基础类型

（2）基础埋置深度　对于土质地基，基础埋置深度应符合下列要求：

① 无冲刷时，应在天然地面以下至少1m；

② 有冲刷时，应在冲刷线以下至少1m；

③ 受冻胀影响时，应在冻结线以下不少于0.25m。当冻深超过1m时，采用1.25m，但基底应夯填一定厚度的砂砾或碎石垫层，垫层底面亦应位于冻结线以下不少于0.25m。

碎石、砾石和砂类地基，不考虑冻胀影响，但基础埋深不宜小于1m。

对于岩石地基，应清除表面风化层。当风化层较厚难以全部清除时，可根据地基的风化程度及其允许承载力将基底埋入风化层中。基础嵌入岩层的深度，可参照表5-1确定。墙趾前地面横坡较大时，应留出足够的襟边宽度（趾前至地面横坡的水平距离），以防止地基剪切破坏，见表5-1。

表5-1　基础嵌入岩层的深度

岩层种类	基础埋深 h/m	襟边宽度 L/m	嵌入示意图
较完整的硬质岩石	0.25	0.25~0.50	
一般硬质岩石	0.6	0.6~1.5	
软质岩石	1.0	1.0~2.0	
土质	≥1.0	1.5~2.5	

当挡土墙位于地质不良地段，地基土内可能出现滑动面时，应进行地基抗滑稳定性验算，将基础底面埋置在滑动面以下，或采用其他措施，以防止挡土墙滑动。

5.2.1.3　排水设施

挡土墙应设置排水措施，以疏干墙后土体和防止地面水下渗，防止墙后积水形成静水压力，减少寒冷地区回填土的冻胀压力，消除黏性土填料浸水后的膨胀压力。

挡土墙排水设施通常由地面排水和墙身排水两部分组成。

地面排水可设置地面排水沟，引排地面水；夯实回填土顶面和地面松土，防止雨水及地面水下渗，必要时可加设铺砌；对路堑挡土墙墙趾前的边沟应予以铺砌加固，以防边沟水渗入基础。

墙身排水时设置墙身泄水孔，排除墙后水。浆砌块（片）石墙身应在墙前地面以上设一排泄水孔。墙高时，可在墙上部加设一排汇水孔。汇水孔的尺寸一般为 $5cm \times 10cm$、$10cm \times 10cm$、$15cm \times 20cm$ 的方孔或直径为 $5 \sim 10cm$ 圆孔。孔眼间距一般为 $2 \sim 3m$，对于浸水挡土墙孔眼间距一般 $1.0 \sim 1.5m$，干旱地区可适当加大，孔眼上下错开布置。下排排水孔的出口应高出墙前地面 $0.3m$；若为路堑墙，应高出边沟水位 $0.3m$；若为浸水挡土墙，应高出常水位 $0.3m$。为防止水分渗入地基，下排泄水孔进水口的底部应铺设 $30cm$ 厚的黏土隔水层。泄水孔的进水部分应设置粗粒料反滤层，以免孔道堵塞。当墙背填土透水性不良或可能发生冻胀时，应在最低一排泄水孔至墙顶以下 $0.5m$ 的范围内铺设厚度不小于 $0.3cm$ 的砂卵石排水层。具体布置如图 5-9 所示。

干砌挡土墙因墙身透水，可不设泄水孔。

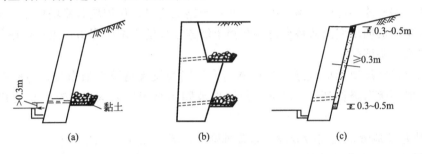

图 5-9　泄水孔及排水层示意图

5.2.1.4　沉降缝与伸缩缝

为避免因地基不均匀沉陷而引起墙身开裂，需根据地质条件的变异和墙高、墙身断面的变化情况设置沉降缝。为了防止圬工砌体因收缩硬化和温度变化而产生裂缝，应设置伸缩缝。设计时，一般将沉降缝与伸缩缝合并设置，统称沉降伸缩缝或变形缝。对非岩石地基，沿路线方向每隔 $10 \sim 15m$ 设置一道，岩石地基可适当增大，兼起两者的作用，缝宽 $2 \sim 3cm$，缝内一般可用胶泥填塞，但在渗水量大，填料容易流失或冻害严重的地区，则宜用沥青麻筋或涂以沥青的木板等具有弹性的材料，沿内、外、顶三方填塞，填深不宜小于 $0.15m$，当墙后为岩石路堑或填石路堤时，可设置空缝。

对于干砌挡土墙，缝的两侧应选用平整石料砌筑，使其成为垂直通缝。

5.2.2　挡土墙的布置

挡土墙的布置是挡土墙设计的一个重要内容，通常是在路基横断面图和墙趾纵断面图上进行，个别复杂的挡土墙尚应作平面布置。布置前，应现场核对路基横断面图，不足时加以补测；测绘墙趾处的纵断面图，收集墙趾处的地质和水文等资料。

（1）挡土墙位置的选定　路堑挡土墙大多数设在边沟旁。山坡挡土墙应考虑设在基础可靠处，墙的高度应保证设墙后墙顶以上边坡的稳定。

路肩挡土墙应充分收缩坡脚，大量减少填方和占地。当路肩墙与路堤墙的墙高或截面圬工数量接近、基础情况相似时，应优选路肩墙，按路基宽布置挡土墙位置。若路堤墙的高度或圬工数量比路肩墙显著降低，而且基础可靠时，宜选用路堤墙，并经技术经济比较后确定墙的位置。

沿河路堤设置挡土墙时，应结合河流情况来布置，注意设墙后仍保持水流顺畅，不致挤压河道而引起局部冲刷。

（2）横向布置　横向布置主要是在路基横断面图上进行，包括确定断面形式，绘制挡土墙横断面图等工作内容。

不论是路堤墙，还是路肩墙，当地形陡峻时，可采用俯斜式或衡重式；地形平坦时，则可采用仰斜式。对路堑墙来说，宜用仰斜式或折线式。

挡土墙横断面图的绘制，选择在起讫点、墙面最大处、墙身断面或基础形式变异处，以及其他必须桩号处的横断面上进行。根据墙身形式、墙高和地基与填料的物理力学指标等设计资料，进行设计或套用标准图，确定墙身断面尺寸、基础形式和埋置深度、布置排水设计、指定墙背填料的类型等。

（3）纵向布置　纵向布置主要在墙趾纵断面图上进行，布置后绘制挡土墙正面图。

① 确定挡土墙的起讫点和墙长，选择挡土墙与路基或其他结构物的连接方式。

路肩墙与路堑连接应嵌入路堑中2～3m；与路堤连接采用锥坡和路堤衔接；与桥台连接时，为了防止墙后回填表土从桥台尾端与挡土墙连接处的空隙中溜出，应在台尾与挡土墙之间设置隔墙及接头墙脚。

路堑挡土墙在隧道洞口应结合隧道洞门、翼墙的设置情况平顺衔接；与路堑边坡衔接时，一般将墙顶逐渐降低到2m以下，使边坡坡脚不至于伸入沟内，有时也可用横向端墙连接。

② 按地基及地形情况进行分段，布置沉降伸缩缝的位置，如图5-10所示。

③ 布置各段挡土墙的基础。

沿挡土墙长度方向有纵坡时，挡土墙的纵向基底宜做成不大于5%的纵坡。当墙趾地面纵坡不超过5%时。基底可按此纵坡布置；若大于5%，应在纵向挖成台阶，台阶的尺寸随地形而变化，但其高宽比不宜大于1∶2。地基为岩石时，纵坡虽不大于5%，为减少开挖，也可在纵向做成台阶。

④ 布置泄水孔和护栏（或护桩、护墙）的位置，包括数量、尺寸和间距，如图5-10所示。

⑤ 标注各特征断面的桩号及墙顶、基础、冲刷线、冰冻线和设计洪水位的标高等。

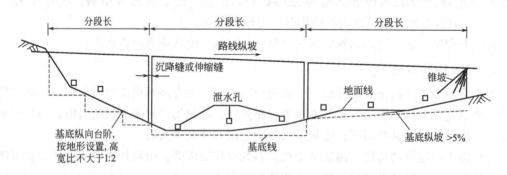

图5-10　挡土墙纵断面图

（4）平面布置　对于个别复杂的挡土墙，如高的、长的沿河挡土墙和曲线挡土墙，除了横、纵向布置外，还应进行平面布置，并绘制平面布置图。

在平面图上，应标示挡土墙与路线平面位置的关系，与挡土墙有关的地物、地貌等情况，沿河挡土墙还应标示河道及水流方向，以及其他防护、加固工程等。

在挡土墙设计图纸上，应附有简要说明，说明选用挡土墙设计参数的依据，主要工程数量，对材料和施工的要求及注意事项等，以利指导施工。

5.3　挡土墙土压力计算

5.3.1　作用在挡土墙上的力系

挡土墙设计关键是确定作用于挡土墙上的力系，其中主要是确定土压力。

作用在挡土墙上的力系，按力的作用性质分为主要力系、附加应力和特殊力。

主要力系是经常作用于挡土墙的各种力，如图 5-11 所示，它包括：

① 挡上墙自重 G 及位于墙上的荷载；

② 墙后土体的主动土压力 E_a（包括作用在墙后填料破裂棱体上的荷载，简称超载）；

③ 基底的法向反力 N 及摩擦力 T；

④ 墙前土体的被动土压力 E_p。

对浸水挡土墙而言，在主要力系中还应包括常水位时的静水压力和浮力。

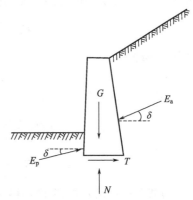

图 5-11　作用于挡土墙的力系

附加力是季节性作用于挡土墙的各种力，例如洪水时的静水压力和浮力、动力压力、波浪冲击力、冻胀压力以及冰压力等。

特殊力是偶然出现的力，例如地震力、施工荷载、水流漂浮物的撞击力等。

在一般地区，挡土墙设计仅考虑主要力系。在浸水地区还应考虑附加力，而在地震区应考虑地震对挡土墙的影响。各种力的取舍，应根据挡土墙所处的具体工作条件，按最不利的组合作为设计的依据。

5.3.2　一般条件下土压力的计算

土压力是挡土墙的主要设计荷载，它的断面尺寸与稳定性主要取决于土压力。挡土墙所受的土压力与墙的结构形式、施工程序、位移状态、材料性质、墙后的地表形态、土的物理-力学性质以及计算理论的基本假设有关。目前广泛采用库伦、朗金两个古典理论。

土压力：指挡土墙墙后的土体或墙后土体表面上的荷载对墙背产生的侧压力。挡土墙的位移情况不同，形成性质不同的土压力-主动土压力、被动土压力和静止土压力。

（1）主动土压力　当墙身受土体侧压力作用，逐渐向外滑移或倾覆时，墙后土体达到向下滑动的极限平衡状态时作用墙背的土压力称为主动土压力，用 E_a 表示。

（2）被动土压力　当墙身受外力作用后，墙体向土体方向推压，当土体沿着滑动面向上推移滑动处于极限平衡状态时，墙背土体所受的侧压力达到最大值，此压力称为被动土压力，用 E_p 表示。

（3）静止土压力　如果墙身坚固，不产生任何方向移动，则作用于墙背的侧压力，称为静止土压力，用 E_0 表示。

挡土墙所承受的主动土压力，一般可按库伦理论计算。这里结合路基挡土墙的设计，介绍库伦土压力计算方法的具体应用。

5.3.2.1　各种边界条件下主动土压力的计算

路基挡土墙因路基形式和荷载分布的不同，土压力有多种计算图式。以路堤挡土墙为例，按破裂面交于路基面的位置不同，可分为五种图示：破裂面交于内边坡，破裂面交于荷载的内侧、中部和外侧，以及破裂面交于外边坡。现分述如下。

（1）破裂面交于内边坡（图 5-12）　图 5-12 中 AB 为挡土墙墙背，BC 为破裂面，BC 与铅垂线的夹角 θ 为破裂角，ABC 为破裂棱体。棱体上作用着三个力，即破裂棱体自重 G、主动土压力的反力 E 和破裂面上的反力 R。E_a 的方向与墙背法线成 δ 角，且偏于阻止棱体下滑的方向；R 的方向与破裂面法线成 φ 角，且偏于阻止棱体下滑的方向。取挡土墙长度为 1m 计算，作用于棱体上的平衡力三角形 abc 可得：

$$E_a=\frac{\sin(90°-\theta-\phi)}{\sin(\theta+\psi)}G=\frac{\cos(\theta+\phi)}{\sin(\theta+\psi)}G \tag{5-1}$$

式中，$\psi=\phi+\alpha+\delta$。

因　　　　　　　　　　　　$G=\gamma AB\cdot BC\sin(\alpha+\theta)/2$

而　　　　　　　　　　　　$AB=H\sec\alpha$

$$BC=\frac{\sin(90°-\alpha+\beta)}{\sin(90°-\theta-\beta)}AB=H\sec\alpha\frac{\cos(\alpha-\beta)}{\cos(\theta+\beta)}$$

$$G=\frac{1}{2}\gamma H^2\sec^2\alpha\frac{\cos(\alpha-\beta)\sin(\theta+\alpha)}{\cos(\theta+\beta)} \tag{5-2}$$

将式（5-2）代入式（5-1），得：

$$E_a=\frac{1}{2}\gamma H^2\sec^2\alpha\frac{\cos(\alpha-\beta)\sin(\theta+\alpha)}{\cos(\theta+\beta)}\times\frac{\cos(\theta+\phi)}{\sin(\theta+\psi)} \tag{5-3}$$

令　　　　　　　　　　　　$A=\frac{1}{2}H^2\sec^2\alpha\cos(\alpha-\beta)$

则　　　　　　　　$E_a=\gamma A\frac{\sin(\theta+\alpha)}{\cos(\theta+\beta)}\times\frac{\cos(\theta+\phi)}{\sin(\theta+\psi)} \tag{5-4}$

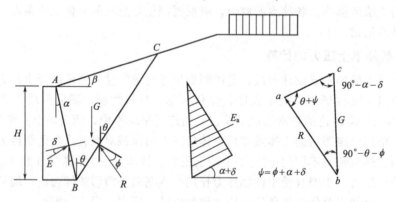

图 5-12　破裂面交于内边坡

当参数 γ、ψ、ϕ、δ、α、β 固定时，E_a 随破裂面的位置而变化，即 E_a 是破裂角 θ 的函数。为求最大土压力 E_a，首先要求对应于最大土压力时的破裂角 θ。取 $\mathrm{d}E_a/\mathrm{d}\theta=0$，得：

$$\gamma A\left[\frac{\cos(\theta+\phi)}{\sin(\theta+\psi)}\times\frac{\cos(\theta+\beta)+\cos(\theta+\alpha)+\sin(\theta+\beta)\sin(\theta+\alpha)}{\cos^2(\theta+\beta)}-\right.$$

$$\left.\frac{\sin(\theta+\alpha)}{\cos(\theta+\beta)}\times\frac{\sin(\theta+\psi)\sin(\theta+\phi)+\cos(\theta+\psi)\cos(\theta+\phi)}{\sin^2(\theta+\psi)}\right]=0$$

整理化简后得：

$$P\tan^2\theta+Q\tan\theta+R=0$$

$$\tan\theta = \frac{-Q \pm \sqrt{Q^2 - 4PR}}{2P} \tag{5-5}$$

式中:

$$P = \cos\alpha\sin\beta\cos(\psi - \phi) - \sin\phi\cos\psi\cos(\alpha - \beta)$$

$$Q = \cos(\alpha - \beta)\cos(\psi + \phi) - \cos(\psi - \phi)\cos(\alpha + \delta)$$

$$R = \cos\phi\sin\psi\cos(\alpha - \beta) - \sin\alpha\cos(\psi - \phi)\cos\beta$$

将式(5-5)求得的 θ 值代入式(5-4)，即可求得最大主动土压力 E_a 值。最大 E_a 也可用式(5-6)表示。

$$E_a = \frac{1}{2}\gamma H^2 K_a$$

$$= \frac{1}{2}\gamma H^2 \frac{\cos^2(\phi - \alpha)}{\cos^2\alpha\cos(\alpha + \delta)\left[1 + \sqrt{\dfrac{\sin(\phi + \delta)\sin(\phi - \beta)}{\cos(\alpha + \delta)\cos(\alpha - \beta)}}\right]^2} \tag{5-6}$$

式中　γ——墙后填土的容重，kN/m^3;

　　　　ϕ——填土的内摩擦角，(°);

　　　　δ——墙背与填土间的摩擦角，(°);

　　　　β——墙后填土表面的倾斜角，(°);

　　　　α——墙背倾斜角，(°)，俯斜墙背 α 为正，仰斜墙背 α 为负;

　　　　H——挡土墙高度，m;

　　　　K_a——主动土压力系数。

土压力的水平和垂直分力为:

$$E_X = E_a\cos(\alpha + \delta)$$

$$E_Y = E_a\cos(\alpha + \delta) \tag{5-7}$$

(2) 破裂面交于路基面 (图 5-13)

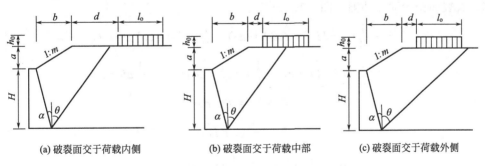

(a) 破裂面交于荷载内侧　　(b) 破裂面交于荷载中部　　(c) 破裂面交于荷载外侧

图 5-13　破裂面交于路基面

① 破裂面交于荷载中部 [图 5-13(b)]　破裂棱体的断面面积 S 为:

$$S = \frac{1}{2}(a + H)^2(\tan\theta + \tan\alpha) - \frac{1}{2}(b + a\tan\alpha) + [(a + H)\tan\theta + H\tan\alpha - b - d]h_0$$

$$= \frac{1}{2}(a + H + 2h_0)(a + H)\tan\theta - \frac{1}{2}ab - (b + d)h_0 + \frac{1}{2}H(H + 2a + 2h_0)\tan\alpha$$

令

$$A_0 = \frac{1}{2}(a + H + 2h_0)(a + H)$$

$$B_0 = \frac{1}{2}ab + (b+d)h_0 - \frac{1}{2}H(H+2a+2h_0)\tan\alpha \qquad (5\text{-}8)$$

则
$$S = A_0\tan\theta - B_0$$

因此，破裂棱体的重量为：

$$G = \gamma(A_0\tan\theta - B_0)$$

将 G 代入式(5-1) 得：

$$E_a = \gamma(A_0\tan\theta - B_0)\frac{\cos(\theta+\phi)}{\sin(\theta+\psi)} \qquad (5\text{-}9)$$

令 $dE/d\theta = 0$

即

$$\gamma\left[(A_0\tan\theta - B_0)\frac{-\sin(\theta+\psi)\sin(\theta+\phi) - \cos(\theta+\psi)(\theta+\phi)}{\sin^2(\theta+\psi)} + \frac{A_0\cos(\theta+\phi)}{\sin(\theta+\psi)\cos^2\theta}\right] = 0$$

经整理化简，得：

$$\tan^2\theta + 2\tan\psi\tan\theta - \cot\phi\tan\psi - \frac{B_0}{A_0}(\cot\phi + \tan\psi) = 0$$

故
$$\tan\theta = -\tan\psi \pm \sqrt{(\cot\phi + \tan\psi)\left(\frac{B_0}{A_0} + \tan\psi\right)} \qquad (5\text{-}10)$$

将求得的 θ 值代入式(5-9)，即可求得主动土压力 E_a。

必须指出，式(5-9) 和式(5-10) 具有普遍意义。因为无论破裂面交于荷载中部、内侧或外侧，破裂棱体的断面面积 S 都可以归纳为一个表达式，即：

$$S = A_0\tan\theta - B_0$$

式中　A_0，B_0——边界条件系数。

将不同边界条件下的 A_0、B_0 值代入式中，即可得到与之相适应的破裂角和最大主动土压力。

② 破裂面交于荷载外侧 ［图 5-13(c)］

$$S = \frac{1}{2}(a+H)^2(\tan\theta + \tan\alpha) - \frac{1}{2}(b + a\tan\alpha)a + l_0h_0$$

$$= \frac{1}{2}(a+H)^2\tan\theta + \frac{1}{2}H(H+2a)\tan\alpha - \frac{1}{2}ab + l_0h_0$$

即
$$S = A_0\tan\theta - B_0$$

式中：
$$A_0 = \frac{1}{2}(a+H)^2$$

$$B_0 = \frac{1}{2}ab - l_0h_0 - \frac{1}{2}H(H+2a)\tan\alpha \qquad (5\text{-}11)$$

③ 破裂面交于荷载内侧 ［图 5-13(a)］　在式(5-8) 或式(5-11) 中，令 $h_0 = 0$，则 $S = A_0\tan\theta - B_0$。

式中：
$$A_0 = \frac{1}{2}(a+H)^2$$

$$B_0 = \frac{1}{2}ab - \frac{1}{2}H(H+2a)\tan\alpha \qquad (5\text{-}12)$$

（3）破裂面交于外边坡（图 5-14）　由图 5-14 可知：

$$AB = b + L + (H+a)\cot\beta_1 - H\tan\alpha$$

$$BC = AB\,\frac{\sin(90°-\theta)}{\sin(90°+\theta-\beta_1)} = AB\,\frac{\cos\theta}{\cos(\theta-\beta_1)}$$

$$CD = BC\sin\beta_1 = AB\,\frac{\cos\theta\sin\beta_1}{\cos(\theta-\beta_1)}$$

三角形 ABC 的面积为：

$$S_{ABC} = \frac{1}{2}AB \cdot CD = \frac{1}{2}[b+L+(H+a)\cot\beta_1 - H\tan\alpha]^2\frac{\cos\theta\sin\beta_1}{\cos(\theta-\beta_1)}$$

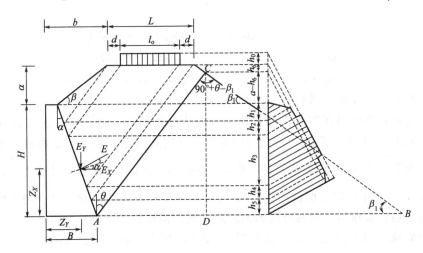

图 5-14　破裂面交于外边坡

破坏棱体的面积 S 为：

$$S = (H+a)(b+L) + \frac{1}{2}(H+a)^2\cot\beta_1 - \frac{1}{2}ab - \frac{1}{2}H^2\tan\alpha + l_0h_0 -$$

$$\frac{1}{2}[b+L+(H+a)\cot\beta_1 - H\tan\alpha]^2\frac{\cos\theta\sin\beta_1}{\cos(\theta-\beta_1)}$$

$$= -\frac{1}{2}[b+L+(H+a)\cot\beta_1 - H\tan\alpha]^2\frac{\cos\theta\sin\beta_1}{\cos(\theta-\beta_1)} +$$

$$\frac{1}{2}\{(H+a)[2(b+L)+(H+a)^2\cot\beta_1] - ab - H^2\tan\alpha\} + l_0h_0$$

令

$$A_0 = -\frac{1}{2}[b+L+(H+a)\cot\beta_1 - H\tan\alpha]^2\sin\beta_1$$

$$B_0 = \frac{1}{2}\{(H+a)[2(b+L)+(H+a)^2\cot\beta_1] - ab - H^2\tan\alpha\} + l_0h_0$$

则

$$S = A_0\frac{\cos\theta}{\cos(\theta-\beta_1)} + B_0$$

$$G = \gamma S = \gamma\left[A_0\frac{\cos\theta}{\cos(\theta-\beta_1)} + B_0\right]$$

代入式(5-1)，得：

$$E_a = \gamma\left[A_0\frac{\cos\theta}{\cos(\theta-\beta_1)} + B_0\right]\frac{\cos(\theta+\phi)}{\sin(\theta+\psi)} \tag{5-13}$$

令 $\mathrm{d}E/\mathrm{d}\theta = 0$，即：

$$\gamma\left\{\left[A_0\frac{\cos\theta}{\cos(\theta-\beta_1)}+B_0\right]\frac{-\sin(\theta+\psi)\sin(\theta+\phi)-\cos(\theta+\psi)\cos(\theta+\phi)}{\sin^2(\theta+\phi)}+\right.$$

$$\left.A_0\frac{\cos(\theta+\phi)}{\sin(\theta+\psi)}\times\frac{-\cos(\theta-\beta_1)\sin\theta+\sin(\theta-\beta_1)\cos\theta}{\cos^2(\theta-\beta_1)}\right\}=0$$

经简化整理，得：

$$P\tan^2\theta+Q\tan\theta+R=0$$

$$\tan\theta=\frac{-Q\pm\sqrt{Q^2-4PR}}{2P} \tag{5-14}$$

式中：

$$P=-A_0\sin\beta_1\sin\phi\cos\psi+B_0\cos(\psi-\phi)\sin^2\beta_1$$

$$Q=2A_0\sin\beta_1\cos\phi\cos\psi+B_0\cos(\psi-\phi)\sin2\beta_1$$

$$R=\cos\beta_1\cos(\psi-\phi)(A_0+B_0\cos\beta_1)+A_0\sin^2\beta_1\cos\phi\sin\psi$$

5.3.2.2 用土压应力分布图计算主动土压力

土压力分布图表示墙背在竖直投影面上的应力分布情况，按下述假定绘制（图 5-12～图 5-14）：墙顶以上的填土及均布荷载向墙背扩散压应力的方向平行于破裂面，各点压应力大小与其所承受的垂直应力 γh 成正比，即 $\sigma=\nu hK$，K 为土压力系数，其合力 $\int_0^h\sigma dh$ 即是主动土压力 E_a，相当于压应力图的面积。E_a 的方向与水平线成 $\alpha+\delta$ 角，其作用点由压应力图的重心定出，或计算压应力图各分块的面积对墙底的面积矩，除以总面积求得。

对于路肩墙（图 5-15 土压应力分布图），图中破裂棱体的面积 S 为：

$$S=\frac{1}{2}H^2(\tan\theta+\tan\alpha)$$

其重量

$$G=\frac{1}{2}\gamma H^2(\tan\theta+\tan\alpha)$$

由式(5-1) 可得

$$E_a=\frac{\cos(\theta+\phi)}{\sin(\theta+\psi)}G=\frac{1}{2}\gamma H^2\frac{\cos(\theta+\phi)}{\sin(\theta+\psi)}(\tan\theta+\tan\alpha)$$

由压应力分布图计算 E_a：

$$E_a=\frac{1}{2}H(\gamma HK)=\frac{1}{2}\gamma H^2K \tag{5-15}$$

由此求得土压力系数 K 为：

$$K=\frac{\cos(\theta+\phi)}{\sin(\theta+\psi)}(\tan\theta+\tan\alpha) \tag{5-16}$$

对于路堑墙和路堤墙，当墙上受力有均布荷载的情况时，与图 5-15 相比，增加了墙顶上填土及荷载所引起的侧压力，这时应引进一个土压力改正系数 K_1，则 E_a 用以下的通用公式表示：

$$E_a=\frac{1}{2}\gamma H^2KK_1 \tag{5-17}$$

则对于路堑墙和路堤墙的主要任务就是解决 K_1。现以破裂面交于路基面中的"破裂面交于荷载外侧"情况举例如下（图 5-16）。

E_a 为土压应力图中各分块面积之和，即：

$$E_a=\frac{1}{2}H\sigma_H+H\sigma_a-\frac{1}{2}h_1\sigma_a+h_3\sigma_0$$

$$= \frac{1}{2}H \cdot \gamma HK + H \cdot \gamma aK - \frac{1}{2}h_1 \cdot \gamma aK + h_3 \cdot \gamma h_0 K$$

$$= \frac{1}{2}\gamma H^2 K \left[1 + \frac{2a}{H}\left(1 - \frac{h_1}{2H}\right) + \frac{2h_0 h_3}{H^2} \right]$$

$$= \frac{1}{2}\gamma H^2 K K_1 \tag{5-18}$$

$$K_1 = 1 + \frac{2a}{H}\left(1 - \frac{h_1}{2H}\right) + \frac{2h_0 h_3}{H^2} \tag{5-19}$$

式中，$h_1 = \dfrac{b - a\tan\theta}{\tan\theta + \tan\alpha}$；$h_3 = \dfrac{l_0}{\tan\theta + \tan\alpha}$。

土压力作用点：

$$Z_X = \frac{\gamma K \left[\frac{1}{2}H^2 \times \frac{H}{3} + aH \times \frac{H}{2} - \frac{1}{2}ah_1\left(H - \frac{h_1}{3}\right) + h_0 h_3 \times \left(\frac{h_3}{2} + h_4\right) \right]}{\gamma K \left(\frac{1}{2}H^2 + aH - \frac{1}{2}ah_1 + h_0 h_3 \right)}$$

$$= \frac{H^3 + a(3H^2 - 3h_1 H + h_1^2) + 3h_0 h_3 (h_3 + 2h_4)}{3(H^2 + 2aH - ah_1 + 2h_0 h_3)} \tag{5-20}$$

$$Z_Y = B - Z_X \tan\alpha$$

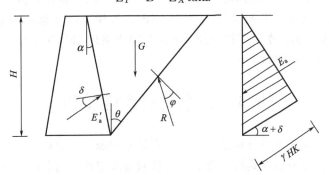

图 5-15　路肩墙土压应力分布图

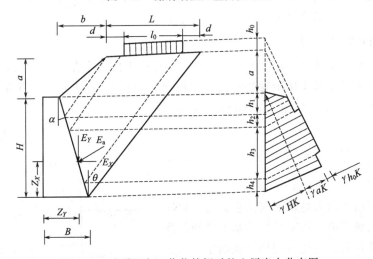

图 5-16　破裂面交于荷载外侧时的土压应力分布图

计算挡土墙土压力 E_a，先要求出破裂角 θ，也就是首先确定产生最大土压力的破裂面。这一破裂面将按哪一种边界条件出现，事先并不知道，因此必须进行试算。先假定破裂面交于路基的位置，按此图示及其相应的计算公式算出 θ 角，再与原假定的破裂面位置相比较，看是否相符。如与假定不符，应根据计算的 θ 角重新假定破裂面，按相应的公式重复上述计算，直至相符为止。最后根据此破裂角计算最大主动土压力。在个别情况下，可能出现验证与假定不符，改变图示后仍然不符，此时可假定破裂面交于两种边界条件的分界点（例如交于荷载边缘）来计算破裂角。

对于其他条件下的挡土墙，可用同样的方法计算主动土压力及其作用点，此处不再赘述。《公路设计手册——路基》中载有各种边界条件下的库伦土压力的计算公式，可以直接选用。

5.3.3 车辆荷载的换算

车辆荷载作用在挡土墙墙背填土上所引起的附加土体侧压力，可按式(5-21)换算成等代均布土层厚度计算：

$$h_0 = \frac{q}{\gamma} \tag{5-21}$$

式中　h_0——换算土层厚度，m；

　　　　q——车辆荷载附加荷载强度，墙高小于 2m，取 20kPa；墙高大于 10m，取 10 kPa；墙高在 2～10m 之间时，附加荷载强度用直线内插法计算；作用于墙顶或墙后填土上的人群荷载强度规定为 3kPa；作用于挡土墙栏杆顶的水平推力采用 0.75kN/m，作用于栏杆扶手上的竖向力采用 1kN/m；

　　　　γ——墙背填土的容重，kN/m³。

5.4　挡土墙稳定性验算

为保证挡土墙在土压力及外荷载作用下，有足够的强度及稳定性，在设计挡土墙时，应验算挡土墙沿基底的抗滑动稳定性、绕墙趾的抗倾覆稳定性、基底应力和偏心距以及墙身强度等。一般情况下，主要由基底承载力和滑动稳定性来控制设计，墙身应力可不必验算。挡土墙的力学计算取单位长度计算。

5.4.1 抗滑动稳定性验算

（1）抗滑动稳定系数 K_c 的计算　挡土墙的抗滑稳定性是指在土压力和其他外荷载的作用下，基底摩阻力抵抗挡土墙滑移的能力，用抗滑稳定系数 K_c 表示，即作用于挡土墙的抗滑力与实际下滑力之比，如图 5-17 所示，在一般情况下：

$$K_c = \frac{(W + E_Y)f}{E_X} \geqslant [K_c] \tag{5-22}$$

式中　W——挡土墙自重，kN；

E_X，E_Y——主动土压力的水平与垂直分力，kN；

　　　f——基础底面（圬工）与地基土之间的摩擦系数，可通过现场试验确定，当无实测资料时，可参考表 5-2 选用；

　$[K_c]$——允许的抗滑动稳定系数，一般情况下 $\geqslant 1.3$。

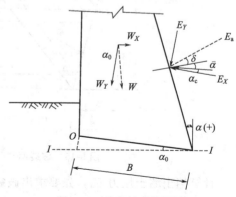

图 5-17　稳定性验算图式

表 5-2　基底摩擦系数

地基土的分类	摩擦系数 f	地基土的分类	摩擦系数 f
软塑黏土	0.25	砂类土	0.40
硬塑黏土	0.30	碎石类土	0.50
砂类土、黏砂土	0.30~0.40	软质岩石	0.40~0.60
半干硬黏土	0.30~0.40	硬质岩石	0.60~0.70

（2）增加抗滑稳定性的措施　当 $K_c < [K_c]$ 时，表明挡土墙的抗滑稳定性不足，可考虑采用倾斜基底、设置凸榫、改变墙身断面形式（增大垂直力系）、更换基底土层等措施，以增加其抗滑动稳定性。

5.4.2　抗倾覆稳定性验算

（1）抗倾覆稳定系数 K_0 计算　挡土墙的抗倾覆稳定性是指它抵抗墙身绕墙趾向外转动倾覆的能力，用抗倾覆稳定系数 K_0 表示，即对墙趾的稳定力矩之和 $\sum M_Y$ 与倾覆力矩之和 $\sum M_0$ 的比值来表示，如式（5-23）所示。

$$K_0 = \frac{\sum M_Y}{\sum M_0} = \frac{W Z_W + E_Y Z_Y}{E_X Z_X} \geqslant [K_0] \tag{5-23}$$

式中　$\sum M_Y$——稳定力系对墙趾的稳定力矩，kN·m；

　　　$\sum M_0$——倾覆力系对墙趾的倾覆力矩，kN·m；

　　Z_X，Z_Y——E_X、E_Y 对墙趾的力臂，m；

　　　Z_W——墙重 W 对墙趾的力臂，m；

　　　$[K_0]$——允许的抗倾覆稳定性系数，一般要求 $\geqslant 1.5$。

（2）增加抗倾覆稳定性的措施　当 $K_0 < [K_0]$ 时，表明挡土墙的抗倾覆稳定性不足，可采取适当的措施如加大墙身断面尺寸、改变断面形状（陡面坡、缓背坡）、设墙趾台阶等措施以增加墙身的抗倾覆稳定性。

5.4.3　基底应力及偏心距验算

（1）基底合力的偏心距 e_0 可按下式计算

$$e_0 = \frac{M_d}{N_d} \tag{5-24}$$

式中　N_d——作用于基底上的垂直力组合设计值，kN/m；

　　　M_d——作用于基底形心的弯矩组合设计值，MPa。

（2）基底压实力 σ 应按下列公式计算

$$|e| \leqslant \frac{B}{6} \text{时，} \sigma_{1,2} = \frac{N_d}{A}\left(1 \pm \frac{6e}{B}\right) \tag{5-25}$$

位于岩石地基上的挡土墙

$$e > \frac{B}{6} \text{时，} \sigma_1 = \frac{2N_d}{C}, \ \sigma_2 = 0 \tag{5-26}$$

$$C = \frac{B}{2} - e_0 \tag{5-27}$$

式中　σ_1——挡土墙趾部的压应力，kPa；

　　　σ_2——挡土墙踵部的压应力，kPa；

　　　B——基底宽度，m，倾斜基底为其斜宽；

　　　A——基础底面每延米的面积，矩形基础为基础宽度 $B \times 1$，m²。

其余符号意义同前。

基底合力的偏心距 e_0，对于土质地基不应大于 $B/6$；对于岩石地基不应大于 $B/4$。基底压应力不应大于基底的允许承载力（σ_0）；基底允许承载力值可按现行《公路桥涵地基与基础设计规范》（JTG D63—2007）的规定采用。

（3）降低基底压应力及减小偏心距的措施　基底应力及合力偏心距不满足要求时，采取以下措施可降低基底压应力及减少偏心距。

① 宽墙趾或扩大基础，可加大承压面积、调整偏心距。

② 加固地基或换土，以提高地基承载力。

③ 调整墙背坡度或断面形式以减小偏心距。

采用加宽墙趾的方法时，如地面横坡较陡，则会因此增加墙身高度，所以应与采用其他方法比较后再予确定。

5.4.4　墙身断面强度计算

重力式挡土墙一般均属于偏心受压，故截面强度应按偏心受压构件进行验算。通常选择一两个控制性断面进行墙身应力和偏心距验算，如墙身底部、1/2 墙高和断面形状突变处，如图 5-18 所示。

挡土墙验算方法详见《公路路基设计规范》（JTG D30—2004）。当挡土墙墙身高小于 12m 时，可依据当地地质土质、墙体类型及荷载情况直接应用标准图集。

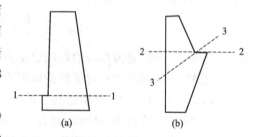

图 5-18　验算断面的选择

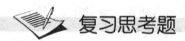

本 章 小 结

本章主要介绍了挡土墙的分类、作用和使用条件，挡土墙的构造与土压力的计算，挡土墙的稳定性验算与设计方法，挡土墙的布置要求。通过学习与练习，要求学生达到对上述内容有比较充分的了解和能初步应用的目的。

复习思考题

1. 挡土墙是如何分类的？都分为哪几类？试绘制其简图加以说明。

2. 分述各种挡土墙的适用条件。

3. 详细说明重力式挡土墙的构造、要求和布置方式，并绘图加以说明。

4. 分析作用在重力式挡土墙上的力系，并能够根据不同破裂面的位置进行主动土压力的计算。

5. 能够根据挡土墙上各种力的分布情况进行挡土墙稳定性的验算。

6. 能够根据挡土墙失稳情况采取相应措施进行处理。

第6章 路面基层的施工

【知识目标】
- 了解路面基层的分类。
- 能合理选择基层材料和正确的施工方法。
- 掌握各种路面基层施工工序。

【能力目标】
- 能解释路面基层的概念。
- 能写出路面基层的各种类型。
- 能将路面基层施工的各种方法应用到实际施工中去。

筑造路面基层的材料主要有无机结合料稳定类基层、粒料类基层等。不同材料铺筑的结构层，其强度构成、适用场合和施工要求各有差异。本章主要介绍各类结构层的材料组成与选用、施工方法和工艺、质量控制及检验等。

6.1 概　　述

基层是直接位于沥青面层下，它主要承受由面层传递的车辆荷载垂直力，并将它分布到土基或垫层上。因此，它应有足够的强度和稳定性，并具有良好的扩散应力的性能。路面的基层和底基层又可统称为路面基层。按照原材料组成不同，路面常用的基层可分为无机结合料稳定类基层和粒料类基层。前者包括水泥稳定土基层、石灰稳定土基层和石灰工业废渣稳定土基层，后者包括级配碎石基层、级配砾石基层和填隙碎石基层。无机结合料稳定类基层因其刚度介于柔性路面与刚性路面之间，也称为半刚性基层。

6.1.1　无机结合料稳定类基层

在粉碎的或原状松散的土中掺入一定数量的无机结合料（水泥、石灰或石灰工业废渣）和水，经拌和得到的混合料在压实与养护后，其抗压强度技术指标符合规定的要求时，称无机结合料稳定材料。以此修筑的路面基层称为无机结合料稳定类基层。无机结合料稳定类材料具有稳定性好、抗冻性能强、结构本身自成板体等特点，但因其抗裂性与耐磨性差不被用作路面结构的面层，而被广泛应用于基层与底基层。

（1）水泥稳定土基层　在粉碎的或原松散的土（包括各种细、中、粗粒土）中掺入一定数量的水泥和水，经拌和得到的混合料在压实与养护后，其抗压强度技术指标符合规定的要求时，称为水泥稳定土。以此修筑的路面基层称为水泥稳定土基层。

用水泥稳定土修筑的路面基层和底基层，分别称为水泥稳定土基层和水泥稳定土底基层，或分别简称为水泥稳定基层和水泥稳定底基层，也可在基层或底基层前冠以混合料的具体名称，如水泥碎石基层、水泥土底基层等。

水泥稳定土基层具有良好的力学性能、整体性、稳定性（水稳定性和温度稳定性）、耐久性、抗冻性及与面层结合好的技术特点，易于机械摊铺操作，因此被广泛应用于修建高等级公路路面基层（底基层）。除水泥土不得用做二级及二级以上公路高级路面的基层外，水泥稳定土适用于各级公路的基层和底基层。

（2）石灰稳定土基层　在粉碎的或原状松散的土（包括各种细、中、粗粒土）中掺入一定数量的石灰和水，经拌和得到的混合料在压实与养护后，其抗压强度技术指标符合规定的要求时，称为石灰稳定土。以此修筑的路面基层称为石灰稳定土基层。

用石灰稳定土修筑的路面基层和底基层，分别称为石灰稳定土基层和石灰稳定土底基层，或分别简称为石灰稳定基层和石灰稳定底基层，也可在基层或底基层前冠以混合料的具体名称，如石灰碎石土基层、石灰土底基层等。

石灰稳定土基层具有良好的力学性能，并具有较好的水稳定性和一定的抗冻性能，它的初期强度和水稳定性较低，后期强度较高，但易因干缩和温缩而产生裂缝。石灰稳定土适用于各级公路的底基层，以及二级和二级以下公路的基层，但不得用做高速和一级公路的基层，石灰土亦不得用做二级公路的基层和二级以下公路高级路面的基层。在冰冻地区的潮湿路段以及其他地区的过湿路段，不宜采用石灰土做基层。当不得已采用石灰土时，应采取措施防止水分浸入石灰土层。顺便指出，同时用水泥和石灰稳定某种土得到的强度符合有关要求的混合料，称为综合稳定土。

（3）石灰工业废渣稳定土基层　工业废渣包括粉煤灰、煤渣、高炉矿渣、钢渣、煤矸石及其他冶金矿渣等。石灰工业废渣稳定土包括两大类：一是石灰粉煤灰（简称二灰）类；二是石灰煤渣类。采用一定数量的石灰和粉煤灰，或石灰和煤渣相配，与粉碎的、原状松散的土（包括各种细、中、粗粒土）或其他工业废渣相结合或单独使用，加入适量的水，经拌和得到的混合料在压实与养护后，其抗压强度技术指标符合规定的要求时，称为石灰工业废渣稳定土。以此修筑的路面基层称为石灰工业废渣稳定土基层。

用石灰工业废渣稳定土修筑的路面基层和底基层，分别称为石灰工业废渣稳定土基层和石灰工业废渣稳定土底基层，或分别简称为石灰工业废渣稳定基层和石灰工业废渣稳定底基层，也可在基层或底基层前冠以混合料的具体名称，如二灰碎石基层、石灰煤渣碎石基层、二灰土底基层等。

石灰工业废渣稳定土，特别是二灰类稳定材料具有良好的力学性能、板体性、水稳性和一定的抗冻性，其抗冻性比石灰土高得多。石灰工业废渣的初期强度低，但随龄期增长幅度大。除二灰、二灰土、二灰砂不得用做高速和一级公路的基层外，石灰工业废渣稳定土适用于各级公路的基层和底基层。

6.1.2　粒料类基层

用未经处治或简单处治的碎、砾石材料修筑的路面基层，称为粒料类基层。粒料类基层按强度形成原理可分为嵌锁型与级配型两种。嵌锁型基层的强度主要依靠颗粒之间的嵌锁作用和内摩阻力，与材料本身强度、形状、尺寸、均匀性、表面粗糙程度及压实度等有关。嵌锁型有泥结碎石、泥灰结碎石及填隙碎石等。级配型基层的强度和稳定性取决于内摩阻力和黏结力的大小，与材料的最大粒径、级配、细料含量、塑性指数及现场压实度等有关。级配型包括级配碎石、级配砾石、符合级配的天然砂砾、部分砾石经轧制掺配而成的级配碎、砾石等。

（1）级配碎石基层　粗、中、小碎石集料和石屑各占一定比例的混合料，当其颗粒组成符合规定的密实级配要求时,称作级配碎石。以此混合料修筑的路面基层称为级配碎石基层。级配碎石适用于各等级公路的基层和底基层。

(2)级配砾石基层　粗、中、小砾石和砂各占一定比例的混合料,当其颗粒组成符合规定的密实级配要求且塑性指数和承载比均符合规定要求时,称作级配砾石。以此混合料修筑的路面基层称为级配砾石基层。级配砾石适用于各等级公路的底基层和轻交通的二级及二级以下公路的基层。

(3)填隙碎石基层　用单一尺寸的粗碎石做主骨料,形成嵌锁结构,起承受和传递荷载的作用,用石屑做填隙料,填满碎石间的孔隙,增加密实度和稳定性,这种材料称为填隙碎石。以此材料修筑的路面基层称为填隙碎石基层。缺乏石屑时,也可添加细砂砾或粗砂等细集料,但其技术性能不如石屑。填隙碎石适用于各等级公路的底基层和二级以下公路的基层。

6.2　级配碎、砾石基层施工

级配碎、砾石基层施工的施工工艺有两种方法,分别是路拌法施工和厂拌法施工。

6.2.1　路拌法施工

路拌法适用于各级公路的底基层和三、四级公路的基层施工。其特点是在施工现场操作,施工速度比较慢,拌和没有厂拌法均匀。

路拌法施工的工艺流程为:准备下承层→施工放样→备料→运输→摊铺→拌和→整型→碾压和接缝处理。

(1)准备下承层和施工放样　下承层表面应平整、坚实,具有规定的路拱,下承层的平整度和压实度应符合规范规定。在下承层上进行施工放样。

(2)备料　未筛分碎、砾石的含水量较最佳含水量宜大1%左右。未筛分碎石和石屑可按预定比例在料场混合,同时洒水加湿,使混合料的含水量超过最佳含水量约1%。

(3)运输和摊铺集料

① 运料

a. 在同一料场供料的路段内,宜由远到近卸置集料。严格掌握卸料距离,避免料不够或过多。采用两种集料时,应先将主要集料运到路上,待主要集料摊铺后,再运另一种集料并摊铺。如粗细两种集料的最大粒径相差很多,应在粗集料处于潮湿状态下摊铺细集料。

b. 集料装车时,控制每车料的数量基本相等。料堆每隔一定距离应留一个缺口。集料在下承层上的堆置时间不应过长。运送集料较摊铺集料工序宜只提前数天。

② 摊铺

a. 事先通过试验确定集料的松铺系数并确定松铺厚度。人工摊铺混合料时,其松铺系数为1.4~1.5;平地机摊铺混合料时,其松铺系数为1.25~1.35。

b. 用平地机或其他合适的机具将料均匀地摊铺在预定的宽度上,表面应力求平整,并具有规定的路拱。应同时摊铺路肩用料。摊铺过程中,检查松铺材料层的厚度,必要时,应进行减料或补料工作。

c. 未筛分碎石摊铺平整后,在其较潮湿的情况下,将石屑按计算的距离卸置其上。用平地机并辅以人工将石屑均匀摊铺在碎石层上,并摊铺均匀。

d. 采用不同粒径的碎石和石屑时,应将大碎石铺在下层,中碎石铺在中层,小碎石铺在上层。洒水使碎石湿润后，再摊铺石屑。

（4）拌和及整形

① 拌和方法　对于二级及二级以上公路，应采用专用稳定土拌和机拌和级配碎石。对于二级以下的公路，在无稳定土拌和机的情况下，可采用平地机或多铧犁与缺口圆盘耙相配合进行拌和。

a. 用稳定土拌和机应拌和两遍以上。拌和深度应直到级配碎石层底。在进行最后一遍拌和之前，必要时先用多铧犁紧贴底面翻拌一遍。

b. 用平地机进行拌和，宜翻拌 5～6 遍，使石屑均匀分布于碎石料中。平地机拌和的作业长度，每段宜为 300～500m。拌和结束时，混合料的含水量应均匀，并较最佳含水量大 1% 左右，同时应没有粗细颗粒离析现象。

c. 用缺口圆盘耙与多铧犁相配合拌和级配碎、砾石时，用多铧犁在前面翻拌，圆盘耙紧跟在后面拌和，即采用边翻边耙的方法，共翻耙 4～6 遍。随时检查调整翻耙的深度。用拖拉机牵引四铧犁或五铧犁进行拌和时，每一作业段的长度宜为 100～150m。第一遍由路中心开始，将混合料向中间翻，同时机械应慢速前进。第二遍从两边开始，将混合料向外翻。拌和过程中，保持足够的水分。拌和结束时，混合料的含水量和均匀性应符合上述（2）的要求。

② 补充拌和　使用在料场已拌和均匀的级配碎石混合料或符合级配要求的天然砂砾时，摊铺后混合料如有粗细颗粒离析现象，应用平地机进行补充拌和。

③ 整形　用平地机将拌和均匀的混合料按规定的路拱进行整平和整形，在整形过程中，应注意消除粗细集料离析现象。用拖拉机、平地机或轮胎压路机在已初平的路段上快速碾压一遍，以暴露潜在的不平整。再用平地机进行整平和整形。

（5）碾压

① 碾压方法　整形后，当混合料的含水量等于或略大于最佳含水量时，立即用 12t 以上三轮压路机、振动压路机或轮胎压路机进行碾压。直线和不设超高的平曲线段，由两侧路肩开始向路中心碾压；在设超高的平曲线段，由内侧路肩向外侧路肩进行碾压。碾压时，后轮应重叠 1/2 轮宽；后轮必须超过两段的接缝处。后轮压完路面全宽时，即为一遍。碾压一直进行到要求的密实度为止。一般需碾压 6～8 遍，应使表面无明显轮迹。压路机的碾压速度，头两遍以采用 1.5～1.7km/h 为宜，以后采用 2.0～2.5km/h。

② 技术要求　路面的两侧应多压 2～3 遍。严禁压路机在已完成的或正在碾压的路段上调头或急刹车。凡含土的级配碎石层，都应进行滚浆碾压，一直压到碎石层中无多余细土泛到表面为止。滚到表面的浆（或事后变干的薄土层）应清除干净。

（6）接缝的处理

① 横缝　两作业段的衔接处应搭接拌和。第一段拌和后，留 5～8m 不进行碾压，第二段施工时，前段留下未压部分与第二段一起拌和整平后进行碾压。

② 纵缝　避免纵向接缝。在必须分两幅铺筑时，纵缝应搭接拌和。前一幅全宽碾压密实，在后一幅拌和时，应将相邻的前幅边部约 300mm 搭接拌和，整平后一起碾压密实。

6.2.2　中心站集中厂拌法施工

级配碎石用作半刚性路面的中间层以及用作二级以上公路的基层时，应采用集中厂拌法拌制混合料，并用摊铺机摊铺混合料。厂拌法施工的工艺流程包括准备下承层、施工放样、备料、拌和、运输、摊铺、整形、碾压和接缝处理。其中准备下承层、施工放样、整形和碾压与路拌法相同。

（1）备料　宜采用不同粒级的单一尺寸的碎石和石屑，按预定配合比在拌和机内拌制级配碎石混合料。不同粒级的碎石和石屑等细集料应隔离，分别堆放。细集料应有覆盖，防止雨淋。

（2）拌和与运输

① 拌和方法　级配碎石混合料可以在中心站用多种机械进行集中拌和，如强制式拌和机、卧式双转轴桨叶式拌和机、普通水泥混凝土拌和机等。

② 调试设备　在正式拌制级配碎石混合料之前，必须先调试所用的厂拌设备，使混合料的颗粒组成和含水量都能达到规定的要求。

③ 重新调试　在采用未筛分碎石和石屑时，如未筛分碎石或石屑的颗粒组成发生明显变化，应重新调试设备。

④ 混合料的运输　将拌和好的混合料用汽车运送至施工现场。

（3）摊铺

① 高速公路和一级公路施工　将级配碎石用于高速公路和一级公路时，用沥青混凝土摊铺机或其他碎石摊铺机摊铺碎石混合料。摊铺机后面设专人消除粗细集料离析现象。

② 二级和二级以下公路施工　如没有摊铺机，也可用自动平地机（或摊铺箱）摊铺混合料。

③ 自动平地机摊铺方法

a. 根据摊铺层的厚度和要求达到的压实干密度，计算每车混合料的摊铺面积。

b. 将混合料均匀地卸在路幅中央，路幅宽时，也可将混合料卸成两行。

c. 用平地机将混合料按松铺厚度摊铺均匀。

d. 设一个三人小组跟在平地机后面，及时消除粗细集料离析现象。对于粗集料"窝"和粗集料"带"，应添加细集料，并拌和均匀；对于细集料"窝"，应添加粗集料，并拌和均匀。

（4）横向接缝的处理

① 摊铺机摊铺　用摊铺机摊铺混合料时，靠近摊铺机当天未压实的混合料，可与第二天摊铺的混合料一起碾压，但应注意此部分混合料的含水量。必要时，应人工补充洒水，使其含水量达到规定的要求。

② 平地机摊铺　用平地机摊铺混合料时，每天的工作缝可按路拌法处理。

（5）纵向接缝的处理

① 应避免纵向接缝　如摊铺机的摊铺宽度不够，必须分两幅摊铺时，宜采用两台摊铺机一前一后相隔5～8m同步向前摊铺混合料。在仅有一台摊铺机的情况下，可先在一条摊铺带上摊铺一定长度后，再开到另一条摊铺带上摊铺，然后一起进行碾压。

② 在不能避免纵向接缝的情况下，纵缝必须垂直相接，不应斜接，并按下述方法处理：

a. 在前一幅摊铺时，在靠后一幅的一侧应用方木或钢模板做支撑，方木或钢模板的高度与级配碎石层的压实厚度相同。

b. 在摊铺后一幅之前，将方木或钢模板除去。

c. 如在摊铺前一幅时未用方木或钢模板支撑，靠边缘的300mm左右难于压实，而且形成一个斜坡，在摊铺后一幅时，应先将未完全压实部分和不符合路拱要求部分挖松并补充洒水，待后一幅混合料摊铺后一起进行整平和碾压。

6.3 水泥稳定土基层施工

水泥稳定土的施工有路拌法和中心站集中厂拌法两种。

6.3.1 路拌法

路拌法的施工程序为：准备下承层→施工放样→备料→摊铺土→洒水闷料→整平和轻压→摆放和摊铺水泥→拌和（干拌）→加水湿拌→整形→碾压→接缝和调头处理→养护。

（1）准备下承层 水泥稳定土的下承层表面应平整、坚实，具有规定的路拱，下承层的平整度和压实度应符合规范的规定。

（2）施工放样 在底基层或老路面或土基上恢复中线。直线段每 15～20m 设一个桩，平曲线段每 10～15m 设一个桩，并在两侧路肩边缘外设指示桩。在两侧指示桩上用明显标记标出水泥稳定土层边缘的设计高程。施工过程中，标桩如有丢失或移动，应及时补桩抄平。

（3）备料 利用料场的土（包括细粒土、中粒土和粗粒土）进行填筑施工。

① 料场选择 将沿线所有料场的土料，用肉眼鉴别，初步选定一些备用料场。从每个料场取有代表性的土料，送试验室进行原土料及混合料的物理力学性质试验。根据试验结果，选定准备开采使用的料场（同时确定水泥剂量）。采集土前，应先将树木、草皮和杂土清除干净。

② 料场采集 如料层上有覆盖土、树木、草皮等杂物，则首先使用推土机将其清除干净。土中的超尺寸颗粒应予筛除。

③ 计算材料用量。

④ 集料的运输和堆放 在预定堆料的下承层上，在堆料前应先洒水，使其表面湿润，但不应过分潮湿而造成泥泞。集料用装载机或挖掘机装车，自卸汽车运输。装车时，注意每车的装载数量基本相等。根据各路段需要的集料数量按计算距离卸料。

（4）摊铺土

① 确定松铺系数 事先通过试验确定土的松铺系数。人工摊铺混合料时，对于水泥稳定砂砾，其松铺系数可按 1.30～1.35 选用；对于水泥土，采取现场人工摊铺土和水泥，机械拌和，人工整平时，其松铺系数可按 1.53～1.58 选用。

② 摊铺技术要求 摊铺土在摊铺水泥的前一天进行。摊铺长度按日进度的需要量控制，满足次日完成掺加水泥、拌和、碾压成型即可。雨期施工，如第二天有雨，不宜提前摊铺土。采用推土机和平地机等将集料均匀地摊铺在预定的宽度上，表面力求平整，并有规定的路拱。

③ 摊铺质量控制 摊料过程中，将土块、超尺寸颗粒及其他杂物拣除。同时及时检验松铺材料层的厚度，视其是否符合预计要求。必要时，进行减料或补料工作。如土中有较多土块，应进行粉碎。检验松铺土层的厚度，确保其符合预计要求。除洒水车外，严禁其他车辆在土层上通行。

（5）洒水闷料

① 控制好洒水量 已整平的土（含粉碎的老路面）含水量过小，则在土层上洒水闷料。洒水应均匀，防止出现局部水分过多的现象。严禁洒水车在洒水段内停留和调头。

② 控制好闷料时间 细粒土闷料一夜，中粒土和粗粒土视其中细土含量的多少，可适

当缩短闷料时间。对于综合稳定土，先将石灰和土拌和后一起进行闷料。

（6）整平和轻压 对人工摊铺的土层整平后，用 6～8t 两轮压路机碾压 1～2 遍，使其表面平整，并有一定的压实度。

（7）摆放和摊铺水泥 按计算的每袋水泥的纵横间距，用石灰在集料层上做摆放水泥的标记。水泥用有防雨设备的汽车直接送到摊铺路段，直接卸在做标记的地点，并检查有无遗漏和多余。然后打开水泥袋将水泥倒在集料层上，并用刮板将水泥均匀摊开，使每袋水泥的摊铺面积相等。水泥摊铺完毕后，做到表面没有空白位置，也没有水泥过分集中的地点。

（8）拌和（干拌）

① 二级及二级以上公路的拌和方法 采用专用稳定土拌和机进行拌和并设专人跟随拌和机，随时检查拌和深度并配合拌和机操作员调整拌和深度。拌和深度应达稳定层底并宜侵入下承层 5～10mm，以利上下层黏结。严禁在拌和层底部留有素土夹层。通常应拌和两遍以上，在最后一遍拌和之前，必要时可先用多铧犁紧贴底面翻拌一遍。直接铺在土基上的拌和层也应避免素土夹层。

② 三、四级公路的拌和方法 在没有专用拌和机械的情况下，可用农用旋转耕作机（或缺口圆盘耙）与多铧犁或平地机相配合进行拌和，但应注意拌和效果，拌和时间不能过长。先用平地机或多铧犁（四铧犁或五铧犁）将铺好水泥的土翻拌两遍，使水泥分布到土中，但不应翻犁到底，防止水泥落到底部，第一遍由路中心开始，将混合料向中间翻，机械应慢速前进；第二遍应相反，从两边开始，将混合料向外侧翻。接着用旋转耕作机（或缺口圆盘耙）拌和两遍。再用多铧犁或平地机将底部料翻起。随时检查调整翻犁的深度，使稳定土层全部翻透。严禁在稳定土层与下承层之间残留一层素土，也应防止翻犁过深或过多破坏下承层的表面，通常应翻犁两遍。接着，再用旋转耕作机（或缺口圆盘耙）拌和两遍，用多铧犁或平地机再翻犁两遍。

（9）加水并湿拌

① 补充洒水 在上述拌和过程结束时，如果混合料的含水量不足，可用喷管式洒水车补充洒水。洒水车起洒处和另一端调头处都超出拌和段 2m 以上。禁止洒水车在正进行拌和的以及当天计划拌和的路段上调头和停留，以防局部水量过大。

② 湿拌 补充洒水后，再次进行拌和，使水分在混合料中分布均匀。拌和机械紧跟在洒水车后面进行拌和，尤其在纵坡大的路段上配合紧密，减少水分流失。

③ 技术要求 洒水及拌和过程中，及时检查混合料的含水量，含水量宜略大于最佳值，稳定粗粒土和中粒土，较最佳含水量为 0.5%～1.0%；稳定细粒土，较最佳含水量为 1%～2%。配合人工拣出超尺寸颗粒，消除粗细颗粒窝以及局部过分潮湿或过分干燥之处。混合料拌和后做到色泽一致，没有灰条、灰团和花面，即无明显粗细集料离析现象，且水分合适和均匀。

（10）整形 整形方法：混合料拌和均匀后，应立即用平地机初步整形。在直线段，平地机由两侧向路中心进行刮平；在平曲线段，平地机由内侧向外侧进行刮平。必要时，再返回刮一遍。用拖拉机、平地机或轮胎压路机立即在初平的路段上快速碾压一遍，以暴露潜在的不平整，再用平地机按上述方法进行整形，整形前用齿耙将轮迹低洼处表层 50mm 以上耙松，并按上述方法再碾压一遍。

（11）碾压

① 碾压方法 根据路宽、压路机的轮宽和轮距的不同，制定碾压方案，使各部分碾压

到的次数尽量相同，路面的两侧应多压 2～3 遍。整形后，当混合料的含水量为最佳含水量（1％～2％）时，立即用轻型压路机并配合 12t 以上压路机在结构层全宽内进行碾压。直线和不设超高的平曲线段，由两侧路肩向路中心碾时，应重叠 1/2 轮宽，后轮必须超过两段的接缝处，后轮压完路面全宽时，即为一遍。一般需碾压 6～8 遍。采用人工摊铺和整形的稳定土层，宜先用拖拉机或 6～8t 两轮压路机或轮胎压路机碾压 1～2 遍，然后再用重型压路机碾压。

② 技术要求　严禁压路机在已完成的或正在碾压的路段上调头或急刹车，保证稳定土层表面不受破坏。碾压过程中，水泥稳定土的表面应始终保持湿润，如水分蒸发过快，应及时补洒少量的水，但严禁洒大水碾压。如有"弹簧"、松散、起皮等现象，应及时翻开重新拌和（加适量的水泥）或用其他方法处理，使其达到质量要求。

经过拌和、整形的水泥稳定土，宜在水泥初凝前并应在试验确定的延迟时间内完成碾压，并达到要求的密实度，同时没有明显的轮迹。在碾压结束之前，用平地机再终平一次，使其纵向顺适，路拱和超高符合设计要求。终平应仔细进行，必须将局部高出部分刮除并扫出路外；对于局部低洼之处，不再进行找补，可留待铺筑面层时处理。

（12）接缝和调头处的处理

① 横向接缝的处理　同日施工的两工作段的衔接处，应采用搭接。前一段拌和整形后，留 5～8m 不进行碾压，后一段施工时，前段留下未压部分，应再加部分水泥重新拌和，并与后一段一起碾压。经过拌和、整形的水泥稳定土，应在试验确定的延迟时间内完成碾压。

② 工作缝和调头处的处理　工作缝指每天最后一段末端缝。

a. 在已碾压完成的水泥稳定土层末端，沿稳定土挖一条横贯铺筑层全宽的宽约 30cm 的槽，直挖到下承层顶面。此槽应与路的中心线垂直，靠稳定土的一面应切成垂直面，并放两根与压实厚度等厚、长为全宽一半的方木紧贴其垂直面，用原挖出的素土回填槽内其余部分。

b. 如拌和机械或其他机械必须到已压成的水泥稳定土层上调头，应采取措施保护调头作业段。一般可在准备用于调头的 8～10m 长的稳定土层上，先覆盖一张厚塑料布或油毡纸，然后铺上约 100mm 厚的土、砂或砂砾。

c. 第二天，邻接作业段拌和后，除去方木，用混合料回填。靠近方木未能拌和的一小段，应人工进行补充拌和。整平时，接缝处的水泥稳定土应较已完成断面高出约 50mm，以利形成一个平顺的接缝。

d. 整平后，用平地机将塑料布上大部分土除去（注意勿刮破塑料布），然后人工除去余下的土，并收起塑料布。在新混合料碾压过程中，应将接缝修整平顺。

③ 纵缝的处理　水泥稳定土层的施工应该避免纵向接缝，在必须分两幅施工时，纵缝必须垂直相接，不应斜接。

a. 在前一幅施工时，在靠中央一侧用方木或钢模板做支撑，方木或钢模板的高度与稳定土层的压实厚度相同，混合料拌和结束后，靠近支撑木（或板）的一部分，应人工进行补充拌和，然后整形和碾压。

b. 养护结束后，在铺筑另一幅之前，拆除支撑木（或板）。第二幅混合料拌和结束后，靠近第一幅的部分，应人工进行补充拌和，然后进行整形和碾压。

6.3.2　中心站集中厂拌法施工

厂拌法施工是指在拌和厂（场、站）对混合料进行拌制，再运到施工现场进行摊铺和碾压的施工方法。这种方法称料准确、拌料均匀，操作简单，不仅施工进度快，而且质量容易保证，施工效果良好。该方法较适用于高等级道路大面积稳定土基层施工。中心站集中厂拌法施工的程序为：准备工作→备料→混合料的拌和→运输→摊铺→整形→碾压→接缝处理→养护。

(1) 准备工作

① 设备准备　在料场或取土坑需要推土机、装载机或皮带运输机，有时需要筛分机、粉碎机和自卸汽车等。在道路上准备下承层，需要平地机和压路机，有时需要洒水车及水泵等。在中心站制备水泥稳定土混合料，需要专用稳定土拌和站、装载机等。在铺筑现场需要自卸卡车、摊铺机、压路机、平地机及洒水车等。

② 试验准备　首先要对料场进行有代表性取样（水泥、碎石、石屑），并做原材料试验，经检验合格后方可进场。其次要预先进行基层配合比设计，选定合理经济的配合比方案。另外，还要通过标准击实试验确定水泥稳定类混合料的最大干密度和最佳含水量，以便控制施工压实度。

③ 试铺试验段　正式开工前，可将 100～200m 的路段作为典型施工路段（即试验段），按正常施工方法进行试铺，并跟踪测量松铺厚度、标高、碾压含水量、碾压遍数，并进行压实度检测等，作为相应记录，边施工边调整，最后确定松铺系数，总结试验段施工经验，作为下一步施工的控制依据。

④ 下承层准备、施工放样　同路拌法施工。

(2) 备料　不同粒级的碎石或砾石以及细集料（如石屑和砂）应隔离，分别堆放。土块应粉碎，最大尺寸不得大于 15mm。在潮湿多雨地区或其他地区的雨期施工时，应采取措施，保护集料，特别是细集料（如石屑和砂等）应有覆盖措施，防止雨淋。

(3) 拌和　对于高速公路和一级公路，水泥稳定土应采用专用稳定土拌和机在中心站用厂拌法进行集中拌和，拌和过程中要特别注意含水量应略大于最佳值。

(4) 运输　应尽量采用大吨位自卸汽车将拌和好的混合料运送到铺筑现场。车上的混合料应覆盖，减少水分损失、雨淋及环境污染。

(5) 摊铺

① 采用专用机械摊铺　采用沥青混凝土摊铺机或稳定土摊铺机摊铺混合料。如下承层是稳定细粒土，应先将下承层顶面拉毛，再摊铺混合料。在摊铺机后面设专人消除粗细集料离析现象。

② 采用摊铺箱或自动平地机摊铺　在二、三、四级公路上，没有摊铺机时，可采用摊铺箱摊铺混合料。

(6) 整形与碾压　同路拌法。

(7) 接缝的处理

① 横向接缝

a. 用摊铺机摊铺混合料时，不宜中断，如因故中断时间超过 2h，应设置横向接缝，摊铺机应驶离混合料末端。

b. 人工将末端含水量合适的混合料弄整齐，紧靠混合料放两根方木，方木的高度应与混合料的压实厚度相同。整平紧靠方木的混合料。方木的另一侧用砂砾或碎石回填约 3m 长，其高度应高出方木几厘米。

c. 将混合料碾压密实。在重新开始摊铺混合料之前，将砂砾或碎石和方木除去，并将下承层顶面清扫干净。摊铺机返回到已压实层的末端，重新开始摊铺混合料。

d. 如摊铺中断后，未按上述方法处理横向接缝，而中断时间已超过 2h，则应将摊铺机附近及其下面未经压实的混合料铲除，并将已碾压密实且高程和平整度符合要求的末端挖成与路中心线垂直并垂直向下的断面，然后再摊铺新的混合料。

② 纵向接缝　处理方法与路拌法相同。

6.4　石灰稳定土施工基层

石灰稳定土的施工有路拌法和中心站集中厂拌法两种。

6.4.1　路拌法

路拌法的施工程序为：准备下承层→施工放样→备料→摊铺土→洒水闷料→整平和轻压→卸置和摊铺石灰→拌和与洒水→整形→碾压→接缝和调头处理。

其中准备下承层、施工放样、洒水闷料、整平和轻压、整形及碾压等工序，除了结合料为石灰外，其余各方面与水泥稳定土的情况相同，此处不再赘述。其他各工序也与水泥稳定土的情况类似。二级以下公路的小工程可以采用人工沿路拌和法施工。下面仅就石灰稳定土与水泥稳定土不同之处阐述如下。

(1) 备料

① 分层采集土　当需分层采集土时，将土先分层堆放在一个场地上，然后从前到后将上下层土一起装车运送到现场。

② 石灰的堆放　选择公路两侧宽敞、临近水源且地势较高的场地集中堆放。当堆放时间较长时，应覆盖封存。石灰堆放在集中拌和场地时间较长时，也应覆盖封存。

③ 生石灰块的消解　在使用前 7～10d 进行，消解要充分，不留残渣。消解后的石灰应保持一定的湿度，不得产生扬尘，也不可过湿成团。消石灰宜过孔径 10mm 的筛，并尽快使用。

(2) 摊铺土　应事先通过试验确定土的松铺系数。人工摊铺混合料时，对于石灰土，当采取现场人工摊铺土和石灰，机械拌和，人工整平时，其松铺系数可按 1.53～1.58 选用；当采取路外集中拌和，运到现场人工摊铺时，可按 1.65～1.70 选用；对于石灰土砂砾，当采取路外集中拌和，运到现场人工摊铺时，其松铺系数可按 1.52～1.56 选用。其他情况应按对水泥稳定土施工摊铺土的要求处理。

(3) 卸置和摊铺石灰　按计算所得的每车石灰的纵横间距，用石灰在土层上做标记，同时划出摊铺石灰的边线。用刮板将石灰均匀摊开，石灰摊铺完后，表面应没有空白位置。量测石灰的松铺厚度，根据石灰的含水量和松密度，校核石灰用量是否合适。

(4) 拌和与洒水

① 二级及二级以上公路的拌和方法　按对水泥稳定土施工拌和（干拌）的要求进行拌和，只是当使用生石灰粉时，宜先用平地机或多铧犁将石灰翻到土层中间，但不能翻到底部。

② 三、四级公路的拌和方法　对于三、四级公路的石灰稳定细粒土和中粒土，在没有专用拌和机械的情况下，可用农用旋转耕作机与多铧犁或平地机相配合拌和四遍。先用旋转耕作机拌和两遍，后用多铧犁或平地机将底部素土翻起，再用旋转耕作机拌和两遍，多铧犁或平地机将底部料再翻起，并随时检查调整翻犁的深度，使稳定土层全部翻透。严禁在稳定

土层与下承层之间残留一层素土，但也应防止翻犁过深，过多破坏下承层的表面。也可以用缺口圆盘耙与多铧犁或平地机相配合，按对水泥稳定土施工拌和（干拌）的要求拌和石灰稳定细粒土、中粒土和粗粒土。

③ 拌和过程中混合料的含水量控制及检查　按对水泥稳定土施工加水并湿拌的规定进行。

④ 石灰稳定级配碎石或砂砾　应先将石灰和需添加的黏性土拌和均匀，然后均匀地摊铺在级配碎石或砂砾层上，再一起进行拌和。

⑤ 石灰稳定塑性指数大的黏土　采用两次拌和。第一次加 70％～100％预定剂量的石灰进行拌和，闷放 1～2d，此后补足需用的石灰，再进行第二次拌和。

⑥ 人工沿路拌和法施工　当采用人工沿路拌和法施工时，可采用筛拌法和翻拌法施工。

a. 筛拌法　将土和石灰混合或交替过孔径 15mm 的筛，筛余土块应随打碎随过筛。过筛以后，适当加水，拌和到均匀为止。

b. 翻拌法　将过筛的土和石灰先干拌 1～2 遍，然后加水拌和，应不少于 3 遍，直到均匀为止。

c. 闷料　为使混合料的水分充分均匀，可在当天拌和后堆放闷料，第二天再摊铺。

（5）接缝和调头处的处理　按对水泥稳定土施工的方法和要求完成。

6.4.2　中心站集中厂拌法

中心站集中厂拌法与水泥稳定基层相同。

6.5　石灰工业废渣稳定基层施工

石灰工业废渣稳定土包括两种基本类型：一种是石灰粉煤灰类，简称二灰类；另一种是石灰煤渣类。

石灰工业废渣稳定土的施工有路拌法和中心站集中厂拌法两种。

6.5.1　路拌法

路拌法的施工程序为：准备下承层→施工放样→备料→运输和摊铺集料→运输和摊铺粉煤灰或煤渣→运输和摊铺石灰→拌和与洒水→整形→碾压→接缝和调头处理。

其中准备下承层、施工放样、碾压、接缝及调头的处理等工序，除了结合料为石灰工业废渣外，其余各方面与水泥稳定土和石灰稳定土的情况相同。其他各工序也与水泥稳定土和石灰稳定土的情况类似。二级以下公路的小工程可以采用人工沿路拌和法施工。下面仅就石灰工业废渣稳定土与水泥稳定土、石灰稳定土不同之处阐述如下。

（1）备料

① 粉煤灰　运到现场的粉煤灰，应含有足够的水分，防止扬尘。在干燥和多风季节，应使料堆表面保持湿润，或者覆盖。如在堆放过程中，部分粉煤灰凝结成块，使用时应将灰块打碎。场地集中堆放的粉煤灰，应予覆盖，避免雨淋过分潮湿。

② 集料和石灰　按对石灰稳定土备料的要求完成集料和石灰的备料。

③ 计算材料用量　根据各路段石灰工业废渣稳定土层的宽度、厚度及预定的干密度，计算各路段需要的干混合料质量；根据混合料的配合比、材料的含水量以及所用运料车辆的吨位，计算各种材料每车料的堆放距离。

④ 路肩用料 如路肩用料与石灰工业废渣稳定土层用料不同，应采取培肩措施，先将两侧路肩培好，路肩料层的压实厚度应与稳定土层的压实厚度相同。在路肩上，每隔 5～10m 应交错开挖临时泄水沟。

⑤ 堆料前洒水 在预定堆料的下承层上，在堆料前应先洒水，使其表面湿润。

⑥ 人工沿路拌和法施工 将细粒土或集料按事先计算的数量（或折算成体积）运到路上分堆堆放，且应每隔一定距离留一个缺口。再将粉煤灰或煤渣按事先计算的数量（或折算成体积）运到路上，直接卸在细粒土堆上或集料堆旁。然后将石灰按事先计算的数量（或折算成体积）运到路上，直接卸在粉煤灰或煤渣上。

⑦ 其他任务 按对水泥稳定土、石灰稳定土施工备料的要求完成。

（2）运输和摊铺 材料装车时，控制每车料的数量基本相等。采用二灰时，先将粉煤灰运到现场。采用二灰稳定土时，先将土料运到现场。在同一料场供料的路段内，由远到近将料按上面计算的距离卸置于下承层上，卸料距离要均匀，料堆每隔一定距离留一个缺口，并且材料在下承层上的堆置时间不应过长。通过试验确定各种材料及混合料的松铺系数。采用机械路拌时，应采用层铺法，每种材料摊铺均匀后，宜先用两轮压路机碾压 1～2 遍，然后再运送并摊铺下一种材料。摊铺每层材料时应力求平整，并具有规定的路拱。集料应较湿润，必要时先洒少量水。

（3）拌和及洒水

① 二级和二级以上公路施工 采用专用稳定土拌和机进行拌和，并应先干拌两遍。用稳定土拌和机拌和时，拌和深度应直到稳定层底，并宜侵入下承层 5～10mm（不应过多），以加强上下层的黏结。应设专人跟随拌和机，随时检查拌和深度并配合拌和机操作员调整拌和深度。直接铺在土基上的拌和层宜避免素土夹层，其余各层严禁在拌和层底部留有素土夹层。通常拌和两遍以上，在进行最后一遍拌和之前，必要时先用多铧犁紧贴底面翻拌一遍。

② 三、四级公路施工

a. 在没有专用拌和机械的情况下，如为二灰稳定细粒土和中粒土，也可用旋转耕作机与多铧犁或平地机相配合先干拌四遍。先用旋转耕作机拌和两遍，后用多铧犁或平地机将底部素土翻起，再用旋转耕作机拌和第二遍，用多铧犁或平地机将底部料再翻起，随时检查调整翻犁的深度，使稳定土层全部翻透。严禁在稳定土层与下承层之间残留一层素土，但也应防止翻犁过深，过多破坏下承层的表面。

b. 对于三、四级公路，在没有专用拌和机械的情况下，如拌和二灰稳定中粒土和粗粒土，也可以用缺口圆盘耙与多铧犁或平地机相配合干拌。用平地机或多铧犁在前面翻拌，用圆盘耙跟在后面拌和，即采用边翻边耙的方法。圆盘耙的速度应尽量快，使二灰和集料拌和均匀。共翻拌四遍，开始的两遍不应翻犁到底，以防二灰落到底部。后面的两遍，应翻犁到底，随时检查调整翻犁的深度，要求同上述 a。

③ 洒水 用喷管式洒水车将水均匀地喷洒在干拌后的混合料上，洒水距离应长些，水车起洒处和另一端调头处都应超出拌和段 2m 以上。洒水车不应在正进行拌和的以及当天计划拌和的路段上调头和停留，应防止局部水量过大。

④ 技术要求 拌和机械应紧跟在洒水车后面进行拌和，尤其在纵坡大的路段上应配合紧密，以减少水分流失。在洒水拌和过程中，及时检查混合料的含水量。水分宜大于最佳含水量 1%左右。及时检查拌和深度，要使石灰工业废渣层全深都拌和均匀。拌和完成的标志是：混合料色泽一致，没有灰条、灰团和花面，没有粗细颗粒"窝"或"带"，且水分合适

和均匀。对于二灰级配集料，应先将石灰和粉煤灰拌和均匀，然后均匀地摊铺在集料层上，再一起进行拌和。

⑤ 人工沿路拌和法施工　当采用人工沿路拌和法施工时，可采用筛拌法和翻拌法施工。

a. 筛拌法　将土、粉煤灰和石灰混合或交替过孔径 15mm 的筛，筛余土块、粉煤灰块随打碎随过筛。过筛以后，适当加水至比最佳含水量大 1%～2%，并拌和均匀。

b. 翻拌法　将过筛的土、粉煤灰或煤渣和石灰先干拌 1～2 遍，然后加水拌和均匀，不宜少于 3 遍。

c. 拌和顺序　对于二灰集料和石灰煤渣集料，应先将石灰和粉煤灰或煤渣拌和均匀，然后再与集料一起拌和均匀。

d. 闷料　为使混合料的水分充分均匀，宜在当天拌和后堆放闷料，第二天再摊铺。

（4）整形

① 平地机整形

a. 混合料拌和均匀后，先用平地机初步整平和整形。在直线段及不设超高的平曲线段，平地机由两侧向路中心进行刮平；在设超高的平曲线段，平地机由内侧向外侧进行刮平。必要时，再返回刮一遍。

b. 用拖拉机、平地机或轮胎压路机快速碾压 1～2 遍，以暴露潜在的不平整。

c. 再用平地机按 a 所述进行整形，并用 b 所述机械再碾压一遍。整形过程中，应及时消除粗细集料的离析现象。

d. 对于局部低洼处，应用齿耙将其表层 50mm 以上耙松，并用新拌的二灰级配集料找补平整。

e. 再用平地机整形一次。

f. 每次整形都要按照规定的坡度和路拱进行，并应特别注意接缝顺适平整。

② 人工整形　人工用锹和耙先将混合料摊平，用路拱板进行初步整形。用拖拉机初压 1～2 遍后，根据试验确定的松铺系数，确定纵横断面的标高，并钉桩、挂线。利用锹耙按线整形，并再用路拱板校正成型。

③ 松铺系数　在整形过程中，必须禁止任何车辆通行。初步整形后，检查混合料的松铺厚度，必要时应进行补料或减料。二灰土的松铺系数为 1.5～1.7；二灰集料的松铺系数为 1.3～1.5；人工铺筑石灰煤渣土的松铺系数为 1.6～1.8；石灰煤渣集料的松铺系数为 1.4；用机械拌和及机械整形时，集料松铺系数为 1.2～1.3。

6.5.2　中心站集中厂拌法施工

石灰工业废渣混合料可以在中心站用多种机械进行集中拌和，也可用路拌机械或人工在现场进行分批集中拌和。对于高速公路和一级公路，应采用专用稳定土集中厂拌机械拌制混合料。其施工工艺与路拌法不同之处是先将混合料在拌和厂进行集中拌和，然后再运到现场进行摊铺和压实。

（1）备料与拌和　土块最大尺寸不应大于 15mm；粉煤灰块不应大于 12mm，且 9.5mm 和 2.36mm 筛孔的通过量应分别大于 95% 和 75%。不同粒级的砾石或碎石以及细集料都应分开堆放。石灰、粉煤灰和细集料都采取覆盖措施，防止雨淋过湿。要做到配料准确，拌和均匀。混合料的含水量应略大于最佳含水量，使混合料运到现场摊铺后碾压时的含水量能接近最佳值。

（2）混合料的堆放时间　不宜超过 24h，宜在当天将拌成的混合料运送到铺筑现场，不应将拌成的混合料长时间堆放。

（3）横向接缝　如压实层末端未用方木作支撑处理，在碾压后末端成斜坡，则在第二天开始摊铺新混合料之前，应将末端斜坡挖除，并挖成一个横向（与路中心线垂直）垂直向下的断面。挖出的混合料加水到最佳含水量拌匀后仍可使用。

（4）其他工序　按对水泥稳定土、石灰稳定土集中厂拌法施工的方法和要求进行。

6.6　基层施工质量控制与检查验收

路面基层、底基层强度与稳定性对于整个路面的强度，尤其是沥青路面的强度及使用寿命有着非常重要的影响。因此，在路面施工过程中，应做好路面基层的施工质量控制与检查验收。

施工中必须建立、健全工地试验、质量检查及工序间的交接验收等项制度。试验、检验要做到原始记录齐全，数据真实可靠。工地试验室应能进行所用基层材料的各项试验，还应具备进行现场压实度和平整度检查的能力，应配备弯沉测量的仪具和路面钻机。各个工序完结后，均应进行检查验收。经检验合格后，方可进行下一个工序的施工。凡经检验不合格的段落，必须进行补救，使其达到要求。

6.6.1　材料的标准试验

在组织现场施工以前以及在施工过程中，原材料（包括土）或混合料发生变化时，必须对拟采用的材料进行规定的基本性质试验，评定材料质量和性能是否符合要求。对用做底基层和基层的原材料，应进行表 6-1 所列的试验。对初步确定使用的底基层和基层混合料，包括掺配后不用结合料稳定的材料，应进行表 6-2 所列的试验。

表 6-1　底基层和基层原材料的试验项目

试验项目	材料名称	目　的	频　度	仪器及实验方法
含水量	土、砂砾、碎石等集料	确定原始含水量	每天使用前测 2 个样品	烘干法、酒精燃烧法、含水量快速测定仪
颗粒分析	砂砾、碎石等集料	确定级配是否符合要求，确定材料配合比	每种土使用前测 2 个样品，使用过程中每 2000m³ 测 2 个样品	筛分法
液限、塑限	土、级配砾石或级配碎石，0.5mm 以下的细土	求塑性指数，审定是否符合规定	每种土使用前测 2 个样品，使用过程中每 2000m³ 测 2 个样品	液限塑限联合测定仪法
相对毛体积密度、吸水率	砂砾、碎石等	评定粒料质量，计算固体体积率	使用前测 2 个样品，砂砾使用过程中每 2000m³ 测 2 个样品，碎石种类变化重做 2 个样品	网篮法或容积 1000mL 以上的容量瓶法
压碎值	砂砾、碎石等	评定石料的抗压碎能力是否符合要求	使用前测 2 个样品，砂砾使用过程中每 2000m³ 测 2 个样品，碎石种类变化重做 2 个样品	集料压碎值试验
有机质和硫酸盐含量	土	确定土是否适宜用石灰或水泥稳定	对土有怀疑时进行此项试验	有机质含量试验、易溶盐试验
有机钙、氧化镁	石灰	确定石灰质量	做材料组成设计和生产使用时分别测 2 个样品，以后每日测 2 个样品	石灰的化学分析

试验项目	材料名称	目　的	频　度	仪器及实验方法
水泥强度等级和凝结时间	水泥	确定水泥的质量是否适宜应用	做材料组成设计时测 1 个样品,料源或强度等级变化时重测	水泥胶砂强度检验方法,水泥凝结时间检验方法
烧失量	粉煤灰	确定粉煤灰是否适用	做材料组成设计前测 2 个样品	烧失量试验

表 6-2　底基层和基层混合料的试验项目

试验项目	目　的
重型击实试验	求最佳含水量和最大干密度,以规定工地碾压时的含水量和应达到的最小干密度,确定制备强度试验和耐久性试验的试件所应该用的含水量和干密度;确定制备承载比试件的材料含水量
承载比	求工地预期干密度下的承载比,确定材料是否适宜做基层或底基层
抗压强度	进行材料组成设计,选定最适宜于用水泥或石灰稳定的土(包括)粒料,规定施工中所用的结合料剂量,为工地提供评定质量的标准
延迟时间	对已定水泥剂量的混合料,确定延迟时间对混合料密度和抗压强度的影响,并据此确定施工允许的延迟时间

6.6.2　铺筑试验段

（1）确定施工参数　在底基层和基层正式开工之前,应铺筑试验段。通过铺筑无结合料的集料基层试验段,确定以下主要内容。

① 用于施工的集料配合比例。

② 材料的松铺系数。

③ 确定标准施工方法：

a. 集料数量的控制；

b. 集料摊铺方法和适用机具；

c. 合适的拌和机械、拌和方法、拌和深度和拌和遍数；

d. 集料含水量的增加和控制方法；

e. 整平和整形的合适机具和方法；

f. 压实机械的选择和组合,压实的顺序、速度和遍数；

g. 拌和、运输、摊铺和碾压机械的协调和配合；

h. 密实度的检查方法,初定每一作业段的最小检查数量。

④ 确定每一作业段的合适长度。

⑤ 确定一次铺筑的合适厚度。

（2）确定控制结合料数量和拌和均匀性的方法　通过铺筑水泥稳定土、石灰稳定土和石灰工业废渣稳定土基层试验段,除确定上述所列者外,还确定控制结合料数量和拌和均匀性的方法。

（3）确定允许的拌和时间　对于水泥稳定土基层,还包括通过严密组织拌和、洒水、整形、碾压等工序,缩短延迟时间,规定允许的拌和时间。

6.6.3　质量管理

施工过程中的质量管理包括外形尺寸的控制和检查以及质量控制和检查。外形尺寸检查项目、频度和质量标准应符合表 6-3 的要求。质量控制的项目、频度和质量标准应符合表 6-4的要求。

表 6-3　外形尺寸检查的项目、频度和质量标准

工程类别	项　目		频　度	质　量　标　准	
				高速、一级公路	一般公路
底基层	纵断高程/mm		二级及二级以下公路每 20 延米 1 点；高速公路、一级公路每 20 延米 1 个断面，每个断面 3～5 个点	+5，−15	+5，−20
	厚度/mm	均值	每 1500～2000m² 6 个点	−10	−12
		单个值		−25	−30
	宽度/mm		每 40 延米 1 处	+0 以上	+0 以上
	横坡度/%		每 100 延米 3 处	±0.3	±0.5
	平整度/mm		每 200 延米 2 处，每处连续 10 尺(3m 直尺)	12	15
底基层	纵断高程/mm		二级及二级以下公路每 20 延米 1 点；高速公路、一级公路每 20 延米 1 个断面，每个断面 3～5 个点	+5，−10	+5，−15
	厚度/mm	均值	每 1500～2000m² 6 个点	−8	−15
		单个值		−10	−20
	宽度/mm		每 40 延米 1 处	+0 以上	+0 以上
	横坡度/%		每 100 延米 3 处	±0.3	±0.5
	平整度		每 200 延米 2 处，每处连续 10 尺(3m 直尺)	8	12
			连续式平整度仪的标准差	3.0	—

表 6-4　底基层、基层施工质量控制的项目、频度和质量标准

工程类别	项　目	频　度	质量标准
无结合料底基层	含水量	据观察，异常时随时试验	在现行规范规定范围内
	级配	据观察，异常时随时试验	在现行规范规定范围内
	拌和均匀性	随时观察	无粗细集料离析现象
	压实度	每一作业段或不大于 2000m² 检查 6 次以上	96% 以上，填隙碎石以固体体积率表示，不小于 83%
	塑性指数	每 1000m² 1 次，异常时随时试验	小于现行规范规定值
	承载比	每 3000m² 1 次，据观察，异常时随时增加试验	不小于现行规范规定值
	弯沉值检验	每一评定段(不超过 1km)每车道 40～50 个测点	95%(二级及二级以下公路)或 97.7%(高速公路、一级公路)概率的上波动界限不大于计算的允许值
无结合料基层	含水量	据观察，异常时随时试验	在现行规范规定范围内
	级配	每 2000m² 1 次	在现行规范规定范围内
	拌和均匀性	随时观察	无粗细集料离析现象
	压实度	每一作业段或不大于 2000m² 检查 6 次以上	级配集料基层 98%，中间层 100%，填隙碎石固体体积率 85%
	塑性指数	每 1000m² 1 次，异常时随时试验	小于现行规范规定值
	集料压碎值	据观察，异常时随时试验	不超出现行规范规定值
	承载比	每 3000m² 1 次，据观察，异常时随时增加试验	不小于现行规范规定值
	弯沉值检验	每一评定段(不超过 1km)每车道 40～50 个测点	95%(二级及二级以下公路)或 97.7%(高速公路、一级公路)概率的上波动界限不大于计算的允许值

续表

工程类别	项　目		频　度	质量标准
水泥或石灰稳定土及综合稳定土	级配		每 2000m² 1 次	在现行规范规定范围内
	集料压碎值		据观察,异常时随时试验	不超出现行规范规定值
	含水量	水泥稳定土	据观察,异常时随时试验	在现行规范规定范围内
		石灰稳定土		
	拌和稳定度		随时观察	无灰条、灰团,色泽均匀,无离析现象
	压实度	稳定细集料	每一作业段或不超过 2000m² 检查 6 次以上	二级及二级以下公路 93% 以上,高速公路、一级公路 95% 以上
		稳定中粒和粗粒土		二级及二级以下公路的底基层 95%,基层 97%;高速公路、一级公路的底基层 96%,基层 98%
	抗压强度		稳定细粒土每一作业段或每 2000m² 检查 6 个试件;确定中粒和粗粒土每一作业段或每 2000m² 检查 6 个或 9 个试件	符合现行规范规定要求
石灰工业废渣稳定土	延迟时间		每一作业段 1 次	不超过现行规范规定
	配合比		每 2000m² 1 次	石灰计量不小于设计值−1%(当石灰剂量小于 4% 时为小于设计值−0.5%)以内
	级配		每 2000m² 1 次	不超出现行规范规定
	含水量		据观察,异常时随时试验	最佳含水量±1%(二灰土为±2%)
	拌和均匀性		随时观察	无灰条、灰团,色泽均匀,无离析现象
	压实度	二灰土	每一作业段或不超过 2000m² 检查 6 次以上	二级及二级以下公路 93% 以上,高速公路、一级公路 95% 以上
		其他含粒料的石灰工业废渣		二级及二级以下公路的底基层 95% 或 93%,基层 97%;高速公路、一级公路的底基层 97% 或 95%,基层 98%
	抗压强度		稳定细粒土每一作业段或每 2000m² 检查 6 个试件;稳定中粒和粗粒土每一作业段或每 2000m² 检查 6 个或 9 个试件	符合规范要求

注：弯沉值计算见《公路路面基层施工技术规范》。

对于无机结合料稳定基层,应取钻件(俗称路面芯样)检验其整体性。水泥稳定基层的龄期 7~10d 时,应能取出完整的钻件。二灰稳定基层的龄期 20~28d 时,应能取出完整的钻件。如果路面钻机取不出水泥稳定基层或二灰稳定基层的完整钻件,则应找出不合格基层的界限,进行返工处理。

6.6.4　检查验收

(1)检查验收的目的、内容　检查验收的目的是判定完成的路面结构层是否满足设计文件与施工规范的要求。内容包括工程竣工后的外形和质量。

(2)质量检查验收的方法

① 评定单位　判定路面结构层质量是否合格时,以 1km 长的路段为评定单位。采用大流水作业法施工时,也可以每天完成的段落为评定单位。

② 检查施工原始记录　对上述检查内容进行初步评定。

③ 进行抽样检查　抽样必须是随机的,不能带有任何倾向性。压实度、厚度、水泥(石灰)剂量检测样品、制备强度试件样品等的现场随机取样位置的确定应按现行《公路路面基层施工技术规范》规定的方法进行。

(3)外形检查　竣工工程外形的检查项目、频度和质量标准值应符合表 6-5 的要求。

表 6-5 竣工工程外形的检查项目、频度和质量标准

结构层	项　目		频　度	质量标准	
				高速公路、一级公路	二级及二级以下公路
路基	高程/mm		每 200m 4 点	+10，-15	+10，-20
	宽度/mm		每 200m 4 个断面	不小于设计值	
	横坡度/%		每 200m 4 个断面	±0.5	±0.5
	平整度/mm		每 200m 2 处,每处连续 10 尺(3m 直尺)	≤15	≤20
底基层	高程/mm		每 200m 4 个点	+5，-15	+5，-20
	厚度	均值	每 200m 每车道 1 点	-10	-20
		单个值		-25	-30
	宽度/mm		每 200m 4 个断面	+0 以上	+0 以上
	横坡度/%		每 200m 4 个断面	±0.3	±0.5
	平整度/mm		每 200m 2 处,每处连续 10 尺(3m 直尺)	12	15
基层	高程/mm		每 200m 4 个点	+5，-10	+5，-15
	厚度	均值	每 200m 每车道 1 点	-8	-10
		单个值		-15	-20
	宽度/mm		每 200m 4 个断面	+0 以上	+0 以上
	横坡度/%		每 200m 4 个断面	±0.3	±0.3
	平整度/mm		每 200m 2 处,每处连续 10 尺(3m 直尺)	8	12
			连续式平整度仪的标准差	3.0	—

厚度检查后，应按式(6-1) 和式(6-2) 分别计算其平均值 $\overline{X}$ 和标准差 S：

$$\overline{X} = \frac{X_1 + X_2 + \cdots + X_n}{n} \tag{6-1}$$

$$S = \sqrt{\frac{(X_1 - \overline{X})^2 + (X_2 - \overline{X})^2 + \cdots + (X_n - \overline{X})^2}{n-1}} \tag{6-2}$$

式中　X_1，X_2，…，X_n——每次检查的厚度值；

n——检查数量。

按式(6-3) 计算算数平均值的下置信界限 $\overline{X}_L$：

$$\overline{X}_L = \overline{X} - t_\alpha \frac{S}{\sqrt{n}} \tag{6-3}$$

式中　t_α——t 分布表中随自由度和保证率（或置信度 α）而变的系数，对高速公路和一级公路应取保证率 99%，对其他等级公路可取保证率 95%。

厚度平均值的下置信限 ($\overline{X}_L$) 应不小于设计厚度减去均值允许误差。

（4）质量检查　按表 6-6 对工程质量进行检查验收。

（5）技术要求　测量弯沉后，考虑一定保证率，测量值的上波动界限按式(6-4) 计算：

$$l_r = \overline{l} + Z_\alpha S \tag{6-4}$$

式中　l_r——测量值的上波动界限（即代表弯沉值）；

$\overline{l}$——标准车测得弯沉的平均值；

Z_α——与要求保证率有关的系数，高速公路和一级公路可取 $Z_\alpha = 2.0$，二级公路取 $Z_\alpha = 1.645$，二级以下公路取 $Z_\alpha = 1.5$。

表 6-6　质量合格标准值

工程类别	检查项目	检查数量	标准值	极限低值
路基	压实度	200m,4 处(灌砂法)	重型压实标准,二级和二级以下公路 93%以上,高速公路和一级公路不小于 95%	二级和二级以下公路 88%,高速公路和一级公路 90%
	碾压检验	全面,随时	无"弹簧"现象	—
	弯沉值	每一评定段(不超过 1km)每车道 40～50 个测点	按《公路路面基层施工技术规范》(JTJ 034—2000)附录 A 所得的弯沉标准值	—
无机结合料基层	压实度	6～10 处	基层 96%	92%
	弯沉值	每车道 40～50 个测点	按《公路路面基层施工技术规范》(JTJ 034—2000)附录 A 所得的弯沉标准值	—
级配碎石(或砾石)	压实度	6～10 处	基层 98%	94%
			底基层 96%	92%
	颗粒组成	2～3 处	规定级配范围	
	弯沉值	每车道 40～50 个测点	按《公路路面基层施工技术规范》(JTJ 034—2000)附录 A 所得的弯沉标准值	—
填隙碎石	压实度(固体体积率)	6～10 处	基层 85%	82%
			底基层 83%	80%
	弯沉值	每车道 40～50 个测点	按《公路路面基层施工技术规范》(JTJ 034—2000)附录 A 所得的弯沉标准值	—
水泥土、石灰土、二灰、二灰土	压实度	6～10 处	93%(95%)	89%(91%)
	水泥或石灰剂量/%	3～6	设计值	水泥 1.0% 石灰 2.0%
水泥稳定土、石灰稳定土、石灰工业废渣稳定土	压实度	6～10 处	基层 98%(97%)	94%(93%)
			底基层 96%(95%)	92%(91%)
	颗粒组成	2～3 处	规定级配范围	
	水泥或石灰剂量/%	6～10	设计值	设计值－1.0%

在计算观测值的平均值和标准差时,可将超出 $[\bar{l}\pm(2\sim3)S]$ 的弯沉特异值舍弃后,计算所得的代表弯沉值应不大于允许的弯沉值。对舍弃的弯沉值过大的点,应找出其周围界限,并进行局部处理。

压实度检查后,其下置信限 $\overline{K}_L$ 应不小于标准值 K_d。

水泥或石灰剂量测定后,其下置信界限应不小于设计值。对超出极限值的点,应找出其范围并进行局部处理。

本章小结

路面基层主要有无机结合料稳定类基层、粒料类基层等。不同材料铺筑的结构层,其强度构成、适用场合和施工要求各有差异。本章主要介绍各类结构层的材料组成与选用、施工方法和工艺、质量控制及检验等。通过本章的学习,要求同学了解不同材料基层的分类,掌握其施工方法和工艺,能够依据相关规范进行路面基层质量检验和验收。

 **复习思考题**

1. 无机结合料稳定基层分为哪几种？各种材料组成是什么？分别适用于什么情况？

2. 什么是路拌法？什么是厂拌法？

3. 简述各种无机结合料稳定材料路拌法的施工程序和施工要点。

4. 简述各种无机结合料稳定材料厂拌法的施工程序和施工要点。

5. 简述施工质量控制与检验的重要性。

6. 结合所学知识分析材料检验项目、控制内容和检验方法。

7. 试述铺筑试验段的目的。

8. 简述基层质量管理主要从哪几方面进行控制。结合相关质量检验标准分析具体的检查验收控制方法。

第7章 水泥混凝土路面施工

【知识目标】

- 了解水泥混凝土路面材料要求。
- 掌握滑模式摊铺机施工工艺流程和质量控制环节。
- 掌握轨道式摊铺机施工工艺流程和质量控制环节。
- 了解其他类型混凝土路面特点和类型。

【能力目标】

- 能进行水泥混凝土路面原材料的质量控制。
- 能进行水泥混凝土路面各种不同施工方式的质量控制。
- 能够绘制水泥混凝土路面不同施工方式工艺流程图。

7.1 概　　述

7.1.1 水泥混凝土路面的特点

水泥混凝土路面包括普通混凝土、钢筋混凝土、连续配筋混凝土、预应力混凝土、装配式混凝土和钢纤维混凝土等面层板和基（垫）层所组成的路面。目前采用最广泛的是就地浇筑的普通混凝土路面，简称混凝土路面。

所谓普通混凝土路面，是指除接缝区和局部范围（边缘和角隅）外不配置钢筋的混凝土路面。与其他类型路面相比，混凝土路面具有以下优点。

① 强度高　混凝土路面具有很高的抗压强度和较高的抗弯拉强度以及抗磨耗能力。

② 稳定性好　混凝土路面的水稳性、热稳性均较好，特别是它的强度能随着时间的延长而逐渐提高，不存在沥青路面的那种"老化"现象。

③ 耐久性好　由于混凝土路面的强度和稳定性好，所以它经久耐用，一般能使用20～40年，而且它能通行包括履带式车辆等在内的各种运输工具。

④ 有利于夜间行车　混凝土路面色泽鲜明，能见度好，对夜间行车有利。

但是，混凝土路面也存在一些缺点，主要有以下几方面。

① 对水泥和水的需要量大　修筑0.2m厚、7m宽的混凝土路面，每1000m要耗费水泥400～500t和水约250t，尚不包括养生用的水在内，这对水泥供应不足和缺水地区带来较大困难。

② 有接缝　一般混凝土路面要建造许多接缝，这些接缝不但增加施工和养护的复杂性，而且容易引起行车跳动，影响行车的舒适性，接缝又是路面的薄弱点，如处理不当，将导致路面板边和板角处破坏。

③ 开放交通较迟　一般混凝土路面完工后，要经过28d的湿法养生，才能开放交通，

如需提早开放交通，则需采取特殊措施。

④ 修复困难　混凝土路面损坏后，开挖很困难，修补工作量也大，且影响交通。

7.1.2　水泥混凝土路面构造

（1）土基　混凝土路面下的路基必须密实、稳定和均匀。路基一般要求处于干燥或中湿状况，过湿状态或强度与稳定性不符合要求的潮湿状态的路基必须经过处理。

路基的不均匀支撑，可能由下列因素所造成。

① 不均匀沉陷　湿软地基未达充分固结；土质不均匀，压实不充分、填挖结合部以及新老路基交接处处理不当。

② 不均匀冻胀　季节性冰冻地区，土质不均匀（对冰冻敏感性不同）；路基潮湿条件变化。

③ 膨胀土　在过干或过湿（相对于最佳含水量）时压实；排水设施不良等。

控制路基不均匀支撑的最经济、最有效的方法是：①把不均匀的土掺配成均匀的土；②控制压实时的含水量接近于最佳含水量，并保证压实度达到要求；③加强路基排水设施，对于湿软地基，则应采取加固措施；④加设垫层，以缓和可能产生的不均匀变形对面层的不利影响。

（2）基层　混凝土面层下设置基层的目的如下。

① 防唧泥。混凝土面层如直接放在路基上，会由于路基土塑性变形量大，细料含量多和抗冲刷能力低而极易产生唧泥现象。铺设基层后，可减轻以致消除唧泥的产生。但未经处治的砂砾基层，其细料含量和塑性指数不能太高，否则仍会产生唧泥。

图 7-1　兼起排水作用的粒料基层
1—盲沟；2—通过路肩的基层

② 防冰冻。在季节性冰冻地区，用对冰冻不敏感的粒状多孔材料来铺筑基层，可以减少路基的冰冻深度，从而减轻冰冻的危害作用。

③ 减小路基顶面的压应力，并缓和路基不均匀变形对面层的影响。

④ 防水。在湿软土基上，铺筑开级配粒料基层，可以排除从路表面渗入面层板下的水分（图 7-1）以及隔断地下毛细水上升。

⑤ 为面层施工（如立侧模、运送混凝土混合料等）提供方便。

⑥ 提高路面结构的承载能力，延长路面的使用寿命。

因此，除非土基本身就是有良好级配的砂砾类土，而且是良好排水条件的轻交通道路之外，都应设置基层。同时，基层应具有足够的强度和稳定性，且断面正确，表面平整。

基层厚度以 20cm 左右为宜。基层宽度应比混凝土路面板每侧各宽出 25～35cm（采用小型机具或轨道式摊铺机施工）或 50～60cm（采用滑模摊铺机施工），或与路基同宽，以供施工时安装模板，并防止路面边缘渗水至土基而导致路面破坏。在冰冻深度大于 0.5m 的季节性冰冻地区，为防止路基可能产生的不均匀冻胀对混凝土面层的不利影响，路面结构应有足够的总厚度，以便将路基的冰冻深度约束在有限的范围内。路面结构的最小总厚度，随冰冻线深度、路基的潮湿状况和土质而异，其数值可参照表 7-1 选定。超出面层和基层厚度的总厚度部分可用基层下的垫层（防冻层）来补足。

表 7-1 水泥混凝土路面结构防冻最小厚度

路基干湿类型	路基土质	设计年限内当地最大冻深/cm			
		50～100	100～150	150～200	＞200
中湿路段	黏性土 细亚砂土	30～50	40～60	50～70	60～95
	粉性土	40～60	50～70	60～85	70～110
潮湿路段	黏性土 细亚砂土	40～60	50～70	60～90	75～120
	粉性土	45～70	55～80	70～100	80～130

7.1.3 混凝土面板

混凝土面板应保证表面平整、耐磨、抗滑。混凝土面板的平整度以 3m 直尺量测为准。3m 直尺与路面表面的最大间隙高速公路和一级公路不应大于 3mm；其他各级公路不应大于 5mm。混凝土面板的抗滑标准以构造深度为指标。高速公路和一级公路不应低于 0.8mm；其他各级公路不应低于 0.6mm。混凝土路面横断面示意图如图 7-2 所示。

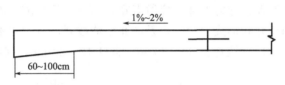

图 7-2 混凝土路面横断面示意图

7.1.4 接缝的构造与布置

混凝土面层是由一定厚度的混凝土板所组成的，它具有热胀冷缩的性质。由于一年四季及白昼气温的变化，混凝土板会产生不同程度的膨胀和收缩，会使板的周边和角隅产生翘起的趋势 [图 7-3(a)]。这些变形会受到板与基础之间的摩阻力、黏结力以及板的自重车轮荷载等的约束，致使板内产生过大的应力，造成板的断裂 [图 7-3(b)] 或拱胀等破坏。

从图 7-3 可见，由于翘曲而引起的裂缝，在裂缝发生后被分割的两块板体尚不致完全分离，倘若板体温度均匀下降引起收缩，则将使两块板体被拉开 [图 7-3(c)]，从而失去荷载传递作用。

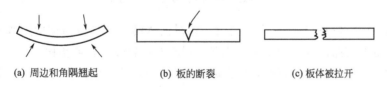

(a) 周边和角隅翘起　　　(b) 板的断裂　　　(c) 板体被拉开

图 7-3 混凝土由于温度差引起的变形

为避免这些缺陷，混凝土路面不得不在纵横两个方向设置许多接缝，把整个路面分割成许多板块（图 7-4）。

横向接缝是垂直于行车方向的接缝，共有三种：缩缝、胀缝和施工缝。缩缝保证板因温度和湿度的降低而收缩时沿该薄弱断面缩裂，从而避免产生不规则的裂缝。胀缝保证板在温度升高时能部分伸张，从而避免产生路面板在热天的拱胀和折断破坏，同时胀缝也能起到缩缝的作用。另外，混凝土路面每天完工以及因雨天或其他原因不能继续施工时，应尽量做到胀缝处。如不可能，也应做至缩缝处，并做成施工缝的构造形式。

纵向接缝是指平行于混凝土路面行车方向的那些接缝。纵缝一般按 3～4.5m 设置，这

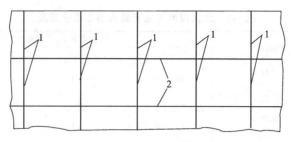

图 7-4　路面接缝设置

1—纵向接缝；2—横向接缝

对行车和施工都较方便。当双车道路面按全幅宽度施工时，纵缝可做成假缝形式。对这种假缝，国外规定在板厚中央应设置拉杆，拉杆直径可小于传力杆，间距为 1.0m 左右，锚固在混凝土内，以保证两侧板不致被拉开而失掉缝下部的颗粒嵌锁作用 [图 7-5(a)]。当按一个车道施工时，可做成平头式纵缝 [图 7-5(b)]。为利于板间传递荷载，也可采用企口式纵缝 [图 7-5(c)]，缝壁应涂沥青，缝的上部也应留有宽 6～8mm 的缝隙，内浇灌填缝料。为防止板沿两侧路拱横坡爬动拉开和形成错台，以及防止横缝搓开，有时在平头式及企口式纵缝上设置拉杆 [图 7-5(c)、(d)]，拉杆长 50～70cm，直径 18～20mm，间距 1.0～1.5m。

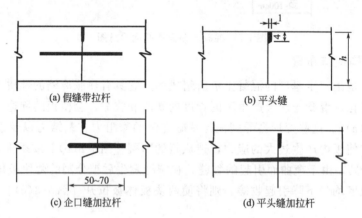

(a) 假缝带拉杆　　　　　　　　(b) 平头缝

(c) 企口缝加拉杆　　　　　　　(d) 平头缝加拉杆

图 7-5　纵缩缝的构造形式（单位：cm）

对多车道路面，应每隔 3～4 个车道设一条纵向胀缝，其构造与横向胀缝相同。当路旁有路缘石时，缘石与路面板之间也应设胀缝，但不必设置传力杆或垫枕。

纵缝与横缝一般作成垂直正交，使混凝土板具有 90°的角隅。纵缝两旁的横缝一般成一条直线。在交叉口范围内，为了避免板形成较锐的角并使板的长边与行车方向一致，大多采用辐射式的接缝布置形式。

7.2　面层材料的技术要求

水泥混凝土的组成材料包括水泥、细集料（砂）、粗集料（碎、砾石）、水及外加剂。

7.2.1　水泥

作为混凝土的胶结材料，水泥应具有强度高、干缩性小、抗磨性与耐久性好的特点。水泥品种及强度等级的选用，必须根据公路路面等级、工期、铺筑时间和方法及经济性等因素综合考虑决定。目前，水泥混凝土路面主要采用硅酸盐水泥和普通硅酸盐水泥，水泥中的铝酸三钙含量不得超过 5%，铁铝酸四钙含量不得低于 18%，氧化钙含量不得超过 1%。初凝不得早于 1.5h，终凝不得迟于 10h。水泥胶砂试件 28d 龄期的干缩率不得大于 0.09%。

7.2.2　细集料

细集料可采用天然砂（河砂、海砂或山砂），也可采用机轧的人工砂（如石屑等），细集料坚硬、耐久、清洁，满足一定的级配及细度模数，且有害杂质含量少。

（1）细集料的标准级配要求　见表 7-2。

表 7-2　细集料的标准级配要求

级配分区	筛孔尺寸/mm						
	9.5	4.75	2.36	1.18	0.60	0.30	0.15
	通过百分率（以质量计）/%						
Ⅰ区	0	10～0	35～5	65～35	85～71	95～80	100～90
Ⅱ区	0	10～0	25～0	50～10	70～41	92～70	100～90
Ⅲ区	0	10～0	15～0	25～0	40～16	85～55	100～90

注：Ⅰ区属于粗砂；Ⅱ区属于中砂或部分偏粗的砂；Ⅲ区属于细砂或部分偏细的中砂。

（2）细度模数　细度模数是各号筛的累计筛余百分率之和除以 100。细度模数反映的是全部颗粒粗细程度，当考虑砂的颗粒分布情况时，应同时用细度模数和级配两项指标反映其性质。路面用砂的细度模数一般在 2.5 以上。

（3）杂质含量　细集料中含有泥土（包括尘屑和黏土）、有机物、硫化物和硫酸盐等杂质，会妨碍水泥的水化反应。因此，细集料的含泥量应不大于 3%，硫化物和硫酸盐含量（主要是 SO_3）不大于 1%，同时，砂中不得混有石灰、煤渣、草根等杂物。

7.2.3　粗集料

为保证混凝土具有足够的强度、良好的抗滑性、耐磨性、耐久性，粗集料应质地坚硬、耐久、洁净，且符合一定的级配。

粗集料的技术要求应符合表 7-3 的规定。

表 7-3　碎石、碎卵石和卵石技术指标

项　目	技术指标		
	Ⅰ级	Ⅱ级	Ⅲ级
碎石压碎指标/%	<10	<15	<20[①]
卵石压碎指标/%	<12	<14	<16
坚固性（按质量损失计）/%	<5	<8	<12
针片状颗粒含量（按质量计）/%	<5	<15	<20[②]
含泥量（按质量计）/%	<0.5	<1.0	<1.5
泥块含量（按质量计）/%	<0	<0.2	<0.5
有机物含量（比色法）	合格	合格	合格
硫化物及硫酸盐（按 SO_3 质量计）	<0.5	<1.0	<1.0
岩石抗压强度	火成岩不应小于 100MPa；变质岩不应小于 80MPa；水成岩不应小于 60MPa		
表观密度/（kg/m³）	＞2500		
松散堆积密度/（kg/m³）	＞1350		
空隙率/%	<47		
碱集料反应	经碱集料反应试验后，试件无裂缝、酥裂、胶体外溢等现象，在规定试验龄期的膨胀率应小于 0.10%		

注：1.Ⅲ级碎石的压碎指标，用做路面时，应小于 20%；用做下面层或基层时，可小于 25%。

2.Ⅲ级粗集料的针片状颗粒含量，用做路面时，应小于 20%；用做下面层或基层时，可小于 25%。

用表面粗糙且多棱角的碎石配制的混凝土，具有良好的黏附性和较高的强度。砾石配制的混凝土具有良好的工作性。

粗集料的最大粒径应不大于 40mm，其级配可采用连续级配和间断级配。工程中一般采用工作性优良的连续级配，若为间断级配，应采用强力振捣。粗集料的标准级配范围可参考表 7-4。

表 7-4　粗集料的标准级配范围

项　目		方筛孔尺寸/mm							
		2.36	4.75	9.50	16.0	19.0	26.5	31.5	37.5
		累计筛余(以质量计)/%							
合成级配	4.75～16	95～100	85～100	40～60	0～10				
	4.75～19	95～100	85～90	60～75	30～45	0～5	0		
	4.75～26.5	95～100	90～100	70～90	50～70	25～40	0～5	0	
	4.75～31.5	95～100	90～100	75～90	60～75	40～60	20～35	0～5	0
粒级	4.75～9.5	95～100	80～100	0～15	0				
	9.5～16		95～100	80～100	0～15	0			
	9.5～19		95～100	85～100	40～60	0～15	0		
	16～26.5			95～100	55～70	25～40	0～10	0	
	16～31.5			95～100	85～100	55～70	25～40	0～10	0

7.2.4　水

混凝土所用的水，应不含有影响混凝土质量的油、酸、碱、盐类、有机物等。水中硫酸盐含量（按 SO_4^{2-} 计）不超过 2.7mg/cm³，含盐量不超过 5.0mg/cm³，pH 值不小于 4。

7.2.5　外加剂

为改善混凝土的技术性质，在混凝土的制备过程中，常掺入一定量的流变剂、调凝剂和引气剂等外加剂。

（1）流变剂　流变剂是改善新拌混凝土流变性能的外加剂，工程中常用的流变剂为减水剂。

混凝土中加入适量的减水剂，可大大地改善新拌混凝土的工作性或显著降低水灰比，从而提高混凝土的强度和改善混凝土的抗冻、抗磨、收缩等性能。

目前，工程中常用的减水剂有木质素系减水剂（简称 M 剂）、萘系减水剂（NF、MF等）、水溶性树脂（蜜胺树脂）类减水剂等。

（2）调凝剂　调凝剂是调节水泥混凝土凝结时间的外加剂，通常有早强剂、促凝剂、速凝剂和缓凝剂。

早强剂是加速混凝土早期强度发展的外加剂，常用的有氯化钙和三乙醇胺复合早强剂。

促凝剂是缩短混凝土中的水泥浆从塑性状态到固体状态的转化时间，常用的有水玻璃、铝酸钠、碳酸钠、氟化钠、氯化钙和三乙醇胺等。

速凝剂是使水泥混凝土迅速凝结和硬化的外加剂，可用于冬季施工。常用的有红星 1号、711 型、782 型等，通常掺入量为水泥用量的 2.5%～4.0%，初凝时间可在 5min 之内，终凝时间在 10min 之内。

缓凝剂是延缓水泥凝结时间的外加剂，常在气温较高时拌制混凝土使用。目前，主要有羟基羧酸盐类（酒石酸等）、多羟基碳水化合物（糖蜜等）和无机化合物类（Na_3PO_4 等）。

（3）引气剂　引气剂能在混凝土中形成细小的、均匀分布的空气微泡，对新拌混凝土可改善其工作性、减少泌水和离析，对硬化后的混凝土，可缓冲其水分结冰膨胀的作用，提高混凝土的抗冻性、抗渗性和抗蚀性。

目前，常用的有松香热聚物、烷基磺酸钠和烷基苯碳酸钠等，其质量应符合标准的规定，掺入量为 0.005%～0.01%，并应经试验和实地试用后再确定是否适用。

7.2.6 接缝材料

接缝材料包括接缝板和填缝料。

接缝料应选择能适应混凝土的膨胀与收缩，施工时不变形、耐久良好的材料。常用杉木板、软木板、橡胶、海绵泡沫树脂类等。

填缝料应选择与混凝土板壁粘接力强、回弹性好、能适应混凝土的收缩、不溶于水、不掺水，高温不溢、低温不脆的耐久性材料。按施工温度可分为加热施工式和常温施工式两种，目前，加热施工式填缝料主要有沥青橡胶类、聚氯乙烯胶泥类和沥青玛蹄脂类等，常温施工式填缝料有聚氨酯焦油类、氯丁橡胶类和乳化沥青橡胶类。

在路面工程中，接缝中的软木板、加热式施工填料中聚氯乙烯胶泥和常温式施工中 KM880 建筑密封膏以及聚酯改性沥青性能较好。

7.2.7 钢筋

水泥混凝土路面所用的钢筋有传力杆、拉杆及补强钢筋等。钢筋的品种、规格应符合设计要求，且表面油污和颗粒状或片状锈蚀应清除，其屈服强度和抗拉强度应符合表 7-5 的要求。

表 7-5　钢筋的屈服强度和抗拉强度

钢筋强度	屈服强度 /MPa	抗拉强度 /MPa	钢筋强度	屈服强度 /MPa	抗拉强度 /MPa
Ⅰ级（Q235）	235	370	Ⅲ级（25MnSi）	370	570
Ⅱ级［20MnSi、20MnNb(b)］					
钢筋直径＜25mm	335	510	Ⅳ级（40SiMnV、45SiMnV、45SiMnTi）	540	835
钢筋直径＞28mm	315	490			

7.3　水泥混凝土路面施工工艺流程

目前，水泥混凝土路面施工主要有轨道式摊铺机和滑模式摊铺机两种方式。

7.3.1 轨道式摊铺机施工

(1) 准备工作　施工前的准备工作包括材料的准备与检验、配合比的检验与调整、基层的检验与整修等工作。

① 材料的准备与检验　根据施工组织计划，施工前分批、分堆准备所需各种材料（包括水泥、砂、石料、钢材及必要的外加剂），并对已进场的砂、石材料进行抽样，检测其强度、规格、级配、针片状颗粒含量、含泥量及有害杂质含量等，对不符合要求的材料须进行处理或弃用。

对进场的钢材、水泥等除验明出厂质量报告单外，还应逐批抽验其技术指标（水泥的细度、凝结时间、安定性及 3d、7d、28d 的强度，钢筋的品种、规格、屈服强度及表观等）。

② 配合比的检验与调整　混凝土施工前，应检验其配合比的实用性，必要时，须及时做调整。

根据设计的配合比取样试拌，检查其工作性，必要时做调整。

按调整后的配合比取样、制件或铺筑试验路段，检测标准养生期满后（28d）的混凝土强度，作为施工的依据。

此外，还应比较混合料用灰量、用水量、水灰比、砂率及集料的级配，选择经济合理的配合比。

③ 基层的检验与施工放样　根据《公路工程质量检验评定标准》（JTG F80/1—2004）中的检查项目和标准，对基层的顶面强度、几何尺寸、高程、坡度等进行检验，对有损坏的部分用相同材料修补、复检。

根据设计资料，用仪器测放出路中心线和路边线桩、胀缩缝、曲线控制点及转坡点等的位置桩，并在相应的路边缘设置施工指示桩。在设置的桩上标明路面顶面的设计标高线，曲线段应保持横向分块线与路中心线垂直。

（2）混凝土的拌和与运输　混凝土组成材料的技术指标和配比计量的准确性是混凝土拌制的关键，实际施工中采用集料箱加地磅的方法计量，有条件时宜采用配有电子秤等自动计量设备。一般国产强制式拌和机，拌制坍落度为 1～5cm 的混凝土，其最佳拌制时间宜为：立轴强制式拌和机为 90～180s，双卧轴强制式拌和机为 60～90s，最长拌制时间不超过最短拌制时间的 3 倍。拌和中，需外加剂时，应对外加剂单独计量。各材料的计量精度为：水和水泥不超过±1%；粗细骨料不超过±3%；外加剂不超过±2%。

运输中，因蒸发和水化失水、颠簸和振动使混凝土发生离析，影响混凝土的工作性，应尽量缩短运输时间，并用帷布或适当的方法覆盖。

机械化施工时，可采用自卸汽车或搅拌车运输混凝土。一般坍落度大于 5cm 时宜用搅拌车运输，运输时间不宜超过 1.5h，自卸车不宜超过 1.0h，特殊情况时，可使用缓凝剂。

（3）混凝土的摊铺与振捣

① 轨道模板安装　安装时，以轨道模板顶面高程为基准控制路面表面的高程，其高程控制的精确度、铺轨是否平直、接头是否平顺、模板的刚度将直接影响路面表面的质量和行使性能。设置纵缝时，应按要求间距，在模板上预先作孔放置拉杆。各种钢筋的安装位置偏差不得超过 1cm；传力杆须与板面平行并垂直接缝，偏差不得超过 5mm；传力杆间距不得超过 1cm。

② 摊铺　将混凝土按摊铺厚度均匀地铺在模板中，目前，采用的摊铺机械主要有刮板式、箱式、螺旋式。

刮板式摊铺机能在模板上自由前后移动，导管也能左右移动，刮板可以任意方向旋转摊铺。这种摊铺机重量轻，易操作，但摊铺能力较小。

箱式摊铺机的混凝土，在摊铺机前进时从横向移动的箱中卸下，同时箱子的下端按松铺厚度刮平混凝土。混凝土一次全部放入箱内，重量大，摊铺均匀而准确。

螺旋式摊铺机由可以正反方向旋转的螺旋杆（直径约 50cm）将混凝土摊开。螺旋后面有刮板，可正确调整高度。这种摊铺机的摊铺能力大，其松铺系数一般在 1.15～1.30 之间，与混凝土的配合比、集料粒径和坍落度等因素有关，具体可参考表 7-6。

表 7-6　松铺系数

坍落度/cm	1	2	3	4	5
松铺系数	1.25	1.22	1.19	1.17	1.15

③ 振捣　混凝土的振捣可采用振捣机或内部振动式振捣机进行。

振捣机是在摊铺机后面，对混凝土进行整平和捣实。在振捣梁前方设置一道与铺筑宽度相同的复平刮梁，后面是一道全宽的弧面低频率弹性振捣梁。振动频率一般在 $50\sim100\,\mathrm{Hz}$ 之间，复平梁前沿堆有确保充满模板的不超过 15cm 厚的余料。弹性振动梁通过后混凝土已全部振实，其后的混凝土应控制有 $2\sim5\,\mathrm{mm}$ 的回弹高度，提出砂浆，进行整平。靠近模板处的混凝土，可用插入式振捣器补充振捣。

内部振动式振捣机主要用并排安装的振捣棒插入混凝土中进行内部振实。

（4）混凝土的修整与养生　振实后的混凝土应进行整平、收光、压纹和养生。

① 混凝土的表面整平有斜向和纵向移动两种，用一对与摊铺机前进方向成一定角度的整平梁进行斜向整平（其中有一根为振动整平梁），与摊铺机方向一致的整平梁在混凝土表面纵向往返移动作纵向整平。整平时，应使整平机前的拥料涌向路面横坡的一侧。

② 收光是使混凝土的表面更加致密、平整、美观。常用的国产 C-450X 机有较完备的整平、修光配套设施，整平质量较高，有时，也可由人工辅助收光。

③ 压纹是提高水泥混凝土路面行车安全的重要措施。施工时，用纹理制作机对混凝土路面进行拉槽或压槽，在不影响平整度的前提下，使路表面具有一定的粗糙度。纹理的平均深度一般控制在 $1\sim2\,\mathrm{mm}$，纹理走向应与路面前进方向垂直，相邻板的纹理要相互衔接，相互沟通，以利排水。压纹的时间要控制适当，以混凝土表面无波纹水迹较适合。

④ 混凝土的表面修整后，应进行养生。初期可用活动的三角形罩棚将混凝土全部遮盖。等混凝土的表面泌水消失后，可用洒水、薄膜、湿草或麻袋覆盖。有时，也可喷洒养生液进行养生，洒布用量要足够、均匀。养生时间，使用普通硅酸盐水泥时一般为 14d，使用早强水泥时为 7d。

模板在浇注混凝土 60h 后才可拆除，气温不低于 10℃ 时，可缩短至 20h；低于 10℃ 时，可至 36h。拆除模板时，不得损坏混凝土板和模板。混凝土养生期满后，才可开放交通。

（5）接缝施工

① 纵缝　纵缝的构造一般如图 7-6 所示。

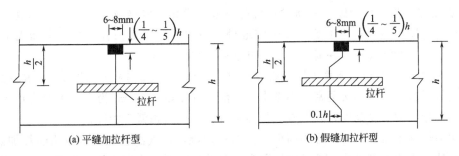

图 7-6　纵缝构造图

平缝施工应在模板上设计的孔位放置拉杆，并在缝壁一侧涂刷隔离剂。拉杆应采用螺纹钢筋，顶面的缝槽以切缝机切成，用填料填满，并将表面的黏浆等杂物清理干净，保持纵缝的顺直和美观。

　　假缝施工应先将拉杆采用门形式固定在基层上，或用拉杆置放机在施工时置入。顶面的缝槽以切缝机切成，使混凝土在收缩时能从此缝向下规则开裂，施工时应防止切缝深度不足而引起不规则裂缝。

　　② 横向缩缝　混凝土结硬后，应适时切缝。切缝时间应控制在混凝土获得足够的强度，而收缩应力并未超出其强度范围时，以防切缝不整齐或出现早期裂缝：一般切缝时间以施工温度与施工后时间乘积为 200～300 个温度小时或混凝土的抗压强度为 8～10MPa 时比较合适。切缝的方法以调深调速的切缝机锯切效果较好，为减少早期裂缝，切缝可采用"跳仓法"，即每隔几块板切一缝，然后再逐块切锯。切缝深度为板厚的 1/4～1/3，切缝太浅会引起不规则断板。

　　③ 胀缝　胀缝分浇注混凝土终了时设置和施工中间设置两种情况。

　　施工终了时设置胀缝，可采用如图 7-7(a) 所示的形式。传力杆长度的一半穿过端部挡板，固定于外侧定位模板中，混凝土浇前应先检查传力杆位置。浇注时，应先摊铺下层混凝土，用插入振捣器振实，并校正传力杆位置，再浇注上层混凝土。浇注邻板时应拆除顶头木模，并设置下部胀缝板、木制嵌条和传力杆套管。

　　施工过程中间设置胀缝，则可采用如图 7-7(b) 所示的形式。胀缝施工应预先设置好胀缝板和传力杆支架，并预留好滑动空间。为保证胀缝施工的平整度以及机械化施工的连续性，胀缝板以上的混凝土硬化后用切缝机按胀缝板的宽度切两条线，待填缝时，将胀缝板以上的混凝土凿去。这种施工方法，对保证胀缝施工质量特别有效。

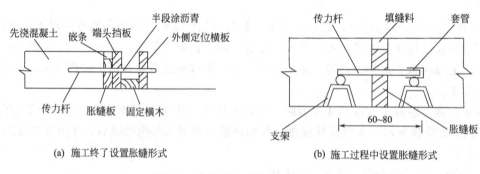

(a) 施工终了设置胀缝形式　　　　　(b) 施工过程中设置胀缝形式

图 7-7　胀缝施工（尺寸单位：cm）

　　④ 施工缝　施工缝为施工间断时设置的横缝，常设于胀缝或缩缝处，多车道施工缝应避免设在同一横断面上。施工缝如设于缩缝处，板中应增设传力杆，其一半铺固于混凝土中，另一半应先涂沥青，允许滑动。传力杆必须与缝壁垂直。

　　⑤ 接缝填封　混凝土板养生期满后应及时填封接缝，填缝内必须清扫干净并保持干燥。填缝料应与混凝土缝壁粘接紧密，不渗水，其灌注深度以 3～4cm 为宜，下部可填入多孔柔性材料。填缝料的灌注高度，夏天应与板面平齐，冬天宜稍低于板面。

　　当用加热施工填缝料时，应不断搅匀，至规定温度。气温较低时，应用喷灯加热缝壁。个别脱开处，应用喷灯烧烤，使其粘接紧密。目前用的强制式灌缝机和灌缝枪，能把改性聚氯乙烯胶泥和橡胶沥青等加热施工式填缝料和常温施工式填缝料灌入缝宽不小于 3mm 的缝内，也能把分子链较长、稠度较大的聚氨酯焦油灌入 7mm 宽的缝内。

7.3.2　滑模式摊铺机施工

　　滑模式摊铺机的机架支承在四个液压缸上，可以通过控制机械上下移动，以调整摊铺机铺层厚度。这种摊铺机一次可完成摊铺、振捣、整平等多道工序。

（1）施工工艺　滑模式摊铺机的摊铺过程如图 7-8 所示。先由螺旋摊铺器 1 把堆积在基层上的水泥混凝土向左右横向铺开，刮平器 2 进行初步刮平，然后用振捣器 3 进行捣实，刮平板 4 进行振捣后整平，形成密实而平整的表面，再利用搓动式振捣板 5 对混凝土层进行振实和整平，然后用光面带 6 光面。

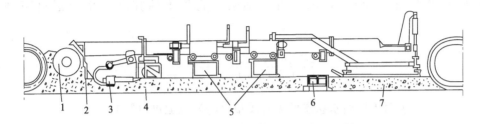

图 7-8　滑模式摊铺机摊铺过程示意图

1—螺旋摊铺器；2—刮平器；3—振捣器；4—刮平板；5—搓动式振捣板；6—光面带；7—混凝土面层

滑模式摊铺机的其他施工工艺与轨道式基本相同，但其整机性能好，操纵方便和采用电子导向，因此生产率较高。

目前，滑模式摊铺机的型号主要有 SF-250、SF-350、GP-2000 等。

（2）滑模式摊铺机的施工要点　滑模式摊铺机施工中，主要解决塌边和麻面问题。

① 塌边　主要有边缘塌落、边缘倒塌和松散无边等，它影响到路面的质量，增加修边的工作量。

a. 边缘塌落　边缘塌落影响路面的平整度和坡度，对双幅施工的整体路面会造成中间积水。应根据混凝土的坍落度调整一定的预抛高度，使坍落定型时恰好符合设计的边缘要求，同时，摊铺速度宜控制在 2～4m/min。

b. 倒边和松散无边　使用立轴式混凝土拌和设备时，拌和料应避免出现离析现象，否则，在边缘处就会出现倒边，在路中间就会出现麻面。

布料器布料时往往将混凝土稀浆分到两边，可用人工粗布料或适当调整靠边侧的振动器的振动频率。

另外，应注意骨料的形状和配合比。扁平状或圆状骨料成型较差，一般混凝土的坍落度不大时，塌边是可以避免的。

② 麻面　混凝土的坍落度值低是形成麻面的主要原因，此外是拌和不均匀。施工时，应严格控制混凝土的坍落度，即要求高精度的拌和设备和计量装置。

7.4　特殊气候条件下混凝土路面施工技术

7.4.1　高温季节施工

拌和与铺筑场地的气温≥30℃时，即属于高温施工。高温会增加水分的散失，易使混凝土板表面出现裂缝。因此，施工时应尽量降低混凝土的浇注温度，缩短施工工序的操作时间，并采取必要的措施保证混凝土的充分养生，提出高温施工的工艺设计。一般情况下，整个施工环境的气温大于 35℃时，应停止混凝土的浇注。

7.4.2 低温季节施工

当施工操作和养生的环境温度≤5℃或昼夜最低气温可能低于−2℃时，即属于低温施工。低温施工时，混凝土因水化速度降低使得强度增长缓慢，且可能被冻害。因此，必须提出低温施工的工艺设计。

（1）提高混凝土拌和温度　砂石材料应采用间接加热法（如保暖贮仓、热空气加热、矿料内设置蒸气管等），水可直接加热。混凝土的拌和温度可通过下列公式计算：

$$T_h = \frac{0.2(T_a m_a + T_c m_c) + T_f m_f + T_w m_w}{0.2(m_a + m_c) + m_f + m_w}$$ (7-1)

式中　m_a, T_a——表面干燥饱水状态的集料质量（kg）及温度（℃）；

m_c, T_c——水泥的质量（kg）及温度（℃）；

m_f, T_f——集料所含水的质量（kg）及温度（℃）；

m_w, T_w——搅拌用水的质量（kg）及温度（℃）。

（2）路面保温措施　混凝土铺筑后，通常采用蓄热法保温养生，即选用合适的保温材料覆盖路面，以减少路面热量的散失，得到一定的养生条件，是冬季施工养生常用的方法。一般使用的保温材料有麦秸、稻草、油毡纸、锯末、石灰等。保温层至少10cm厚，具体视气温而定。

（3）低温施工时　混凝土的设计配合比一般不宜超过0.6，应延长搅拌时间，减小施工作业面和施工长度，定期检测各种材料、拌和物的温度和混凝土的摊铺、浇注、养生的温度。

铺筑后的混凝土，在72h内养生温度应保持在10℃以上，以后7d的养生温度应保持在5℃以上。

7.4.3 雨季施工

应根据近期预报的降雨时间和雨量，安排雨季施工方案，做好施工区域内的结构物、拌和场及铺筑现场等的排水工作。

拌和场内的设备应搭棚遮雨，经常测定、调整混凝土拌和物的用水量。水泥的存放应注意防雨受潮，现场下雨时应严禁铺筑混凝土。混凝土终凝前，雨水不得直接淋在已抹平的路面上。需在雨中操作时，应配备活动的工作雨棚。

7.5　施工质量控制与验收

工程质量应以设计文件要求为标准。为了保证混凝土路面的施工质量，要求在施工过程中对每一道工序进行严格的检查和控制。对已完成的路面要求进行外观检查，并量测其几何尺寸，根据设计文件的要求进行核对。此外还要查阅施工记录，其中包括原材料试验和试件强度资料、配合比、隐蔽构造（各种钢筋的位置等）等，作为工程质量鉴定的依据。混凝土面层质量验收的允许误差应符合现行规范的有关要求。水泥混凝土路面原材料的检验项目和频率见表 7-7，水泥混凝土路面的检验项目和频率见表 7-8。

表 7-7　水泥混凝土路面原材料的检验项目和频率

材　料	检查项目	检查频率	
		高速公路、一级公路	二、二级公路
水泥	抗折强度、抗压强度及标号	1500t，1 批	1500t，1 批
	安定性	1500t，1 批	1500t，1 批
	凝结时间	2000t，1 批	3000t，1 批
	标准稠度用水量	2000t，1 批	3000t，1 批
	细度	2000t，1 批	3000t，1 批
	CaO 含量	必要时，每标段不少于 3 次	必要时，每标段不少于 3 次
	MgO 含量	必要时，每标段不少于 3 次	必要时，每标段不少于 3 次
	SO_3 含量	必要时，每标段不少于 3 次	必要时，每标段不少于 3 次
	铝酸三钙	必要时，每标段不少于 3 次	必要时，每标段不少于 3 次
	铁铝酸四钙	必要时，每标段不少于 3 次	必要时，每标段不少于 3 次
	干缩率	必要时，每标段不少于 3 次	必要时，每标段不少于 3 次
	耐磨性	必要时，每标段不少于 3 次	必要时，每标段不少于 3 次
	硬度	开工、施工、结束测 3 次	开工、施工、结束测 3 次
	混合材料种类及数量	开工、施工、结束测 3 次	开工、施工、结束测 3 次
	温度	冬季、夏季施工随时检测	冬季、夏季施工随时检测
	水化热	冬季、夏季施工随时检测	冬季、夏季施工随时检测
粗集料	颗粒外观（针片状颗粒、超径和逊径含量）	$2000m^3$，1 批	$4000m^3$，1 批
	颗粒级配	$2000m^3$，1 批	$4000m^3$，1 批
	含泥量	$1000m^3$，1 批	$2000m^3$，1 批
	压碎值	$1000m^3$，1 批	$2000m^3$，1 批
	含水量	随时	随时
	松方单位重	施工需要时	施工需要时
砂	颗粒外观（河砂、山砂、机制砂）	必要时	必要时
	颗粒粗细和级配	$1000m^3$，1 批	$2000m^3$，1 批
	含泥量	$1000m^3$，1 批	$2000m^3$，1 批
	含水量	随时	随时
	松方单位重	施工需要时	施工需要时
外加剂	减水剂（最优）减水率	10t，1 批	10t，1 批
	液体外加剂的含量	10t，1 批	10t，1 批
	液体外加剂的密度	200kg，1 次	200kg，1 次
	粉状外加剂的不溶物含量	10t，1 批	10t，1 批
	引气剂引气量	2t，1 批	3t，1 批
	气泡细密程度和稳定性	随时	随时
养生剂	养生剂保水率	开工前或有变化时	开工前或有变化时
	弯拉强度保水率	开工前或有变化时	开工前或有变化时
	含固量	施工需要时	施工需要时
	成膜时间	随时	随时
	浸水软化性	随时	随时
水	pH 值	开工前或水源有变化时	开工前或水源有变化时
	含盐量	开工前或水源有变化时	开工前或水源有变化时
	硫酸根含量	开工前或水源有变化时	开工前或水源有变化时

表 7-8 水泥混凝土路面的检验项目和频率

项次	检查项目		规定值或允许偏差		检查方法和频率
			高速公路、一级公路	其他公路	
1	弯拉强度/MPa		在合格标准之内		按公路工程质量检验评定标准(JTG F80/1—2004)附录 C 检查
2	板厚度/mm	代表值	−5		按公路工程质量检验评定标准(JTG F80/1—2004)附录 H 检查 每200m 每车道2处
		合格值	−10		
3	平整度	σ/mm	1.2	2.0	平整度仪;全线每车道连续检测,每100m 计算 σ、IRI
		IRI/(m/km)	2.0	3.2	
		最大间隙 h/mm	—	5	3m 直尺;半幅车道板带每200m 测2处×10尺
4	抗滑构造深度/mm		一般路段不小于0.7且不大于1.1;特殊路段不小于0.8且不大于1.2	一般路段不小于0.5且不大于1.0;特殊路段不小于0.6且不大于1.1	铺砂法;每200m 测1处
5	相邻板高差/mm		2	3	抽量:每条胀缝2点;每200m 抽纵、横缝各2条,每条2点
6	纵、横缝平直度/mm		10		纵缝20m 拉线,每200m 4处;横缝沿板宽拉线,每200m 4条
7	中线平面偏位/mm		20		经纬仪:每200m 测4点
8	路面宽度/mm		±20		抽量:每200m 测4处
9	纵断高程/mm		±10	±15	水准仪:每200m 测4断面
10	横坡/%		±0.15	±0.25	水准仪:每200m 测4断面

注:表中 σ 为平整度仪测定的标准差;IRI 为国际平整度指数;h 为 3m 直尺与面层的最大间隙。

7.6 其他类型混凝土路面简介

7.6.1 钢筋混凝土路面

当混凝土板的平面尺寸较大,或者预计路基或基层有可能产生不均匀沉陷,或者板下埋有地下设施等情况时,宜采用钢筋混凝土路面。

钢筋混凝土路面是指为防止可能产生的裂缝缝隙张开,板内配置有纵、横向钢筋(或钢丝)网的混凝土路面。设置钢筋网的主要目的是控制裂缝缝隙的张开量,把开裂的板拉在一起,使板依靠断裂面上的集料嵌锁作用而保证结构强度,并非增加板的抗弯强度。因而,钢筋混凝土面层所需的厚度与素(无筋)混凝土面层的厚度相同。配筋是按混凝土收缩时将板块拉在一起所需的拉力确定。最大的拉力出现在板中央开裂时,它等于由该处到最近的板边缘范围内面层和基层之间的摩阻力。也即每延米板所需的配筋量(cm²)为:

$$A = \frac{3.2 L_s h}{f_{sy}} \tag{7-2}$$

式中 h——板厚,cm;

f_{sy}——钢筋的屈服强度,MPa;

L_s——计算纵向钢筋时,为横缝间距;计算横向钢筋时,为不设拉杆的纵缝或自由边缘间的间距,m。

为使板内应力尽可能分散,宜采用小直径的钢筋。纵横向钢筋宜采用相同直径。网筋的最小间距应为集料最大粒径的2倍,有关规定见表7-9。根据经验,钢筋的搭接长度宜为直径的24倍以上。由于钢筋的主要作用是使裂缝密闭,它在板内的竖向位置并不太重要,只要有足够的保护层以防锈蚀即可。通常在顶面下 1/3～1/2 板厚范围内。外侧钢筋中心到接缝或自由边的距离为 10～15cm，钢筋保护层的最小厚度不应小于 5cm。

表 7-9 钢筋最小直径和最大间距

项 目	钢筋类型		项 目	钢筋类型	
	光圆钢筋	螺纹钢筋		光圆钢筋	螺纹钢筋
最小直径/mm	8	12	横向最大间距/cm	30	75
纵向最大间距/cm	15	35			

钢筋混凝土板的缩缝间距（即板长）一般为 10～20m，最大不宜超过 30m。缩缝内必须设置传力杆。其他接缝构造与素混凝土路面相同。

7.6.2 连续配筋混凝土路面

连续配筋混凝土路面的特点是沿纵向配置连续的钢筋，除了在与其他路面交接处或临近构造物附近设置胀缝以及视施工需要设置施工缝外，一般不设横缝的混凝土面层。其一般适用于高速公路或一级公路和机场混凝土路面。

这种面层会在温度和湿度变化引起的内应力作用下产生许多横向裂缝，裂缝的间距为 1.0～3.0m，缝隙的平均宽度为 0.2～0.5mm。但是，由于配置了许多纵向连续钢筋，这些横向裂缝不至于张开而使杂物侵入或使混凝土剥落，因而不会影响行车的使用品质。

确定纵向钢筋用量的控制因素是裂缝缝隙的宽度。缝隙过宽易使杂物和水侵入。配筋量多，可使缝宽度和间距都减小。由于裂缝间距与缝隙宽度有直接关联，钢筋用量可按规定的裂缝间距来确定。虽然有好几种理论公式可用以计算钢筋用量，但通常都是根据经验确定，一般认为保持裂缝完整无损所需配筋量为混凝土板断面积的 0.6%～0.8%。在美国一般气候区最小钢筋用量取 0.6%，在寒冷气候区取 0.7%。钢筋间距最小 10cm，最大 23cm。钢筋直径应按规定选用。钢筋的埋置深度，在顶面下 1/3～1/2 板厚范围内。搭接长度至少 50cm 或钢筋直径的 30 倍，所有搭接均需错开。

我国规定纵横向钢筋应采用螺纹钢筋，纵向钢筋配筋率按式(7-3)计算，但应控制在 0.5%～0.7%的范围内。最小配筋率，一般地区为 0.5%，寒冷地区为 0.6%。

$$\beta = \frac{E_c f_{cm}}{2E_c f_{sy} - E_s f_{cm}}(1.3 - 0.2\mu) \times 100 \tag{7-3}$$

式中　β——纵向钢筋配筋率，%；

f_{cm}——混凝土设计弯拉强度，MPa；

f_{sy}——钢筋屈服强度，MPa；

μ——面板与基层之间的摩阻系数，一般取 1.5；

E_c——水泥混凝土的弯拉弹性模量，MPa；

E_s——钢筋的弹性模量，MPa。

横向钢筋的用量很小，其配筋率为纵向钢筋的 1/8～1/5，主要目的是保持纵向钢筋的间距，纵横向钢筋均需采用螺纹钢筋，以保证混凝土和钢筋之间具有足够的握裹力。

连续配筋混凝土板内的钢筋并非是按承受荷载应力进行设计的。因此，它的厚度仍可采用无筋混凝土路面板的计算方法确定。其基础厚度与普通混凝土路面的基层相同。面板厚度对高速公路取普通混凝土路面板的设计厚度，对一级公路，取普通混凝土路面板的设计厚度的 0.9 倍。

连续配筋混凝土面层在浇筑中断时需设置施工缝。施工缝采用平缝形式，并用长度为 1m 的拉杆增强。拉杆的直径与间距同纵向钢筋，以使施工缝两侧的混凝土板块加固成连续的整体。

由于连续配筋混凝土路面没有接缝（施工缝除外），所以在长板的端部、桥头连接处，或者与其他路面纵向接头处都要设置胀缝，以便为混凝土的膨胀留有余地。

7.6.3 预应力混凝土路面

由于这种路面所受到的预压应力能抵消一部分车轮荷载和温度变化所引起的拉应力，故板厚可以减薄到 10～15cm，板长可以增大到 30m 以上，而且可以减少裂缝的产生，防止裂缝的张开，与普通混凝土路面相比，预应力混凝土路面具有较大的柔性弹性，故能承受多次重复荷载作用而不破坏，对基础的不均匀变形也有较大的适应性。

铺筑预应力混凝土路面，宜用抗压强度至少为 35～45MPa 的混凝土。基层上应铺薄层砂、沥青砂或塑料薄膜等，以便利于板的伸缩滑动，并减少预应力的损失。

预应力混凝土路面的铺筑方式有如下几种。

（1）无筋预应力混凝土路面 在面板两端设置墩座埋入地基内，面板中央设加力缝。在混凝土浇筑 1～2d 后在加力缝内塞入千斤顶，对混凝土施加应力，开始时为 1.5MPa，以后逐渐增大，到第七天约为 5MPa。待混凝土硬结后，即在加力缝内填塞混凝土预制块，并取出千斤顶，用混凝土填塞缝隙。两端墩座与板之间尚需设弹力缝，放进钢质弹簧，以贮存部分预应力。

（2）有筋预应力混凝土路面 一般多采用后张法，它是当浇筑混凝土板时，留下若干条孔道，待混凝土硬结后，将钢丝束或钢筋穿进孔道，再张拉并将两端锚固，最后在孔道内灌注水泥浆，使钢丝束或钢筋与混凝土粘牢。宽 3～4m 的板仅在纵向加力；宽 5～7m 以上的板需在纵横两向加力，其钢丝束或钢筋可沿纵横两向设置；或沿与路中线成小于 45°角的方向设置。后者的优点是可以连续浇筑很长的路面板，而预加应力可以在板的两侧进行。钢丝束或钢筋一般设在板厚的中央，有时亦可在板的上下部对称地设置。所加的预应力，在纵向要达到 2～4MPa，在横向有 0.4～1.4MPa 即可。钢筋的极限抗拉强度应达 1000MPa，钢丝束则达 1700MPa。

（3）自应力混凝土路面 国外曾试用膨胀水泥铺筑自应力混凝土路面。如果配筋，可通过面板的膨胀产生预应力；如不配筋，需在板的两端设置墩座以产生预应力。试验指出，配筋的自应力混凝土路面裂缝较少，效果较好。

预应力混凝土路面可以做成薄板、少缝、无筋，即使配筋，其用钢量每平方米只需约 2.7kg，较连续配筋混凝土路面的用钢量少得多，后者要达 5.4～10.8kg。因此国外都肯定预应力混凝土路面有发展前途，但它的施工工艺和施工机具尚未完全过关，在经济上也未证明其合理性，故虽在 20 世纪 40 年代中期就已开始研究试铺，但进展不快。欧美各国至今仍处在试验阶段。

7.6.4 装配式混凝土路面

装配式混凝土路面是在工厂中把混凝土预制成板块，然后运至工地现场装配而成。这种路面的优点是：混凝土板可以全年生产，不受气候影响，混凝土质量容易保证；而且施工进度快，铺筑完毕即可通车；损坏后易于拆换修理。因此，它较适用于城市道路、厂矿道路、大型基建基地、停车站场和软弱土基上。装配式混凝土路面的缺点是接缝多，整体性差，容易引起行车颠簸跳动，因而在公路上一般不宜采用。

为了便于吊装及搬运，装配式混凝土板一般做成 1～2m 的正方形或矩形，也可作成边长 1.2m 的六角形。板厚一般为 0.12～0.18m。近年来有些国家还采用宽 3.5m，长 3～6m 的矩形板，但需有相应的运输和吊装机具来配合。六角形板的强度和稳定性较好。为承受车轮荷载应力和吊装应力，装配式混凝土板可在边缘和角隅配置钢筋，有时亦可设全面网状钢筋。为提高板的质量，可采用预应力、真空作业、机械振捣或蒸汽养生等技术来制造混凝土板。冬季为加速板的硬结，可采用电热法或在铸模内安装管线，内通蒸汽或热水。有些国家还利用先张法或电热法施加预应力，做成装配式预应力混凝土板。

7.6.5　组合式（双层式）混凝土路面

新建道路的混凝土面板一般按单层式建造，只有当缺乏品质良好的材料时，才考虑采用双层式混凝土路面板，即利用当地品质较差的材料修筑板的下层，而用品质较好的材料铺筑板的上层，以降低造价。在改建旧混凝土路面时，有时在其上加铺一层新混凝土层，这样也形成双层式混凝土路面结构。根据双层混凝土路面上下层板之间结合程度的不同，有结合式、分离式和部分结合式三种形式。

（1）结合式　上下层混凝土板牢固结合成为一整体，新建路面时，上下层混凝土连续施工，即可作成结合式。改建路面时，将下层板表面凿毛、洗净晾干，并喷刷高标号水泥浆（水灰比 0.4～0.5）或环氧树脂等粘接剂，随即浇筑新混凝土面层。对于这种结合形式，下层板的裂缝和接缝将会反射到上层板内，因此要求上下层板的接缝必须对齐，并采用同样的接缝形式和缝隙宽度，这种结合形式适用于下层板完整无裂缝或虽有一些裂缝但不再发展的情况。支立模板时，可采用混凝土块顶撑或利用旧路面板的接缝钻孔插入钢钎固定的方法。

（2）分离式　上下层混凝土板之间铺以厚 1～2cm 以上的沥青砂或双层油毛毡作为隔离材料，以达到分离的目的。这种分离措施，可防止下层板的裂缝和接缝反射到上层板内。因此，分离式双层混凝土路面板不要求上下层板的接缝对齐。当下层板严重破碎时，也可采用这种型式。新铺混凝土面层的厚度不宜小于 0.12m。施工立模时可采用穿孔插钎固定模板，也可采用预制混凝土块顶撑模板的方法固定模板。

（3）部分结合式　改建路面时，先对原有混凝土板表面进行清理后再浇筑上层板。由于上下层板之间存在部分结合，下层板上的裂缝与接缝通常仍会反射到上层板内，所以上下层板的接缝位置应相同，但其形式和宽度不要求完全相同。旧面层的结构损坏不太严重并已经修复时，可采用这种结合形式。

7.6.6　钢纤维混凝土路面

近年来，国内外都在研究钢纤维混凝土路面。在混凝土中掺入一些低碳钢、不锈钢纤维，即成为一种均匀而多向配筋的混凝土。试验表明，钢纤维与混凝土的握裹力高达 4MPa。施工时一般在混凝土中掺入 1.0%～1.2%（体积比）的钢纤维，相当于每立方米混凝土中掺入 0.077t，如过多则混凝土和易性不好。钢纤维长度宜为 25～60mm，直径 0.4～0.7mm，如过长则与混凝土拌和易成团，过短则混凝土强度增高不多，长度与直径的最佳比值为 50～70。

表 7-10 列出美国对钢纤维混凝土和普通混凝土物理力学性能试验结果的比较，可以看出前者的物理力学性能要较后者好得多，特别是它的抗疲劳强度、抗冲击能力和防止裂缝的能力更好。因此与普通混凝土路面相比，钢纤维混凝土路面厚度可以减薄 35%～45%，而

缩缝间距可以增至 15～20m，胀缝与纵缝可以不设。

表 7-10　美国对钢纤维混凝土和普通混凝土物理力学性能试验结果的比较

物理力学 性质指标	普通混凝土	钢纤维混凝土	物理力学 性质指标	普通混凝土	钢纤维混凝土
极限抗弯拉强度/MPa	2～5.5	5～26	抗冲击力/N·m	480	480
极限抗压强度/MPa	21～35	35～56	抗磨指数	1	2
抗剪强度/MPa	2.5	4.2	抗疲劳限度	0.5～0.55	0.80～0.95
弹性模量/MPa	$2 \times 10^4 \sim 3.5 \times 10^4$	$1.5 \times 10^4 \sim 3.5 \times 10^4$	抗裂指标比	1	7
热膨胀系数[①]$[\times 10^{-4} m/(m \cdot K)]$	9.9～10.8	10.4～11.1	耐冻融破坏指数	1	1.9

　　① K 即开尔文，是热力学温度的国际单位。当表示温度差和温度间隔时，1℃＝1K。

　　在搅拌混凝土的过程中，为保证钢纤维均匀分布，不致成团，应按砂、碎（砾）石、水泥、钢纤维的顺序加入拌和机中，干拌 2min 后，再加水湿拌 1min。钢纤维混凝土路面可用一般混凝土路面的施工方法来铺筑，不需要特殊的机具设备。在抹面时，需将冒出混凝土表面的钢纤维拔出，否则应另加铺磨耗层。

　　钢纤维混凝土路面可以做成薄板，少缝，而且它的使用寿命长，养护费用少，国外一致认为它是一种新型路面材料，具有广泛的发展前途，特别是作为旧混凝土路面的罩面尤为适宜。国内有关单位也正在研究中。

7.6.7　混凝土小块铺砌路面

　　块料由高强的水泥混凝土材料预制而成。抗压强度约为 60MPa，水泥含量 (3.5～3.8)$\times 10^4 kg/m^3$，水灰比 0.35，最大集料尺寸为 8～16mm，块料承受磨耗的面积一般小于 $0.03m^2$，厚度至少 0.06m，形状有矩形和嵌锁型（不规则形状）两类。这种路面结构由面层、砂整平层（厚 0.03m）和基层组成，基层类型同普通混凝土路面。

　　用这种混凝土小块铺砌的路面具有结构简单，价格低廉，能承受较大的单位压力，出现较大变形也不会破坏，便于修复等优点，因此，20 世纪 70 年代中期以来，这种路面在欧洲和美国得到了较大的发展，较广泛地用于铺筑人行道、停车场、堆场（特别是集装箱码头堆场）、街区道路、次要道路、一般公路的路面等。

7.6.8　碾压混凝土路面

　　碾压混凝土是一种含水率低，通过碾压施工工艺达到高密度、高强度的水泥混凝土。碾压混凝土路面与普通水泥混凝土路面相比能节省大量的水泥，且施工速度快，养生时间短，强度高，具有很好的社会经济效益。

　　根据我国碾压混凝土路面的施工水平，全厚式碾压混凝土路面的平整度难以达到规定的要求。国外也没有直接用作车辆高速行驶的路面面层。因此，碾压混凝土路面一般适用于二级及其以下等级的公路。

　　碾压混凝土的集料最大粒径以 20mm 为宜。当碾压混凝土分两层摊铺时，其下层集料最大粒径可采用 40mm。碾压混凝土集料级配见表 7-4。

　　当碾压混凝土路面分两层铺筑时，可以在下层加适量的粉煤灰。碾压混凝土加粉煤灰以后，不仅造价减低，而且可以起到降低水化热，改善工作度，提高抗冻、抗渗的作用，粉煤灰的质量不低于国家标准《用于水泥和混凝土中的粉煤灰》Ⅱ级粉煤灰的标准。

本章小结

　　水泥混凝土路面是一种刚性高级路面，它由水泥、水、粗集料（碎石）、细集料（砂）和外加剂按一定级配拌和成水泥混凝土混合料铺筑而成的路面。它具有强度高、承载能力强、稳定性好、抗滑、耐久性好等特点；水泥混凝土路面施工过程是一项较复杂的系统工程，它的施工涉及路面的结构、水泥混凝土混合料的特性、施工机械的配置、施工技术和施工工艺以及科学的组织管理等诸多重大的技术问题，是集土木、机械、管理科学的一项综合性技术工程。只有在施工过程中，严格对每个施工环节进行质量技术控制，才能保证水泥混凝土路面的施工质量。通过本章的学习，要求同学掌握水泥混凝土路面的结构和特点，了解所用材料的技术要求，掌握不同施工方式的施工工艺和流程，理解特殊条件下施工的注意事项，了解其他类型混凝土路面的基本情况。

 复习思考题

　　1. 混凝土路面施工前准备包括哪些内容？

　　2. 混凝土路面施工工序包括哪些？

　　3. 滑模式摊铺机铺筑水泥混凝土路面应注意哪些问题？

　　4. 简述滑模式摊铺机铺筑水泥混凝土路面的工艺流程。

　　5. 简述轨道式摊铺机铺筑水泥混凝土路面的工艺流程。

　　6. 其他类型混凝土路面有哪些？

第8章 沥青混凝土路面施工

【知识目标】

● 了解沥青路面的特性及基本要求。
● 理解沥青路面原材料的要求及检测手段。
● 掌握沥青路面的技术性质及检测指标。
● 掌握沥青路面的施工工艺流程及施工工艺。
● 了解其他类型沥青路面的施工工艺。
● 掌握沥青路面的常见病害及处理措施。

【能力目标】

● 能够利用试验仪器进行沥青路面原材料技术指标的检测。
● 能够利用试验仪器进行沥青路面技术指标的检测。
● 能够绘制沥青路面施工工艺流程图。
● 能够根据沥青路面常见病害采用相应的处理措施。

8.1 概　述

8.1.1 沥青路面的特性及基本要求

沥青路面是采用沥青材料作结合料，粘接矿料或混合料修筑面层的路面结构。沥青路面由于使用了粘接力较强的沥青材料作结合料，不仅增强了矿料颗粒间的粘接力，而且提高了路面的技术品质，使路面具有平整、耐磨、不扬尘、不透水、耐久等特点。由于沥青材料具有弹性、黏性、塑性，在汽车通过时，震动小、噪声低、略有弹性、平稳舒适，是高级公路的主要面层。

沥青路面的缺点是：易被履带车辆和坚硬物体所破坏；表面易被磨光而影响安全，温度稳定性差，夏天易软、冬天易脆并产生裂缝。此外铺筑沥青路面受气候和施工季节的限制。雨天不宜铺筑各种沥青面层，冰冻地区在气温较低时铺筑沥青面层难以保证质量。沥青路面属于柔性路面，其力学强度和稳定性主要依赖于基层与土基的特性。

在有冻胀现象的地区通常需设置防冻层，以防止路面冻胀产生裂缝。修筑沥青路面后，由于隔绝了土基与大气间气态水的流通，路基路面内部的水分可能积聚在沥青结构层下，使土基和基层变软，导致路面破坏，因此必须强调基层的水稳性。对交通量大的路段，为使沥青路面具有一定的抗弯拉和抗疲劳能力，宜在沥青面层下设置沥青混合料封层。采用较薄的沥青面层时，特别是在旧路面上加铺面层时，要采取措施加强面层与基层之间的粘接，以防止水平力作用而引起沥青面层的剥落、推挤、拥包等破坏。

修筑沥青路面一般要求等级高的矿料，等级稍差的矿料借助沥青的粘接作用，也可用来修筑路面。当沥青与矿料之间黏附不好时，在水分的作用下会逐步剥落，因此在潮湿地区修筑沥青路面时，应采用碱性矿料，或采取一定措施提高沥青与矿料间的粘接力。

8.1.2　沥青路面的分类与选择

沥青路面具有表面平整、无接缝、行车舒适、耐磨、噪声低、施工期短、养护维修方便，且适宜分期修建等特点，在路面工程中得到广泛的应用。

沥青路面的类型主要有沥青混凝土、沥青碎石、沥青贯入式、沥青表面处治等。

这几种沥青路面按强度构成原理可分为嵌挤类和密实类，按施工工艺的不同可分为层铺法和拌和法两种形式。选择沥青面层时，应综合考虑道路等级、交通类型、要求的使用期、设计年限内标准轴载的累计当量轴次、气候条件、筑路材料、施工机械以及养护条件等因素。

8.1.2.1　沥青混凝土

沥青混凝土路面是由几种不同粒径的矿料（如碎石、轧制砾石、石屑、砂和矿粉等），用沥青作结合料，按一定比例配合，在严格控制条件下拌和，经压实成型的路面。

（1）结构特点　沥青混凝土路面具备很高的密实度和强度，整体性强，透水性好，有较大的抵抗自然因素破坏作用的能力，使用寿命长、耐久性好。通常，为产生较大的粘接力，须在混合料中掺加一定的矿粉。同时，要求基层具有足够的强度。

沥青混凝土路面面层宜采用双层式结构，下层采用粗粒式或中粒式沥青混凝土，上层采用中粒式或细粒式沥青混凝土。对于高速公路，也可采用三层式结构。

沥青混凝土的温度稳定性较差，在高温季节易产生波浪、推挤和拥包现象，因此应严格控制施工温度。

（2）分类

① 按所用的沥青材料可分为地沥青混凝土和煤沥青混凝土。

② 按摊铺时的温度可分为热拌热铺沥青混凝土和热拌冷铺沥青混凝土。

③ 按沥青混合料最大粒径可分为粗粒式、中粒式、细粒式和沥青砂。

④ 按路面的结构形式可分为单层式、双层式和三层式。

目前，沥青混凝土面层广泛地用于重交通道路和高速公路的面层。粗粒式沥青混凝土常用于底面层（面层的下层），中粒式沥青混凝土主要用于面层的上层，或用于单面层。

沥青混凝土混合料的技术指标应符合表 8-1 的要求，其极限抗弯强度应满足弯拉应力验算的要求。

8.1.2.2　沥青碎石

沥青碎石是由几种不同大小的矿料，掺有少量矿粉或不加矿粉，用沥青作结合料，按一定比例配合，均匀拌和，经压实成型的路面。

沥青碎石的空隙率较大，且混合料中仅有少量的矿粉或没有矿粉，其强度以石料间的嵌挤为主，粘接为辅，主要有以下特点。

（1）结构特点

① 高温稳定性好，路面不宜产生波浪，裂缝少。

② 对石料和沥青规格要求较宽，比较容易满足要求。

③ 沥青用量少，造价低。

④ 路表面容易保持粗糙，有利于行车安全。

⑤ 因空隙率大，易透水，其粘接力较差。

⑥ 沥青老化后，路面结构易松散，耐久性不好。

表 8-1　沥青混凝土混合料技术指标

交通量种类　　项　目	BZZ-100 级大于 500 轴次/日（击实次数双面各 75 次）			BZZ-100 级小于 500 轴次/日（击实次数双面各 75 次）		
	粗粒式	中粒式	细粒式	粗粒式	中粒式	细粒式
稳定度/N ≥	4500	5000	6000	4000	4500	5000
流值/×0.1mm	20～40			20～45		
空隙率/% Ⅰ	3 或 2～6			3 或 2～6		
空隙率/% Ⅱ	6～10			6～10		
饱水率/% Ⅰ	2 或 1.5～9			2 或 1.5～5		
饱水率/% Ⅱ	5～9			5～9		
饱和度/% Ⅰ	75～80			75～80		
饱和度/% Ⅱ	60～75			60～75		
残留稳定度/% Ⅰ	＞75			＞75		
残留稳定度/% Ⅱ	＞70			＞70		

注：1. Ⅰ型为密实级配，Ⅱ型为开级配。

2. 拌和场或现场产品检验时，如材料密度测定困难，可采用饱水率代替空隙率。

（2）结构类型　为防止水分渗入和保持路面的平整度，须在其表面加铺表面处治或沥青砂等封层。

按施工方法可分为热拌热铺、热拌冷铺、冷拌冷铺。

按矿料最大粒径可分为特粗式、粗粒式、中粒式、细粒式等。

根据设计厚度又可分为单层式（4～7cm）和双层式（约 10cm）。

目前，沥青碎石路面常用于中等交通道路的上面层或下面层（面层的下层）。在改建和新建二级公路时，也部分采用其作为路面面层的上层，下层采用沥青贯入式碎石。

8.1.2.3　沥青贯入式

沥青贯入式路面是在初步压实的碎（砾）石上，用沥青浇灌，再分层撒铺嵌缝料和浇洒沥青，并通过分层压实而形成的一种较厚的路面面层，其厚度通常为 4～8cm。

根据沥青材料贯入深度不同可分为深贯入式（6～8cm）和浅贯入式（4～5cm）。

沥青贯入式路面强度高、稳定性好、施工简便、不易产生裂缝，但沥青材料洒布在矿料中不易均匀，因此，强度不均匀。

为了防止表面水的渗入，必须加封层密闭表面空隙，以增强路面的水稳性和耐用性。如果封层采用拌和法施工，则其下部宜采用贯入法，常称为沥青上拌下贯式路面，其厚度一般为 5～8cm。

8.1.2.4　沥青表面处治

沥青表面处治是用沥青裹覆矿料，铺筑厚度小于 3cm 的一种薄层路面面层。

（1）结构特点　沥青表面处治的作用是保护下层路面结构层，防水、抗磨耗、防滑和改善碎砾石路面的使用品质。

为保证矿料间良好的嵌挤作用，同一层的矿料颗粒尺寸应力求均匀，最大粒径应与表处层的厚度相同，且所用沥青须有一定的稠度。

沥青表面处治的施工应在寒冷季节（日最高温度低于 15℃）到来之前半个月结束，以确保当年能在一定的高温条件下，通过行车碾压使路面成型。

（2）类型　沥青表面处治按施工方法不同可分为层铺法和拌和法。目前，常用的层铺法根据浇洒沥青及撒辅矿料的层次可分为单层式、双层式和三层式。

① 单层式　浇洒一次沥青，撒铺一次矿料，厚度 1.0～1.5cm。适用于交通量少于 300 辆/昼夜的路面，使用年限 3～5 年。

② 双层式　浇洒两次沥青，撒铺两次矿料，厚度 1.5～2.5cm。适用于交通量为 300～1000 辆/昼夜的路面，使用年限 6～10 年。

③ 三层式　浇洒三次沥青，撒铺三次矿料，厚度 2.5～3.0cm。适用于交通量为 1000～2000 辆/昼夜的路面，使用年限 10 年左右。

8.2　沥青路面材料种类及要求

8.2.1　沥青混凝土

（1）沥青　可采用黏稠石油沥青或软煤沥青作为结合料。在温度较高和交通繁重的条件下，细粒式沥青混凝土应选用稠度较高的沥青；反之，可采用稠度较低的沥青。具体选用时，可参见表 8-2 和表 8-3 的规定。

（2）碎（砾）石　应选用强度不低于Ⅲ级、耐磨、有棱角且与沥青有较强结合力的碱性石料。石料应清洁干净，不含污泥等杂质，其颗粒级配应满足规范的要求。所用的矿料规格见表 8-4。

（3）砂　天然或人工的砂，均应具有一定的级配组成。砂质应清洁、坚硬、不含杂质，含泥量不大于 4%。

（4）矿粉　采用粒径小于 0.074mm 的石灰石粉，一般不宜少于 80%。矿粉作为沥青混凝土的填充料，能显著地提高混合料的强度和温度稳定性。

上述各种材料组成沥青混合料时，其级配范围见表 8-5。

表 8-2　适合于各种沥青面层的沥青标号

地　区	沥青种类	沥青标号			
		表面处治	贯入式	沥青碎石	沥青混凝土
寒冷地区	石油沥青	油-200　油-180	油-200　油-180	油-180　油-140	油-140　油-100
	煤沥青	煤-5　煤-6	煤-6　煤-7	煤-6　煤-7	煤-7　煤-8
温和地区	石油沥青	油-180　油-140	油-140　油-100	油-140　油-100	油-100　油-60
	煤沥青	煤-6　煤-7	煤-6　煤-7	煤-7　煤-8	煤-7　煤-8
较热地区	石油沥青	油-140　油-100	油-140　油-100	油-100　油-60	油-60
	煤沥青	煤-6　煤-7	煤-7	煤-7　煤-8	煤-7　煤-8　煤-9

表 8-3　沥青路面施工气候分区参考表

气候分区	年度内最低月平均气温/℃	年内日平均气温≥5℃的日数/d	所　属　地　区
寒冷地区	<-10	少于 215	黑龙江省、吉林省、青海省等，新疆、宁夏、西藏等自治区，辽宁省营口以北，内蒙古包头以北，山西省大同以北，河北省承德、张家口以北，陕西省榆林以北，甘肃省除天水一带
温和地区	-10~0	215~270	辽宁省营口以南，内蒙古包头以南，山西省大同以南，河北省承德、张家口以南，陕西省榆林以南，西安以北，甘肃省天水一带，山东省，河南省南阳以北，江苏省徐州、淮阴以北，安徽省宿县、亳县以北
较热地区	>0	多于 270	河南省南阳以南，江苏省徐州、淮阴以南，安徽省宿县、亳县以南，陕西省西安以南，四川成都东南，广东、广西、湖南、湖北、福建、浙江、江西、云南、贵州、台湾等省自治区

注：1. 青藏高原、四川盆地、云贵高原或其他地区气候呈环状分布时，气候变化较大，应根据本地实际气候情况确定气候分区。

2. 一省（区）内也有不同气候，需要时由省（区）自行划分。

表 8-4　沥青路面所用矿料等级

使用条件		面层结构等级			
		表面处治	贯入式路面	沥青碎石	沥青混凝土
交通量	小于 2000 辆/昼夜	3	3	3	3
	2000~5000 辆/昼夜		3	3	3
	大于 5000 辆/昼夜			2^+	2^+
原沥青路面上作磨耗层或防滑层		1^+		1	1
沥青面层下层、联结层			3	3	3

8.2.2　沥青碎石

沥青碎石路面对矿料的强度要求较高，一般为Ⅰ级或Ⅱ级石料，且应与沥青有良好的粘接力。所用矿料的规格参见表 8-4 的要求。

采用的沥青稠度可低些，冷铺混合料所用的沥青稠度应比热铺的低些。

沥青碎石路面采用沥青的质量和标号，应符合表 8-2 的要求，沥青碎石混合料的级配组成、规定见表 8-5。

8.2.3　沥青贯入式

沥青贯入式路面所用的沥青材料，当地区气候较冷、施工气温较低、矿料较软或粒径偏细时，应采用稠度较低的沥青；反之，应采用稠度较高的沥青。所用沥青材料标号见表 8-6。

沥青贯入式路面所用的矿料，应根据路面厚度确定，一般 4~6cm 厚的主层矿料最大粒径采用与面层等厚，用量按松铺系数 1.1 计算；7~8cm 厚的主层矿料最大粒径为面层厚度的 0.9 倍或相等，用量按松铺系数 1.15~1.20 计算。主层矿料中大粒径颗粒含量不得少于70%。所用矿料的等级和规格参见表 8-7。

沥青贯入式路面所用的嵌缝料，前后层的尺寸应相当，其用量应按平铺一层计算，不得重叠，不得留有空白。

沥青贯入式路面和沥青上拌下贯式路面所用材料规格及用量参见表 8-7 和表 8-8 的要求。

表 8-5 沥青混凝土材料级配组成及油石比

类型			通过下列筛孔质量百分率/%													沥青用量/%
			35mm	30mm	25mm	20mm	15mm	10mm	5mm	2.5mm	1.2mm	0.60mm	0.30mm	0.15mm	0.074mm	
粗粒式	LH-35	I	95~100		75~95		55~75	40~60	25~45	15~35		5~18	4~14	3~8	2~5	4.0~5.5
	LH-30	II		95~100	75~95		55~75	40~60	25~45	15~35		5~18	4~14	3~8	2~5	4.0~5.5
中粒式	LH-25	I			95~100			70~80	50~65	35~50	25~40	18~30	13~21	8~15	4~9	5.0~6.5
		II			95~100			50~70	30~50	20~35	13~25	9~18	6~13	4~8	3~7	4.5~6.0
	LH-20	I				95~100		70~80	50~65	35~50	25~40	18~30	13~21	8~15	4~9	5.0~6.5
		II				95~100		50~70	30~50	20~35	13~25	9~18	6~13	4~8	3~7	4.5~6.0
细粒式	LH-15	I-1					95~100		70~80	55~65	40~50	30~40	21~28	12~20	6~10	6.0~7.5
		I-2					95~100		55~70	40~55	30~40	20~30	16~21	10~15	5~9	5.5~7.0
		II					95~100		35~55	25~40	18~30	12~20	8~16	5~10	4~7	5.0~6.5
	LH-10	I-1						95~100	70~80	55~65	40~50	30~40	21~28	12~20	6~10	6.0~8.0
		I-2						95~100	55~70	40~55	30~40	26~30	16~21	10~15	5~9	5.5~7.5
		II						95~100	35~55	25~40	18~30	12~20	8~16	5~10	4~7	5.0~7.0
砂粒式	LH-5	II							95~100	65~85	45~65	30~52	17~37	11~28	8~12	7.0~9.0

注：1. LH 代表沥青混凝土混合料，数字代表矿料最大粒径（mm），I 型孔隙率为 3%～6%，II 型孔隙率为 6%～10%。

2. 沥青用量为外加，以石油沥青为准，如用煤沥青时增加 20%。

表 8-6 沥青碎石混合料级配组成及沥青用量

沥青碎石级配类型	通过下列筛孔的质量百分比/%											用油量/%
	35mm	30mm	25mm	20mm	15mm	10mm	5mm	2.5mm	0.6mm	0.3mm	0.074mm	
LS-35	95~100				40~60	25~45	10~30	5~20	0~10	0~6	0~4	4.0~5.0
LS-30		95~100										
LS-25			95~100		35~55	15~35	5~25		0~11	0~7	0~5	4.5~5.5
LS-20				95~100								
LS-15					95~100	20~40	10~30	3~14	1~10	0~6		5.0~6.0
LS-10						95~100						

注：LS 代表沥青碎石混合料，表中沥青用量指石油沥青。

表 8-7　沥青贯入式路面材料用量

厚度/cm	矿　料								石油沥青/(kg/m²)			
	主层		第一遍嵌缝料		第二遍嵌缝料		封面料		分层用量			
	尺寸/mm	数量/(m³/1000m²)	尺寸/mm	数量/(m³/1000m²)	尺寸/mm	数量/(m³/1000m²)	尺寸/mm	数量/(m³/1000m²)	1	2	3	合计
4	20~40	44	10~20(15)	12~14	5~10	7~8	3~5	3~5	1.8~2.1	1.6~1.8	1.0~1.2	4.4~5.0
5	30~50	55	15~25	16~18	5(10)~15	10~12	3~5	3~5	2.4~2.6	1.8~2.0	1.0~1.2	5.2~5.8
6	30~60	66	15~25(30)	16~18	5(10)~15	10~12	3~8(5)	4~6	2.8~3.0	2.0~2.2	1.0~1.2	5.8~6.4
7	30(40)~70(60)	80	15~30(25)	18~20	10(5)~15	11~13	3~8(5)	4~6	3.3~3.5	2.4~2.6	1.0~1.2	6.7~7.3
8	30(40)~70	96	15~30(25)	20~22	10(5)~15	11~13	3~8(5)	4~6	4.0~4.2	2.6~2.8	1.0~1.2	7.6~8.2

注：1. 采用煤沥青时，按石油沥青用量×1.2计算。

2. 矿料数量不包括施工损耗数量。

3. 规定尺寸的嵌缝料，细料多时用低、中限；反之，用高、中限。

4. 施工期间应另备每2~3m³/1000m² 石屑。粗砂或中砾石和最后一次封面料尺寸相同，供初期养护使用。

表 8-8　沥青上拌下贯式路面材料规格和用量

厚度/cm	矿　料								石油沥青/(kg/m²)		
	主层		第一遍嵌缝料		第二遍嵌缝料		上拌沥青混合料		下贯部分/(kg/m²)		上部/%
	尺寸/mm	数量/(m³/1000m²)	尺寸/mm	数量(m³/1000m²)	尺寸/mm	数量(m³/1000m²)	尺寸/mm	数量(m³/1000m²)	2	3	
5	20~40	44	10~15(15)	12~14	5~10	5~7	3~10 或 0~10 或 0~15	21~35	2.0~2.3	1.4~1.6	4.5~7.0
6	30~50	55	15~25	16~18	5(10)~15	7~9			2.6~2.8	1.6~1.8	
7	30~60	66	15~25(30)	16~18	5(10)~15	7~9			3.2~3.4	1.6~1.8	
8	30~70	80	15~25(30)	18~20	10(5)~15	8~10			4.0~4.3	1.6~1.8	

注：1. 嵌缝料规格括号内尺寸是指前一层嵌缝料尺寸。

2. 采用煤沥青时，按石油沥青用量×1.2计算。

8.2.4　沥青表面处治

　　沥青表面处治所用的沥青材料应渗透性好，凝结时间短，有较大的粘接力，且耐久性好，不易老化。施工时，应严格控制石油沥青的针入度和软化点或渣油的黏度。所用沥青材料标号见表8-9。

　　沥青表面处治所用的矿料（碎石、砾石）应具有足够的强度和耐磨性，与沥青材料良好的粘接力，且干燥、无风化、清洁、无杂质。碎（砾）石表面应有明显的破裂面，扁平细长颗粒含量应不少于20%。所用矿料的等级和规格参见表8-9。

　　沥青表面处治所用的沥青（渣油）与矿料用量的比例（油石比）是保证沥青表处质量的重要因素，应根据表8-9~表8-12的规定范围选用。

表 8-9 沥青上拌下贯式路面材料规格和用量

种类	矿 料						石油沥青/(kg/m²)			
	主层		第二层		第三层		第一次	第二次	第三次	合计用量
	尺寸/mm	数量/(m³/1000m²)	尺寸/mm	数量/(m³/1000m²)	尺寸/mm	数量/(m³/1000m²)				
单层	5～10	7～9					1.0～1.2			1.0～1.2
	10～15	12～14					1.4～1.6			1.4～1.6
双层	10～20	16～18	5～10	7～8			1.6～1.8	1.0～1.2		2.6～3.0
	15～25	18～20	5～10	7～8			1.8～2.0	1.0～1.2		2.8～3.2
三层	15～25	18～20	10～15	12～14	5～10	7～8	1.6～1.8	1.2～1.4	1.0～1.2	3.8～4.4
	15～30	20～22	10～15	12～14	5～10	7～8	1.8～2.0	1.2～1.4	1.0～1.2	4.0～4.5

注：1. 采用煤沥青时，按石油沥青用量×1.2 计算。

2. 沥青表面处治时上下层沥青的用量可根据施工气温、沥青标号、下卧层等情况，在总量不变的原则下可酌情调整。

3. 北方地区、施工季节温度较低，沥青用量应采用高限；反之，采用低限。

4. 凡是原有沥青路面、清扫干净的碎砾石路面、水泥混凝土路面、块石路面等可不用透油层，可在第一次沥青用量中酌予增加 10%左右。

5. 备料时应另加损耗量。

表 8-10 拌和法渣油表面处治矿料的级配要求

筛孔/mm	20	15	10	5	2	0.5	渣油用量/%
通过质量百分率/%	85～100	60～80	40～60	20～35	5～20	<5	4.5～5.0

注：1. 渣油预计渗透量是在一般情况下确定的。如渗透量大时，应根据实际情况增加用油量。

2. 碎石和砾石均可使用，并允许含有一定数量的扁平颗粒和软质石料。

3. 铺筑粗面面层和交通量较大时，应采用短级配和较粗的矿料；冷季施工，矿料加热拌和或要求面层尽快稳定成型时，可采用长级配和较细的矿料。

4. 当矿料质地坚硬、夏季施工、热料拌和、渣油较稀、路面日照较好以及交通量较大时，油石比可选用低限；反之，则选用高限。

表 8-11 渣油拌和法材料用量

铺筑厚度/cm	矿料粒径/mm	矿料用量/(m³/1000m²)	备 注
1.5～2.0	0～20	22～28	单层或双层
2.0～2.5	0～25	28～34	双层
2.5～3.0	0～30	34～40	三层

表 8-12 层铺法渣油表面处治材料用量

种类	处治层厚度/cm	矿 料		渣油/(kg/m²)		说 明
		尺寸/mm	用量/(m³/1000m²)	分层用量	合计用量	
单层	1.0	5～10	13	1.4～1.6	1.4～1.6	渣油用量包括预计渗透量 0.2kg/m²，如渗透量超过上述数值时应根据实际情况增加用油量
双层	1.5	5～15	20	1.8～2.0	1.8～2.0	
	1.5	10(8)～15	15	1.0～1.2	2.0～2.4	
		3～8	8	1.0～1.2		
	2.0	10(8)～15	20	1.4～1.6	2.4～2.8	
		3～8	8	1.0～1.2		在原沥青路面上做表面处治时，下层用油量中应减去预计渗透量
三层	2.5	15～25	20	1.2～1.4	3.2～3.8	
		10～15(或 8～15)	14	1.0～1.2		
		3～8	8	1.0～1.2		
	3.0	15～30	35	1.6～1.8	3.8～4.4	
		10～15(或 8～15)	14	1.2～1.4		
		3～8	8	1.0～1.2		

注：1. 本表为先油后料施工的材料用量。如先料后油法施工，矿料分层用量不变，油料分层用量可根据各地经验调整使用。

2. 沥青表面处治的上下层沥青用量可根据施工气温、渣油黏度、基层等情况，在总量不变的原则下可酌情调整。

3. 油石比（质量比）为 5.5%～6.0%。当行车密度小、低温季节施工及渣油黏度较大时，油石比可采用高限，并选用较高的上层用油量。

4. 矿料规格可不限于表列要求，但选用的分级矿料尺寸应大体衔接，以利逐级嵌缝。接近最大渣粒尺寸的含量一般以 60%左右为宜，矿料中小于 0.5mm 的含量应小于 2%。

5. 施工时，每 1000m² 应另备 2～5mm 矿料或粗砂 3～5m³，供初期养护使用。

8.3　沥青混合料技术性质

（1）高温稳定性　高温稳定性对于道路沥青混合料，为保证耐久、行车安全和舒适，需满足一定的技术要求。

沥青混合料高温稳定性是指沥青混合料在夏季高温（通常为 60℃）条件下，经车辆荷载长期重复作用后，不产生车辙和波浪等病害的性能。

影响因素包括沥青黏度、沥青与石料相互作用特征、矿料性质。

我国现行国标沥青路面施工及验收规范（GB 50092—1996）规定，采用马歇尔稳定度试验（包括稳定度、流值、马歇尔模数）来评价沥青混合料高温稳定性；对高速公路、一级公路、城市快速路、主干路用沥青混合料，还应通过车辙试验检验其抗车辙能力。

（2）低温抗裂性　沥青混合料不仅应具备高温的稳定性，同时还要具有低温的抗裂性，以保证路面在冬季低温时不产生裂缝。沥青混合料低温抗裂性要求的指标，目前尚处于研究阶段，尚未列入技术标准。

沥青混合料低温抗裂性是指温度较低时沥青混合料抵抗收缩变形，不产生开裂的性质。

沥青路面裂纹原因：

① 重复荷载→疲劳开裂；

② 低温脆化→变形能力降低→开裂；

③ 低温收缩；

④ 重复载荷→疲劳开裂；低温脆化→变形能力降低→开裂。

影响沥青混合料低温抗裂性的主要因素包括沥青质量及用量，矿料级配等。试验方法是纯拉试验：通过试验得到圆柱形试件的应力、应变、抗拉强度和极限变形，求出劲度模量及温度收缩系数，以此估计沥青混合料的断裂温度。

（3）耐久性　沥青混合料的耐久性是指其抵抗长时间自然因素（风、日光、温度、水分等）和行车荷载反复作用的能力。

沥青混合料的耐久性主要取决于沥青的化学性质、矿料成分、沥青混合料的组成结构、沥青用量。例如：沥青用量少 0.5%，V_v 增加，造成混合料的寿命降低一年。

针对其影响因素可知改善沥青混合料耐久性的措施：采用坚固性好的矿料；提高混合料的密实度；选用细粒密级配沥青混合料；增加沥青用量等。

沥青混合料的耐久性可用孔隙率、饱和度（沥青填隙率）、残留稳定度等指标来评价。

目前评价沥青混合料耐久性的方法有马歇尔稳定度试验、浸水劈裂试验、冻融劈裂试验、浸水车辙试验等。

（4）抗滑性　随着现代高速公路的发展，对沥青混合料路面的抗滑性提出更高的要求。我国现行标准对抗滑层集料提出了磨光值、道瑞磨耗值和冲击值三项指标。

影响抗滑性能的因素包括矿料表面结构、级配、混合料组成及沥青用量。

对于抗滑性能差的沥青混合料可以采用以下措施改善。

① 选用耐磨石料，对磨耗率及冲击值有一定要求。但应注意，硬质石料往往属于酸性石料，需加抗剥离剂。

② 控制沥青用量，因为沥青用量增加，表面平滑性能会产生由大到小的变化。

（5）施工和易性　就沥青混合料性质而言，影响沥青混合料施工和易性的主要因素是矿料级配。粗细集料的颗粒大小相距过大，缺乏中间粒径，混合料容易离析；细料太少，沥青层不易均匀地分布在粗颗粒表面；细料过多，则拌和困难。

沥青混合料施工和易性目前尚无特定的指标来衡量，根据实践经验，沥青混合料的施工和易性主要取决于：

① 矿料级配，适当级配不易产生离析现象，颗粒不要粗细分离；

② 沥青黏度及用量；

③ 气温及施工条件。

8.4 热拌沥青混合料路面施工

8.4.1 施工前的准备工作

施工前的准备工作主要有料源的确定及进场材料的质量检验、机械选型与配套、拌和厂选择、修筑试验路段等项工作。

(1) 确定料源及进场材料的质量检验 应从质量和经济两方面综合考虑，选用国外进口沥青或国产沥青，对进场的沥青材料应抽样检测其技术指标。目前，高等级公路路面所用的沥青大部分为进口沥青。国产稠油沥青与国外进口沥青性质的比较见表 8-13。

表 8-13 国产稠油沥青与国外进口沥青性质的比较

试验项目 \ 沥青品种		重交通道路 AH-90	国产稠油沥青						国外进口沥青						
			克拉玛依 AH-90	羊三木 AH-90	渤海 AH-90	单家寺 AH-90	单家寺 AH-70	欢喜岭 AH-90	英国 AH-100	日本 AH-80-100	阿尔巴尼亚	新加坡 BP	新加坡 ESSO	新加坡 ESSO	新加坡壳牌
针入度(25℃，100g,1/10mm)		80-100	104	97	84	87	65	83	106	87	94	64	95	69	90
延度 (5cm/min)/cm	25℃	>100	>150	>150	>140	>150	>150	>150	>100	>150	>150	>150	>150	>150	>150
	15℃	>100	126	100	>140	>150	>150	108		>150	>150	>115	>150	>150	>150
软化点(环球法)/℃		45-52	49.0	47.3	44.0	48.8	50.5	49.5	45.7	47.0	46.7	50.5	46.0	50.3	48.2
溶解度(三氯乙烯)/%		>99	99.90	99.40	99.0	99.72	99.67	99.60	99.71	99.90	99.70	99.50	99.11	99.30	99.21
薄膜加热试验 (163℃,5h)	质量损失/%	<0.6	0.02	0.13	0.15	0.18	0.14	0.75	0.73	0.11	0.52	0.50	0.02	0.03	0.38
	针入度/%	>50	86	65	62	81	88	67	61	81	56	75	71	78	59
	延度(25℃)/cm	>75	107	>150	>140	>150	>150	>150	>150	>150	>150	106	>150	>150	>150
闪点(开口式)/℃		>230	>300	259	>260	292	306	276	255	>300	252	330	328	356	296
含蜡量(蒸馏法)/%		<3	3.10	1.38		2.91	4.11	2.80	1.11	4.38	0.04	1.96	1.88	1.97	2.40
相对密度(25℃)		≥1.0	0.9703	1.0050	>1.0	1.0036	1.0006	1.004	1.0282	1.024	1.045	1.045	1.037	1.034	1.029

在考虑经济性、开采条件、运输条件的情况下，选择质量满足技术标准的料场，并对料场内的石料、砂、石屑、矿粉等做必要的试验检测。

（2）拌和设备的选型及场地布置　应根据工程量和工期选择拌和设备的生产能力及移动方式（固定式、半固定式和移动式）。目前使用较多的是生产率在 300t/h 以下的拌和设备。

固定式沥青混合料拌和厂，应根据设备的数量、工作时产生的粉尘与噪声、供电与供水以及施工运输等条件选择厂址和确定场地面积。面积估计可参考表 8-14 的数据。

表 8-14　沥青混合料拌和场地面积参考

生产能力/(t/h)	搅拌机容量(间歇式)/kg	场地面积/m²	生产能力/(t/h)	搅拌机容量(间歇式)/kg	场地面积/m²
30～50	500	3000	90～110	1500	9000
35～40	750	4500	120～140	2000	12000
60～70	1000	6500			

半固定式和移动式沥青混合料拌和设备可安装在特制的平板挂车上，便于拆装、转移和使用。

（3）施工机械检查　主要对拌和与运输设备、洒油车、矿料洒布车、摊铺机和压路机的规格、性能及运转、液压系统进行检测与检查。

（4）修筑试验路段　正式开工前，应根据计划使用的机械设备和设计的混合料配合比铺筑试验路段，以确定合适的拌和时间与温度；摊铺温度和速度；压实机械的合理组合，压实温度及压实方法；松铺系数；合适的作业段长度。并在试验段中抽样检测沥青混合料的沥青含量、矿料级配、稳定度、流值、空隙率、饱和度、密实度等，最终提出混合料的生产配合比、机械的优化组合及标准施工方法。

8.4.2　沥青混合料的拌和与运输

（1）试拌　根据室内配合比进行试拌，通过试拌及抽样试验确定施工质量控制指标。

① 对间歇式拌和设备，应确定每盘热料仓的配合比。对连续式拌和设备，应确定各种矿料送料口的大小及沥青、矿料的进料速度。

② 沥青混合料应按设计沥青用量进行试拌，取样做马歇尔试验，以验证设计沥青用量的合理性，或作适当的调整。

③ 确定适宜的拌和时间。

④ 确定适宜的拌和与出厂温度。石油沥青的加热温度宜为 130～160℃，不宜超过 6h。沥青混合料的出厂温度宜控制在 130～160℃。

（2）沥青混合料的拌制　根据配料单进料，严格控制各种材料用量及其加热温度。拌和后的混合料应均匀一致，无花白、无离析和结团成块等现象。每班抽样做沥青混合料性能、矿料级配组成和沥青用量检验。

（3）沥青混合料的运输　沥青混合料用自卸汽车运至工地，底板及车壁应涂一薄层油水（柴油：水为 1：3）混合液。运输中应覆盖，至摊铺地点时的沥青混合料温度不宜低于 130℃。

8.4.3　沥青混合料的摊铺

沥青混合料的摊铺，包括下承层准备、施工放样、摊铺机各种参数的调整与选择、摊铺机摊铺等内容。

8.4.3.1 下承层准备

摊铺沥青混合料时，其下承层可能是基层、路面下面层或中面层。基层完工后，一般浇洒透层油进行养生保护。因通车、下雨使表面发生破坏，出现松散、浮尘、下沉、泥泞等，在摊铺沥青混合料前，应进行维修、重新分层填筑并压实、清洗干净。对下承层表面缺陷进行处理后，即可再洒透层油或黏层油。

8.4.3.2 施工放样

用测量仪器定出摊铺路面的边线位置，并在边线桩上标出路面面层顶的设计高程位置，以控制沥青混合料面层的厚度。对无自控装置的摊铺机，应根据下承层的实测高程和面层的设计高程，确定实铺厚度。

当下承层的表面高程变化较多，使得沥青路面的总厚度与路面顶面设计高程允许范围相矛盾时，应以保证厚度为主。

8.4.3.3 摊铺机各种系数的调整与选择

摊铺前，需调整与选择摊铺机的参数主要有：熨平板宽度与拱度；摊铺厚度与熨平板的初始工作迎角；摊铺速度。

(1) 熨平板宽度与拱度的调整 为减少摊铺次数，每条摊铺带的宽度应按该型号摊铺机的最大摊铺宽度来考虑。宽度为 B 的路面所需横向摊铺的次数按下式计算：

$$n = \frac{B-x}{b-x} \tag{8-1}$$

式中 B——路面宽度，m；

b——摊铺机熨平板的总宽度，m；

x——相邻摊铺带的重叠量，m，一般为 0.025～0.08m。

上式的含义是：路面的宽度应为摊铺机总摊铺宽度减去重叠后的整倍数，如 n 不能满足整数时，尽可能在减少摊铺次数的前提下，使所剩的最后一条摊铺带宽度不小于该摊铺机的标准摊铺宽度。实在不足时，采用切割装置（截断滑靴）来切窄摊铺带。

确定摊铺带宽度时，上下铺层的纵向接茬应错开 30cm 以上；摊铺下层时，熨平板的侧面与路缘石或边沟间应留有 10cm 以上的间距；纵向接茬处应有一定的重叠量（平均为 2.5～5m）；接宽熨平板时必须同时相应地接长螺旋摊铺器和振动梁，同时检查接长后熨平板底板的平直度和整体刚度。

熨平板宽度调整后，再调整其拱度，可在标尺上直接读出拱度的绝对数值（mm）或横坡百分数。拱度调整后要进行试铺校验，必要时再次调整。对大型摊铺机，有前后两副调拱机构，其前拱的调节量略大于后拱。

(2) 摊铺厚度与熨平板的初始工作迎角 摊铺工作开始前，准备两块长方垫木，作为摊铺厚度的基准。垫木宽 5～10cm，与熨平板纵向尺寸相同或稍长，厚度为松铺厚度。将摊铺机停置于摊铺带起点的平整处后，抬起熨平板，把两块垫木分别置于熨平板两端的下面。如果熨平板加宽，垫木则放在加宽部分的近侧边处。

垫木放好后，放下熨平板，让其提升油缸处于浮动状态。然后转动左右两个厚度调节螺杆，使它们处于微量间隙的中立位置。此时，熨平板以其自重落在垫木上。

熨平板放置妥当后，利用手动调整机构，调整初始工作迎角。每调整一次，须在 5m 范围内做多点厚度检验，取平均值与设计值比较。

实际施工中，根据刮板输送器的生产能力和最大摊铺宽度，可方便地调整摊铺厚度。

（3）摊铺速度 现代摊铺机具有较宽的速度变化范围，可进行无级调节，调节的原则是保证摊铺机的连续作业。摊铺速度可根据混合料供给能力、摊铺宽度和厚度按下式求得：

$$V = \frac{100G}{60bh\gamma} \tag{8-2}$$

式中 G——混合料供给能力，t/h；

h——压实后的摊铺厚度，cm；

γ——沥青混合料压实后的密度（一般取 2.35t/m³）。

可根据上式，制成一张相应摊铺速度的关系表，供摊铺作业时查用。

实践中，摊铺速度还与混合料的种类、温度及铺筑的层次有关。一般面层的下层摊铺速度较快，约为 10m/min，面层的上层摊铺速度较慢，为 6m/min 以下。

摊铺机调整与选择的其他参数还有布料螺旋与熨平板前缘距离的调整、振捣梁行程调整、熨平板前刮料护板高度的调整等，可参阅有关资料。

8.4.3.4 摊铺机的摊铺

（1）熨平板的加热 每次开始工作时，应对熨平板进行加热，以防混合料冷粘在板底上，拉裂铺层表面，形成沟槽和裂纹。加热后的熨平板对铺层起到熨烫作用，使路表面平整无痕。但过热，除会使板变形和加速磨损外，还会使铺层表面烫出沥青胶浆和拉沟。

连续摊铺中，熨平板充分受热后，可暂停加热。对摊铺低温混合料和沥青砂，熨平板应连续加热，以使底板对材料经常起熨烫作用。

（2）摊铺机供料机构操作 供料机构的刮板输送器和向两侧布料的螺旋摊铺器的工作，应密切配合，速度匹配。

刮板输送器的运转速度一般确定后应保持稳定，供料量基本依靠闸门的开启高度来调整。摊铺室内合适的混合料量为料堆的高度平齐于或略高于螺旋摊铺器的轴心线，及稍微看见螺旋叶片或刚盖住叶片为度。

闸门的最佳开度，应在保证摊铺室内混合料处于正确料堆高度状态下，使刮板输送器和螺旋摊铺器在全部工作时间内都能不停歇地持续工作。为了保持摊铺室内混合料高度常处于标准状态，最好是采用闸门自控系统。

（3）摊铺方式 先按前述方法确定摊铺宽度，各条摊铺带的宽度最好相同，以节省重新接宽熨平板的时间。摊铺时，应先从横坡较低处开铺。使用单机进行不同宽度的多次摊铺时，应尽可能先摊铺较窄的那一条，以减少拆接次数。

若为多机摊铺，应在尽量减少摊铺次数的前提下，各条摊铺带的宽度可按梯队方式作业，梯队间距宜在 5～10m，以便形成热接茬。若为单机非全幅作业，每幅铺筑应在 100～150m 后调头完成另一幅，并需接好接茬。

（4）接茬处理

① 两条摊铺带相搭接处的纵向接茬可采用冷接茬和热接茬两种方法。

冷接茬是指新铺层与经过压实后的已铺层进行搭接。摊铺新铺层时，重叠搭接宽度为3～5cm，且与前一次摊铺带的松铺厚度应相同，同时，对已摊铺带接茬处边缘应铲齐、铲修垂直。

热接茬是在使用两台以上摊铺机梯队作业时采用，两条相邻摊铺带的混合料还处于压实前的热状态，较易处理，且连接强度较好。一般搭接宽度为 2～5cm。摊铺带的边缘应齐整，并在一侧设置导向线，作为摊铺机行驶时的标定方向。

② 前后两条摊铺带的横向接茬处理时，应将第一条摊铺带的尽头边缘锯成垂直面，并与纵向边缘成直角。

8.4.4　沥青混合料的压实

沥青混合料的压实包括碾压机械的选型与组合、压实温度、速度、遍数、压实方式的确定及特殊路段的压实（陡坡与弯道）。

(1) 碾压机械的选型与组合　目前，常用的压路机有三轮式静力光轮压路机、轮胎压路机和振动压路机。

三轮式静力光轮压路机，其重量为 2.5～16t，主要用于沥青混合料的初压。轮胎压路机一般为 5～25t，可用来进行接缝处的预压、坡道预压、消除裂纹、薄摊铺层的压实作业。振动压路机中的自行式单轮压路机，一般重量为 4～12t，常用于平整度要求不高的路面压实。压实度要求较高时，可采用串联振动压路机。在沥青混合料压实中，铰接转向和前后轮偏移铰接转向的串联振动压路机在边缘碾压时，能减少转弯中对路边缘的损坏，因此，使用较为广泛。

结合工程实际，选择压路机种类、大小和数量，应考虑摊铺机的生产率、混合料特性、摊铺厚度、施工现场的具体条件等因素。一般情况下，摊铺层厚度小于 6cm，宜使用振幅 0.35～0.6mm 的中小型振动压路机（2～6t）；压实较厚的摊铺层（大于 10cm），宜使用高振幅（可达 1.00mm）的大、中型振动压路机（6～10t）。

(2) 压实程序　压实程序分为初压、复压、终压三道工序。

初压时用 6～8t 双轮压路机或 6～10t 振动压路机（关闭振动装置即静压）压 2 遍，温度为 110～130℃。初压后检查平整度和路拱，必要时，应予以修整。若碾压时出现推移、横向裂纹等，应检查原因，进行处理。

复压采用的 10～12t 三轮压路机、10t 振动压路机或相应的轮胎压路机碾 4～6 遍，直至稳定和无明显轮迹。复压温度为 90～110℃。

终压时用 6～8t 振动压路机（关闭振动装置）压 2～4 遍，终压温度为 70～90℃。

碾压时，应由路两边向路中心，三轮压路机每次重叠宜为后轮宽的 1/2，双轮压路机每次重叠宜为 30cm，压实速度可参考表 8-15。

表 8-15　压路机类型和最大碾压速度

压路机类型	最大碾压速度/(km/h)			压路机类型	最大碾压速度/(km/h)		
	初压	复压	终压		初压	复压	终压
光轮压路机	1.5～2.0	2.5～3.5	2.5～3.5	振动压路机	静压 1.5～2.0	振动 5～6	静压 2～3
轮胎压路机		3.5～4.5					

碾压过程中，每完成一遍重叠碾压，压路机应向摊铺机靠近些，以保证正常的碾压温度。

在平缓路段，驱动轮靠近摊铺机，以减少波纹或热裂缝。碾压过程中，要确保滚轮湿润，可间歇喷水，但不可使混合料表面冷却。

每碾压一遍的尾端，宜稍微转向，以减小压痕。压路机不得在新铺混合料上转向、调头、刹车，碾压后的路面在冷却前，不得停放任何机械，并防止矿料、杂物、油料洒落在新铺路面上，直至路面冷却后才能开放交通。

（3）接茬处的碾压　接茬处的碾压应先压横向接茬，后压纵向接茬。

① 横向按茬　可使用较小型压路机对横向接茬进行横向碾压或纵向碾压。开始时，将轮宽的 $10\sim20cm$ 置于新铺的沥青混合料上进行碾压，然后逐步横移直至整个滚轮在新铺层上。有时，也可先用压路机静压，再用振动碾压。

② 纵向接茬　当热料层与冷料层相接时，可将压路机位于热沥青混合料上，进行振动碾压，或碾压开始时，将轮宽的 $10\sim20cm$ 压在热料层上碾压。碾压时速度应在 $2km/h$ 左右。

当采用梯队作业时（热料层相接），应先压实离热接茬中心约 $20cm$ 以外区域，最后压实剩下的窄条混合料。

（4）特殊路段的碾压　特殊路段的碾压指弯道、交叉口、路边、陡坡等处的压实。

① 弯道或交叉口的碾压　应选用铰接转向式振动压路机，先内侧后外侧，急弯处可采用直线（缺角）式换道碾压，缺角处用小型机具压实。

② 路边碾压　可离边缘 $30\sim40cm$ 处开始碾压，留下部分碾压时，压路机每次只能向自由边缘方向推进 $10cm$。

③ 陡坡碾压　先用轻型压路机（不宜采用轮胎压路机）预压，压路机的从动轮应朝着摊铺方向。采用振动压路机时，应先静碾，待混合料稳定后，方可采用低振幅的振动碾压。

8.5　其他形式的沥青路面施工

8.5.1　沥青贯入式路面

（1）施工准备　施工前，基层应清扫干净。需要安装路缘石时，应在安装后进行施工。当采用乳化沥青贯入式路面时必须先浇洒透层或黏层沥青。路面厚度小于或等于 $5cm$ 时，也应浇洒透层或黏层沥青。

（2）铺撒主层集料　应避免颗粒大小不均匀，松铺系数为 $1.25\sim1.30$，应经试铺实测确定。撒布集料的同时，检查路拱和平整度，并严禁车辆通行。

（3）碾压　主层集料撒布后，应采用 $6\sim8t$ 钢筒式压路机进行初压，速度为 $2km/h$。碾压应由路两侧边缘向中心，轮迹应重叠约 $30cm$。碾压同时，检验路拱和纵向坡度，必要时做调整。再用 $10\sim12t$（厚度较大时，可用 $12\sim15t$）压路机进行碾压，每次轮迹重叠 $1/2$ 以上，并碾压 $4\sim6$ 遍，直至主层集料稳定，无明显轮迹为止。

（4）浇洒第一层沥青　主层集料碾压完毕后，应立即浇洒第一层沥青。

① 浇洒温度应根据施工气温及沥青标号选择。石油沥青宜为 $130\sim170℃$，煤沥青宜为 $80\sim120℃$。

② 沥青洒布要均匀，不得有空白和积聚现象，应根据选用的洒布方式控制单位面积的沥青用量。沥青洒布长度应与集料撒布机的能力相配合，两者间隔时间不宜过长。

③ 前后段喷洒的接茬应搭接良好。每段接茬处，可用铁板或建筑纸在洒布起、终点后横铺 $1\sim1.5cm$，纵向接茬的搭接宽度宜为 $10\sim15cm$，浇洒第二、三层沥青的搭接缝应错开。

④ 不得在潮湿的集料、基层或旧路面上浇洒沥青。

⑤ 若采用乳化沥青贯入时，应先撒布一部分上一层嵌缝料，再浇洒主层沥青。

（5）铺撒第一层嵌缝料　主层沥青浇洒后，应立即均匀撒布第一层嵌缝料，不足处应找补。

（6）第二次碾压　嵌缝料扫匀后应立即用 8～12t 钢筒式压路机进行碾压，每次轮迹重叠 1/2 以上，并碾压 4～6 遍，直至稳定为止。碾压时，应随压随扫，使嵌缝料均匀嵌入。当气温较高，碾压发生推移现象时，应立即停止，待气温稍低时再碾压。

（7）浇洒第三层沥青　当浇洒第二层沥青、撒布第二层嵌缝料并完成碾压后，再浇洒第三层沥青，并撒布封层料，其要求同嵌缝料。最后宜用 6～8t 压路机碾压 2～4 遍，再开放交通。

（8）施工后应进行初期养护　当有泛油时，应补撒嵌缝料，并应与最后一层石料规格相同，且扫匀，将浮料扫除。

8.5.2　沥青表面处治与封层施工

8.5.2.1　沥青表处路面

（1）施工准备　沥青表面处治施工应在路缘石安装后进行，基层必须清扫干净。施工前，应检查洒布车的性能，进行试洒，确定喷洒速度和洒油量。

（2）下承层准备　表面处治施工前，应将基层清扫干净，使基层的矿料大部分外露，并保持干燥。对坑槽、不平整、强度不足的路段，应修补、平整和补强。

（3）浇洒沥青　在透层沥青充分渗透或基层清扫后，应按要求的数量浇洒第一层沥青，其要求与贯入式沥青路面浇洒方法相同。

（4）撒布集料　第一层集料在浇洒主层沥青后应立即进行撒布，按规定用量一次撒足，不宜在主层沥青全部洒布完成后进行。撒布后应及时扫匀，集料不应重叠，不应露出沥青，局部有缺陷时，应及时找补。前后幅搭接处，应暂留宽 10～15cm 不撒石料，待后幅浇洒沥青后一起撒布集料。

（5）碾压　撒布第一层集料后，应立即用 6～8t 钢筒式压路机进行碾压，速度不宜超过 2km/h。碾压应由路两侧边缘向中心，轮迹应重叠约 30cm，碾压 3～4 遍。

第二、三层的施工方法和要求与第一层基本相同，可采用 8～10t 压路机碾压。

碾压结束后即可开放交通，但应限制车速不超过 20km/h，并使整个路面宽度都均匀碾压。对局部泛油、松散、麻面等现象，应及时修整处理。

（6）初期养护　开放交通后的交通控制、初期养护等，与贯入式沥青路面要求相同。

8.5.2.2　封层施工

（1）封层的作用　一是封闭某一层起着保水防水作用；二是起基层与沥青表面层之间的过渡和有效连接作用；三是路的某一层表面破坏离析松散处的加固补强；四是基层在沥青面层铺筑前，要临时开放交通，防止基层因天气或车辆作用出现水毁。封层可分为上封层和下封层；就施工类型来分，可采用拌和法或层铺法的单层式表面处治，也可以采用乳化沥青稀浆封层。

（2）适用条件　符合下列情况之一时，应在沥青面层上铺筑上封层。

① 沥青面层的空隙较大，透水严重。

② 有裂缝或已修补的旧沥青路面。

③ 需加铺磨耗层，改善抗滑性能的旧沥青路面。

④ 需铺筑磨耗层或保护层的新建沥青路面。

（3）一般要求

① 使用层铺法沥青表面处治铺筑上封层时，施工方法按层铺法表面处治工艺施工。其材料用量要求应符合有关规定。沥青用量可采用规定范围的中、低限。

② 使用层铺法沥青表面处治铺筑下封层时，施工工艺同上封层。矿料用量应根据矿料尺寸、形状、种类等情况确定，宜为 $5\sim8m^3/1000m^2$。沥青用量可采用规定范围的中、高限。

③ 采用拌和法施工上、下封层时，应按照热拌沥青混凝土路面的施工工艺进行。当为下封层铺筑时，宜采用 AC-5（或 LH-5）砂粒式沥青混凝土，厚度宜为 1cm。

④ 使用乳化沥青稀浆封层施工上、下封层。

a. 稀浆封层的厚度宜为 $3\sim6mm$。

b. 稀浆封层的矿料类型及矿料级配，应根据封层的目的、道路等级进行选择，铺筑厚度、集料尺寸及摊铺用量等因素选用。

c. 稀浆封层使用的乳化沥青可采用慢裂或中裂的拌和型乳化沥青，当需要减缓破乳速度时，可掺加适量的氧化钙作外加剂。当需要加快破乳时，可采用一定数量的水泥或消石灰粉作填料。

d. 乳化沥青的合理用量通过试验确定。

⑤ 混合料的湿轮磨耗试验的磨耗损失不宜大于 $800g/m^2$；负荷轮碾压试验的砂吸收量不宜大于 $600g/m^2$。

⑥ 稀浆封层混合料的加水量应根据施工摊铺和易性由稠度试验确定，要求的稠度应为 $2\sim3cm$。

（4）注意事项

① 当在被磨损的旧路面上铺筑稀浆封层时，施工前应先修补坑槽、整平路面。

② 稀浆封层施工时应在干燥情况下进行。

③ 稀浆封层施工应使用稀浆封层铺筑机，其工作速度宜匀速铺筑，应达到厚度均匀、表面平整的要求。

④ 稀浆封层铺筑后，必须待乳液破乳、水分蒸发、干燥成型后方可开放交通。

⑤ 稀浆封层施工气温不得低于 10℃。

8.5.3 冷拌沥青混合料路面施工

冷拌沥青混合料宜采用拌和厂机械拌和及沥青摊铺机摊铺的方式。缺乏场拌条件时也可采用现场路拌及人工摊铺方式。冷拌沥青混合料施工应足以防止混合料离析。

当采用阳离子乳化沥青拌和时，宜先用水使集料湿润，若湿润后仍难于与乳液拌和均匀时，应改用破乳速度更慢的乳液，或用 1%～3% 浓度的氯化钙水溶液代替水润湿集料表面。

混合料适宜的拌和时间应根据实际情况调节并通过试拌确定，矿料中加进乳液后的机械拌和时间不宜超过 30s，人工拌和时间不宜超过 60s。

已拌和好的混合料应立即运至现场进行摊铺，并在乳液破乳前结束。在拌和与摊铺过程中已破乳的混合料，应予废弃。

乳化沥青冷拌混合料摊铺后宜采用 6t 左右的轻型压路机初压 1～2 遍，使混合料初步稳定，再用轮胎压路机或钢筒式压路机碾压 1～2 遍。当乳化沥青开始破乳、混合料由褐色转变成黑色时，改用 12～15t 轮胎压路机碾压，将水分挤出，复压 2～3 遍后停止，待晾晒一段时间，水分基本蒸发后继续复压至密实为止。当压实过程中有推移现象时应停止碾压，待稳定后再碾压。当天不能完全压实时，可在较高气温状态下补充碾压。当缺乏轮胎压路机时，也可采用钢筒式压路机或较轻的振动压路机碾压。

乳化沥青混合料路面的上封层应在压实成型、路面水分完全蒸发后加铺。

乳化沥青混合料路面施工结束后宜封闭交通2～6h，并注意做好早期养护。开放交通初期，应设专人指挥，车速不得超过20km/h，不得刹车或掉头。

冷拌沥青混合料施工遇雨应立即停止铺筑，以防雨水将乳液冲走。

8.5.4　透层、黏层施工

（1）透层施工工艺　沥青路面的级配砂砾、级配碎石基层及水泥、石灰、粉煤灰等无机结合料稳定土或粒料的半刚性基层上必须浇洒透层沥青。

透层沥青宜采用慢裂的洒布型乳化沥青，也可采用中、慢凝液体石油沥青或煤沥青，透层沥青的规格和质量应符合规范的要求。透层沥青的稠度宜通过试洒确定。表面致密的半刚性基层宜采用渗透性好的较稀的透层沥青，级配砂砾、级配碎石等粒料基层宜采用较稠的透层沥青。用于制作透层用乳化沥青的沥青标号应根据基层的种类、当地气候等条件确定。

各种透层沥青的品种和用量应根据基层的种类通过试洒确定，并符合规范的要求。

透层宜紧接在基层施工结束，表面稍干后浇洒。当基层完工后时间较长，表面过分干燥时，应对基层进行清扫，在基层表面少量洒水，并在表面稍干后浇洒透层沥青。

高速公路、一级公路的透层沥青应采用沥青洒布车喷洒，二级及二级以下公路也可采用手工沥青洒布机喷洒。洒布车应符合本规范的要求。当用于表面处治或贯入式路面喷洒沥青的喷嘴不能保证喷洒均匀时，应更换喷嘴。

浇洒透层沥青应符合下列要求。

① 浇洒透层前，路面应清扫干净，对路缘石及人工构筑物应适当防护，以防污染。

② 透层沥青洒布后应不致流淌并能渗透入基层一定深度，不得在表面形成油膜。

③ 如遇大风或即将降雨时，不得浇洒透层沥青。

④ 气温低于10℃时，不宜浇洒透层沥青。

⑤ 应按设计的沥青用量一次浇洒均匀，当有遗漏时，应用人工补洒。

⑥ 浇洒透层沥青后，严禁车辆、行人通过。

⑦ 在铺筑沥青面层前，若局部地方尚有多余的透层沥青未渗入基层时，应予清除。

在无机结合料稳定半刚性基层上浇洒透层沥青后，宜立即撒布用量为2～3m³/1000m²的石屑或粗砂。在无结合料粒料基层上浇洒透层沥青后，当不能及时铺筑面层，并需开放施工车辆通行时，也应撒铺适量的石屑或粗砂，此种情况下，透层沥青用量宜增加10%。撒布石屑或粗砂后，应用6～8t钢筒式压路机稳压一遍。当通行车辆时，应控制车速。在铺筑沥青面层前如发现局部地方透层沥青剥落，应予修补；当有多余浮动石屑或砂时，应予扫除。

透层洒布后应尽早铺筑沥青面层。当用乳化沥青作透层时，洒布后应待其充分渗透、水分蒸发后方可铺筑沥青面层，此段时间不宜少于24h。

（2）黏层施工工艺　符合下列情况之一时，应浇洒黏层。

① 双层式或三层式热拌热铺沥青混合料路面在铺筑上层前，其下面的沥青层已被污染。

② 旧沥青路面层上加铺沥青层。

③ 水泥混凝土路面上铺筑沥青面层。

④ 与新铺沥青混合料接触的路缘石、雨水进水口、检查井等的侧面。

黏层的沥青材料宜采用快裂的洒布型乳化沥青，也可采用快、中凝液体石油沥青或煤沥青，黏层沥青的规格和质量应符合规范要求。黏层沥青宜用与面层所使用的种类、标号相同的石油沥青经乳化或稀释制成。

各种黏层沥青品种和用量应根据黏结层的种类通过试洒确定，并符合规范要求。

黏层沥青宜用沥青洒布车喷洒，洒布车应符合规范。

浇洒黏层沥青应符合下列要求。

① 黏层沥青应均匀洒布或涂刷，浇洒过量处应予刮除。

② 路面有脏物尘土时应清除干净。当有黏附的土块时，应用水刷净，待表面干燥后浇洒。

③ 当气温低于10℃或路面潮湿时，不得浇洒黏层沥青。

④ 浇洒黏层沥青后，严禁除沥青混合料运输车外的其他车辆、行人通过。

⑤ 黏层沥青洒布后应紧接铺筑沥青层，但乳化沥青应待破乳、水分蒸发完后铺筑。

8.6 沥青类路面常见病害与处治方法

沥青路面的常规病害主要有裂缝、麻面松散、坑槽、沉陷、翻浆等，应针对各种病害产生的原因、路面结构类型、维修季节的气候特点等情况，采取相应的维修措施。

8.6.1 裂缝

裂缝是沥青路面最常见的破损类型之一。裂缝常见的表状主要有发裂、线状裂缝、纵向裂缝、横向裂缝、反射裂缝和龟裂六种类型。

（1）产生裂缝的主要原因

① 施工基层碾压不实或新旧接缝处理不当而形成裂缝。

② 面层以下含水率逐年积聚，在不利季节引起路面强度降低而产生裂缝。

③ 混合料质量差，碾压温度又不当，引起的碾压裂缝。

④ 混合料摊铺时间过长，由于基层温度、湿度变化，结构发生胀缩而产生裂缝。

⑤ 结合料老化，面层性能退化，路面整体强度不足。

（2）裂缝的处治方法

① 由于路面基层温缩、干缩引起的纵横向裂缝，缝宽在6mm以内的，宜将裂缝的缝隙用铁刷子刷扫干净，并用压缩空气吹去沙尘后，采用热沥青或乳化沥青灌缝封堵。

② 缝宽在6mm以上的，填沥青砂石或细料式沥青混合料，捣实后用烙铁封口，随即撒砂扫匀，有条件的也可采用改性乳化沥青混合料填封。

③ 对土基或路面基层强度不足引起的裂缝类破损，要首先处理土基或基层，然后再修复路面。

④ 对轻微的面积比较集中且路基强度较好的裂缝，通过技术经济比较，可选用乳化沥青稀浆封层，或热沥青封层罩面，或先铺设土工布，再在其上进行热沥青封层罩面。

8.6.2 麻面松散、坑槽

麻面松散、坑槽的表面状况为：表层矿料松动，出现麻坑，表层局部不平、凹陷。

（1）产生麻面松散、坑槽的主要原因

① 嵌缝料粒径不当，用料不合比例，或初期养护嵌缝料未回归而散失。

② 低温季节施工，工序未衔接，油与料结合不良，矿料飞散，轻则出现麻面，重则出现坑槽。

③ 表面用油量偏少，结合料加温过度，失去粘接力而松散，形成麻面、坑槽。

④ 雨季施工，矿料潮湿，或用酸性矿料未做处治而散失成麻面、坑槽。

⑤ 由于基层压实不够，强度不均，基层不平，面层渗水，局部先破损而形成坑槽。

（2）麻面松散的处治方法

① 因低温施工造成的麻面松散可以将松散料收集好，待气温上升到 20℃ 以上，将松散部位清扫干净，重做喷油封层。喷洒热沥青 $0.8 \sim 1.0 \mathrm{kg/m^2}$ 后，撒 $3 \sim 5 \mathrm{mm}$ 厚的石屑或粗砂（$5 \sim 8 \mathrm{m^3/100m^2}$），并用轻型压路机压实。若在低温潮湿季节，也可以采用乳化沥青封层处理。

② 由于温度过高，黏结料气化而造成的松散病害，应清除重铺。

③ 由于基层或土基强度不足、松软变形而引起的松散，要首先处理基层或土基病害，补强满足要求后再重做路面面层。

（3）坑槽的处治

① 路面基层完好，仅面层有坑槽时的修补方法：

a. 测定破坏部分的范围和深度，按"圆洞方补"原则，划出大致与路中心线平行或垂直的挖槽修补轮廓线（正方形或长方形）；

b. 按所划的轮廓线，开槽应开凿到坑底稳定的部分，其深度不得小于原坑槽的最大深度，槽壁要垂直；

c. 清除槽底、槽壁的松动部分及粉尘、杂物，在干净的槽底槽壁涂刷黏层油；

d. 填入沥青混合料（在潮湿或低温季节，宜采用乳化沥青拌制的混合料），视坑槽的深度采用单层式或双层式填补整平；

e. 用小型压实机具压实，新填补的部分应略高于原路面，双层填补要分层压实；

f. 采用热修补养护车，用加热板加热坑槽处路面，翻新被加热的软化铺装层，喷洒乳化沥青，加入新的沥青混合料，然后搅拌摊铺，压路机压实成型。

② 路面基层损坏，应针对损坏原因，先处理基层病害，再修复面层。

③ 在雨雪连绵的寒冷季节，为控制坑槽扩展，可采用现有路面材料临时填补坑槽，待天气好转后再按规范要求修复。

8.6.3　沉陷

沉陷有均匀沉陷、不均匀沉陷和局部沉陷三种类型。

（1）产生沉陷的主要原因

① 基层局部强度不足或水稳定性不良引起的沉陷。

② 超载重的大型车通过。

③ 面层混合料料质差。

④ 土基压实度不够或路基有隐患未处理好。

（2）沉陷的处治方法

① 仅由于面层不均匀沉陷引起的裂缝和轻微下沉，若土基和基层都已密实稳定，可对沉陷部分拉毛、扫净，洒黏层沥青后把沉陷部分填补到与原路面平齐。

② 因土基或基层结构遭破坏而引起的沉陷，应先将土基和基层修理好后，再修复面层。

③ 因路基沉陷导致路面严重破损，矿料已经松动、脱落形成坑槽的，应按照坑槽的修补方法予以处治。

④ 桥涵台背因填土不密实出现不均匀沉降的，可以采取以下处治方法：

a. 挖除沥青面层，在沉陷部分加铺基层后重做面层；

b. 对于台背填土密实度不够的，用夯实机械重新做压实处理；

c. 对软土基宜换土处理，换土深度应视软土基层厚度而定，填换材料要选用强度高、透水性好的级配材料，如砂砾、碎石土、工业废渣等；

d. 采用注浆加固处理。

8.6.4 弹簧翻浆

弹簧翻浆表现为路面呈现弹簧状或冒水翻浆。

（1）产生弹簧翻浆的主要原因

① 基层结构不密实，水稳定性不良，含水量增大，聚水冻融而翻浆。

② 基层强度不够，灰土拌和不均，碾压不实，含水量大，低温施工，灰土未及成形而冻融翻浆。

③ 在中湿或潮湿地带，地下水未处理好，边沟又积水滞流，或在山丘有地下潜流等而造成弹簧翻浆。

（2）翻浆处治方法

① 轻微翻浆。由于面层渗水引起基层轻度发软或冻胀而形成轻微翻浆的，可在春融季节过后，待水分蒸发，修补平整，促使成型。

② 因路基冻胀使路面局部或大面积隆起影响行车时，应先将隆起的沥青路面刨平，待春融后按翻浆处理的方法予以处治。

③ 因冬季基层水中结冰引起冻胀，春融季节化冻而引起的翻浆，应根据情况采用以下方法予以处治：

a. 挖除软土基，换填透水性好的天然级配砂砾；

b. 局部发生翻浆路段，可以采用打石灰梅花桩或水泥稳定砂砾桩的办法予以改善；

c. 加深边沟，并在翻浆路段两侧路肩上交错开挖 $30\sim40$cm 的横沟，其间距为 $2\sim4$m，沟底纵坡$\geqslant3\%$，沟深应根据解冻情况，逐渐加深，直至路面基层以下，横沟的外口一定要高于边沟的沟底，若路面翻浆严重，除挖横沟外，还应顺路面边缘设置纵向小盲沟，交通量较小的路段，也可挖成明沟，但翻浆停止后，应将明沟填平恢复原状；

d. 因基层水稳性不良或含水量过大造成的翻浆，应挖去面层及基层全部松软部分，换填透水性良好的砂砾或工业废渣，分层（每层不超过 20cm）填补压实，最后重做面层；

e. 低温潮湿季节施工的石灰稳定类基层，在板底未成型时雨水渗入，其上层发生翻浆的，应将翻浆部分挖除，重做石灰稳定基层或换用其他材料予以填补，然后重做面层。

本章小结

沥青路面具有表面平整、无接缝、行车舒适、耐磨、噪声低、施工期短、养护维修简便、适宜于分期修建等优点，因此得到了广泛的应用。沥青路面是我国高速公路的主要路面形式。沥青面层的主要类型有沥青混凝土、沥青碎石、沥青表面处治、沥青贯入式等。本章主要对沥青路面的材料要求、沥青混合料技术性质、沥青混合料的拌和、摊铺、碾压及沥青类路面常见病害与处治方法等问题进行探讨。通过本章的学习，应掌握沥青路面的施工过程主要包括拌和、运输、摊铺、碾压等工序，在学习过程中可参考现行沥青路面施工及验收规范，以巩固所学知识。在实际施工中，应按正确的工艺方法、科学地组织施工，确保工程质量与进度。

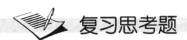 复习思考题

1. 沥青类路面的类型有哪些？各自有何特点？
2. 简述沥青路面原材料要求、技术指标及检测手段。
3. 沥青混合料有哪些技术性质？分别用什么指标来衡量？
4. 沥青类路面的施工特点有哪些？
5. 试述沥青混合料的摊铺工序。
6. 沥青路面的常规病害有哪些？如何处理？
7. 简述其他类型沥青路面施工工艺。

第9章 路基路面工程现场检测

【知识目标】

- 理解路基和路面的使用性能和质检的重要性。
- 掌握路基工程和路面工程的检测内容。
- 掌握各项指标的检测手段、内容和步骤。
- 掌握各项检测指标的处理方法和评定。

【能力目标】

- 能利用检测仪器进行各项指标的检测。
- 能够对各项指标的检测结果进行处理。
- 能够对各项检测结果进行评定。

9.1 路基测试

9.1.1 击实试验

（1）概述　土作为筑路材料时，需要在模拟现场施工条件下，获得路基土压实的最大干密度和相应的最佳含水量。击实试验就是为了这种目的利用标准化的击实仪具试验土的密度和相应的含水量的关系，所以击实试验是控制路基压实质量不可缺少的重要试验项目。

用击实试验模拟现场土的压实是一种半经验方法，由于土的现场填筑碾压和室内击实试验具有不同的工作条件，两者之间的关系是根据工程实践经验求得的，但要求室内试验的击实功应相当于现场施工的压实功，因此很多国家以及一个国家的不同部门就可能有其自用的击实试验方法和仪器。

（2）试验方法的类型　击实试验分轻型和重型两类。

（3）试验方法

① 试样制备　试样制备分干法和湿法两种，对一般土，干法制样和湿法制样所得击实结果有一定差异，对于具体试验应根据工程性质选择制备方法。

a. 干法制样　将代表性土样风干或在低于50℃温度下烘干，放在橡皮板上用木碾碾散，过筛（筛号视粒径大小而定），拌匀备用。

测定土样风干含水量 ω_0，按土的塑限估计最佳含水量，并依次按相差约2%的含水量制备一组试样（不少于5个），其中有两个大于和两个小于最佳含水量。

按确定含水量制备试样。将称好质量的土平铺于不吸水的平板上，用喷水设备往土样上均匀喷洒预定 m_ω 的水量，静置一段时间后，装入塑料袋内静置备用。静置时间对高液限黏土不得少于24h，对低液限黏土不得少于12h。

b. 湿法制样　对天然含水量的土样过筛（筛孔视粒径大小而定），并分别风干到所需的几组不同含水量备用。

② 试样击实　将击实筒放在坚硬的地面上，取制备好的土样按所选击实方法分 3 次或 5 次倒入筒内，每层按规定的击实次数进行击实，要求击完后余土高度不超过试筒顶面 5mm。

用修土刀齐筒顶削平试样，称筒和击实试样重后用推土器推出筒内试样，测定击实试样的含水量和测算击实后土样的湿密度，依次重复上述过程将所备不同预定含水量的土样击完。

③ 结果整理　计算击实后各点的干密度 ρ_d。

以干密度 ρ_d 为纵坐标，含水量 ω 为横坐标，绘 ρ_d-ω 关系曲线，曲线上峰值点的纵、横坐标分别为最大干密度和最佳含水量（详见第 3 章）。

④ 注意问题　当土样中大于 5mm 粒径的土含量小于总含量的 30% 时，求出试料中粒径大于 5mm 颗粒含量的 P 值。取出大于 5mm 的颗粒，仅把小于 5mm 粒径的土做击实试验。

9.1.2　土的含水量试验

（1）概述　土的工程性质之所以复杂，其主要原因是含水量在土的三相物质中形成不确定的因素，含水量的变化将使土的一系列物理力学性质随之而异。土中含水量的不同，可使土成为坚硬的、可塑的或流动的土；反映在土的力学性质方面，能使土的结构强度、孔隙压力、有效应力及稳定性发生变化。因此，土的含水量测试是研究土的物理力学性质不可缺少的工作。

（2）含水量的基本概念　土中的水分为强结合水、弱结合水及自由水。工程上含水量定义为土中自由水的质量与土粒质量之比的百分数，一般认为在 100～110℃ 下能将土中自由水蒸发掉。

（3）烘干法　烘干法是测定含水量的标准方法，适用于黏性土、粉质土、砂类土和有机质土类。

① 仪器设备

a. 烘箱　可采用电热烘箱或温度能保持 105～110℃ 的其他能源烘箱，也可用红外线烘箱。

b. 天平　感量 0.01g。

c. 其他　干燥器、称量盒等。

② 试验步骤

a. 取具有代表性试样，细粒土为 15～30g，砂类土、有机土为 50g，放入称量盒内，立即盖好盒盖，称质量。称量时，可在天平一端放上与该称量盒等质量的砝码，移动天平游码，平衡后称量结果即为湿土质量。

b. 揭开盒盖，将试样和盒放入烘箱内，在温度 105～110℃ 的恒温下烘干。烘干时间对细粒土不得少于 8h，对砂类土不得少于 6h。对含有机质超过 5% 的土，应将温度控制在 65～70℃ 的恒温下烘干。

c. 将烘干后的试样和盒取出，放入干燥器内冷却（一般只需 0.5～1h 即可）。冷却后盖好盒盖，称质量，准确至 0.01g。

③ 结果整理　精密度和允许偏差：本试验须进行两次平行测定，取其算术平均值，允许平行差值应符合要求。

对于粗粒土，称量盒可采用铝制饭盒、瓷盆等，相应的土样也应多些。

（4）酒精燃烧法　在土样中加入酒精，利用酒精能在土上燃烧，使土中水分蒸发，将土样烘干。一般应烧三次，本法是快速测定法中较准确的一种，现场测试中用得较多。

① 仪器设备

a. 称量盒。

b. 天平：感量 0.01g。

c. 酒精：纯度 95%。

d. 滴管、火柴、调土刀等。

② 试验步骤

a. 取代表性试样（黏质土 5~10g，砂类土 20~30g）放入称量盒内，称湿土质量。

b. 用滴管将酒精注入放有试样的称量盒中，直至盒中出现自由液面为止。为使酒精在试样中充分混合均匀，可将盒底在桌面上轻轻敲击。

c. 点燃盒中酒精，燃至火焰熄灭。

d. 将试样冷却数分钟，按第 b、c 的方法重新燃烧两次。

e. 待第三次火焰熄灭后，盖好盒盖，立即称干土质量，准确至 0.1g。

其余同烘干法。

(5) 含水量的其他测试方法

① 红外线照射法　标准烘干法和非标准法的区别在于烘干方式的不同。红外线照射法是将土样置于红外线灯光之下烘干，通常将土样放于距光源 5~15cm 距离内照射约 1h 即可干燥。试验证明，用此法所得结果较烘干含水量略大 1% 左右。红外干燥箱体积小，有商业产品。

② 炒干法　用锅将试样炒干，适用于砂土及含砾较多的土。

③ 实容积法　此法是利用根据波义耳-马略特定律设计的土壤水分速测仪，它通过测定土中固相、液相的体积，按土的经验密度值换算出土的含水量，适用于黏性土。对于少量的试样测试快，而对批量试样则操作过于繁杂。

④ 微波加热法　微波是一种超高频的电磁波，微波加热就是通过微波发生器产生微波能，再把这个微波能用波导输送到微波加热器中，加热器中的物体受到微波作用后自身发热。对于土中的水分子来说，其电荷分正、负两种，在微波场作用下不断快速排列和换向，这种运动使水分子本身发热、蒸发。

微波加热器可用商业产品家用微波炉，一批土样一般几分钟就可烘干。经试验对比多数土的测试结果与标准烘干法相对误差小于 1.5%。但对一些含金属矿物质的土不适用，因为一些金属物质本身在微波作用下发热，其温度会超过 100℃，从而损坏微波炉。

⑤ 碳化钙气压法　碳化钙为吸水剂。将一定量的湿土样和碳化钙置于体积一定的密封容器中，吸水剂与土中的水发生化学反应，产生乙炔气体，乙炔气体在密封容器中产生的压强与土中水分子质量成正比。

美国 1967 年就将此法列入公路规程，我国现行《公路土工试验规程》也列入了此法。此法的缺点是要求一种性能稳定的电石粉，而这种要求对试验需求量小，在商业社会的今天不易达到。

(6) 特殊土的含水量测试方法

① 含石膏土和有机质土的含水量测试法　含石膏土和有机质土的烘干温度在 110℃ 时，对含石膏土会失去结晶水，对含有机质土其有机成分会燃烧，测试结果将与含水量定义不符。这种试样的干燥宜用真空干燥箱在近乎 1atm（1atm＝101325Pa）下将土干燥，或将烘

箱温度控制在 75～80℃，干燥 8h 以上为好。

②　无机结合料稳定土的含水量测试法　无机结合料在国外常称为水硬性结合料。它主要指水泥、石灰、粉煤灰石灰或水泥粉煤灰，所用术语水泥稳定土、石灰稳定土、石灰粉煤灰稳定土等都是总称。

如水泥与水拌和就要发生水化作用，在较高温度下水化作用发生较快。因此，需将水泥混合料放在原为室温的烘箱内，再启动烘箱升温，则在升温过程中水泥与水的水化作用发生较快，而烘干法又不能除去已与水泥发生水化作用的水，这样得出的含水量往往偏小，所以应提前将烘箱升温到 110℃，使放入的水泥混合料一开始就能在 105～110℃ 的环境下烘干。另外，烘干后冷却时应用硅胶作干燥剂。

9.1.3　现场测定路基土密度的方法

(1) 概述　密度是土的基本物理性质指标之一，无论在室内试验或野外勘查以及施工质量控制中均需测定密度。测定密度常用的方法有环刀法、蜡封法、灌砂法、灌水法等。环刀法操作简便而准确，在室内和野外普遍采用；不能用环刀削的坚硬、易碎、含有粗粒、形状不规则的土，可用蜡封法；灌砂法、灌水法一般在野外应用。

(2) 环刀法　此法采用一定体积的环刀切削土样，使土按环刀形状充满其中，测环刀中土重，根据已知环刀的体积就可按定义计算土的密度。有不同型号的环刀可供选用。室内测试时，应结合我国仪器设备情况，可选用剪切、压缩、渗透仪环刀。施工现场检查填土密度时，因每层土压实程度上下不均，而每层压实厚度达 20～30cm，环刀容积过小，取土深度稍有变化，所测密度误差较大，为此可选用大容积环刀提高测试精度。

①　仪器设备

a. 环刀：内径 6～8cm，高 2～3cm，壁厚 1.5～2mm。

b. 天平：感量 0.1g。

c. 其他：修土刀、钢丝锯、凡士林等。

②　试验步骤

a. 按工程需要取原状土或制备所需状态的扰动土样，整平两端，环刀内壁涂一薄层凡士林，刀口向下放在土样上。通过测气体压强就可换算出相应的含水量。

b. 用修土刀或钢丝锯将土样上部削成略大于环刀直径的土柱，然后将环刀垂直下压，边压边削，至土样伸出环刀上部为止，削去两端余土，使其与环刀口面齐平，并用剩余土样测定含水量。

c. 擦净环刀外壁，称环刀与土的质量，准确至 0.1g。

③　结果整理

a. 结果计算　环刀法测定土的密度按下式计算。

$$\rho_d = \frac{m_{环刀+土} - m_{环刀}}{V_{环刀}(1+\omega)} \tag{9-1}$$

b. 精密度和允许偏差　本试验须进行两次平行测定，取其算术平均值，其平行差值不得大于 0.03g/cm³。

(3) 蜡封法　此法是将不规则的土样（体积不小于 5cm³）称其自然质量后，浸入熔化的石蜡中，使土样被石蜡所包裹，而后称其在空气中的质量与在水中的质量，并按公式计算土样密度。

此法所得密度值恒较其他方法大，这是因为在任何情况下难以避免熔蜡浸入土内孔隙中的缘故。

① 仪器设备

a. 天平：感量 0.01g。

b. 烧杯、细线、石蜡、针、削土刀等。

② 试验步骤

a. 用削土刀切取试件，削除试件表面的松土、浮土以及尖锐棱角，在天平上称量，准确至 0.01g。取代表性土样进行含水量测定。

b. 将石蜡加热至刚过熔点，用细线系住试件，浸入石蜡中，使试件表面覆盖一薄层严密的石蜡，若试件蜡膜上有气泡，需用热针刺破气泡，再用石蜡填充针孔，涂平孔口。

c. 待冷却后，将蜡封试件在天平上称量，准确至 0.01g。

d. 利用细线将蜡封试件置于天平一端，使其浸浮在盛有蒸馏水的烧杯中，注意试件不要接触烧杯壁，称蜡封试件的水下质量，准确至 0.01g，并测量蒸馏水的温度。

e. 将蜡封试件从水中取出，擦干石蜡表面水分，在空气中称其质量，将其与 c 中所称质量相比，若质量增加，表示水分进入试件中；若浸入水分质量超过 0.03g，应重做。

③ 结果整理　同环刀法，但体积不是采用环刀体积，而是采用试件与蜡的合计体积减去所封蜡的体积。

（4）现场坑试法　对含有碎砾石的土层或人工填土层无法用环刀取样，则可在现场测点挖一个测坑，挖的同时测其挖出土石的质量和含水量，对不规则的试坑体积测量，可用不透水的薄膜袋放在坑内，然后向袋中灌水并测所灌水的体积，按定义计算土的密度。也可按灌砂法测定灌入砂的体积。

9.1.4　土基的回弹模量测定方法

土基的回弹模量是公路设计中一个必不可少的参数，我国现有规范已给出了不同的自然区划和土质的回弹模量值的推荐值，具体参见《公路沥青路面设计规范》（JTG D 50—2006）中附录 E "土基回弹模量参考值"表。但由于土基回弹模量的改变将会影响路面设计的厚度，所以建议有条件时最好直接测定，而且随着施工质量的提高，回弹模量值的检验将会作为控制施工质量的一个重要指标。测定回弹模量的方法，目前国内常用的主要有承载板法、贝克曼梁法和其他间接测试方法（如贯入仪测定法和 CBR 测定法）。

9.1.4.1　承载板法

（1）目的和适用范围

① 本方法适用于在现场土基表面，通过承载板对土基逐级加载、卸载的方法，测出每级荷载下相应的土基回弹变形值，经过计算求得土基回弹模量。

② 本方法测定的土基回弹模量可作为路面设计参数使用。

（2）仪具与材料

① 加载设施：载有铁块或集料等重物、后轴重不小于 60kN 的载重汽车一辆。在汽车大梁的后轴之后约 80cm 处，附设一根加劲横梁作反力架。汽车轮胎充气压力为 0.50MPa。

② 现场测试装置：由千斤顶、测力计（测力环或压力表）及球座组成，如图 9-1 所示。

③ 刚性承载板一块，板厚 20mm，直径为 ϕ30cm，直径两端设有立柱和可以调整高度的支座供安放弯沉仪测头，承载板放在土基表面上。

④ 路面弯沉仪两台，由贝克曼梁、百分表及其支架组成。

⑤ 液压千斤顶一台，80～100kN，装有经过标定的压力表或测力环，其容量不小于土

基强度，测定精度不小于测力计量程的 1/100。

⑥ 秒表。

⑦ 水平尺。

⑧ 其他：细砂、毛刷、垂球、镐、铁锹、铲等。

（3）试验前准备工作

① 根据需要选择有代表性的测点，测点应位于水平的路基上，土质均匀，不含杂物。

② 仔细平整土基表面，撒干燥、洁净的细砂填平土基凹处，砂子不可覆盖全部土基表面，避免形成一层。

③ 安置承载板，并用水平尺进行校正，使承载板置水平状态。

④ 将试验装置置于测点上，在加劲横梁中部悬挂垂球测试，使之恰好对准承载板中心，然后收起垂球。

⑤ 在承载板上安放千斤顶，上面衬垫钢圆筒，并将球座置于顶部与加劲横梁接触。如用测力环时，应将测力环置于千斤顶与横梁中间，千斤顶及衬垫物必须保持垂直，以免加压时千斤顶倾倒发生事故并影响测试数据的准确性。

⑥ 安放弯沉仪，将两台弯沉仪的测头分别置于承载板立柱的支座上，百分表对零或其他合适的初始位置。

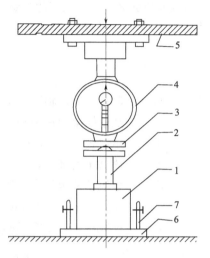

图 9-1　承载板测试装置图
1—千斤顶；2—钢圆筒；3—钢板及球座；
4—测力计；5—加劲横梁；
6—承载板；7—立柱及支座

（4）测试步骤

① 用千斤顶开始加载，注视测力环或压力表，至预压 0.05MPa、稳压 1min，使承载板与土基紧密接触，同时检查百分表的工作情况是否正常，然后放松千斤顶油门卸载，稳压 1min，将指针对零或记录初始读数。

② 测定土基的压力-变形曲线。用千斤顶加载，采用逐级加载-卸载法，用压力表或测力环控制加载量，荷载小于 0.1MPa 时，每级增加 0.02MPa，以后每级增加 0.04MPa 左右。为了使加载和计算方便，加载数值可适当调整为整数。每次加载至预定荷载后，稳定 1min，立即读记两台弯沉仪百分表数值，然后轻轻放开千斤顶油门卸载至 0，待卸载稳定 1min 后，再次读数，每次卸载后百分表不再对零。当两台弯沉仪百分表读数之差小于平均值的 30％ 时，取平均值。如超过 30％，则应重测，当回弹变形值超过 1mm 时，即可停止加载。

③ 各级荷载的回弹变形和总变形，按以下方法计算：

回弹变形 L＝（加载后读数平均值－卸载后读数平均值）×调弯沉仪杠杆比

总变形 L'＝（加载后读数平均值－加载初始前读数平均值）×调弯沉仪杠杆比

④ 测定汽车总影响量 α。最后一次加载-卸载循环结束后，取走千斤顶，重新读取百分表初读数，然后将汽车开出 10m 以外，读取终值数，两个百分表的初、终读数差的平均值乘以弯沉仪杠杆比即为总影响量 α。

⑤ 在试验点下取样，测定材料含水量。取样数量如下：

a. 最大粒径不大于 5mm，试样数量约 120g；

b. 最大粒径不大于 25mm，试样数量约 250g；

c. 最大粒径不大于 40mm，试样数量约 500g。

⑥ 在紧靠试验点旁边的适当位置，用灌砂法或环刀法或其他方法测定土基的密度。

（5）计算

① 各级压力的回弹变形加上该级的影响量后，则为计算回弹变形值。表 9-1 是以后轴重 60kN 的标准车为测试车的各级荷载影响量的计算值。当使用其他类型测试车时，各级压力下的影响量 α_i 计算如式(9-2)。

$$\alpha_i = \frac{(T_1 + T_2)\pi D^2 P_i}{4 T_1 Q}\alpha \tag{9-2}$$

式中　T_1——测试车前后轴距，m；

　　　T_2——加劲横梁距后轴距离，m；

　　　D——承载板直径，m；

　　　Q——测试车后轴重，N；

　　　P_i——该级承载板压力，Pa；

　　　α——总影响量，0.01mm；

　　　α_i——该级压力的分级影响量，0.01mm。

表 9-1　各级荷载影响量（后轴 60kN）

承载板压力/MPa	0.05	0.10	0.15	0.20	0.30	0.40	0.50
影响量	0.06α	0.12α	0.18α	0.24α	0.36α	0.48α	0.60α

② 将各级计算回弹变形值点绘于标准计算纸上，排除显著偏离的异常点并绘出顺滑的 P-L 曲线，如曲线起始部分出现反弯，应按如图 9-2 所示修正原点 O，O' 则是修正后的原点。

③ 计算相应于各级荷载下的土基回弹模量值［如式(9-3)］。

$$E_i = \frac{\pi D}{4} \times \frac{P_i}{L_i}(1 - \mu_0^2) \tag{9-3}$$

式中　E_i——相应于各级荷载下的土基回弹模量，MPa；

　　　μ_0——土的泊松比，根据部颁路面设计规范规定选用；

　　　D——承载板直径，$D = 30$cm；

　　　P_i——承载板各级压力，MPa；

　　　L_i——相对于各级荷载时的回弹变形，cm。

④ 取结束试验前的各回弹变形值按线形回归方法由下式计算土基回弹模量 E_0 值：

$$E_0 = \frac{\pi D}{4} \times \frac{\sum P_i}{\sum L_i}(1 - \mu_0^2) \tag{9-4}$$

式中　E_0——土基回弹模量，MPa；

　　　μ_0——土的泊松比，根据部颁路面设计规范规定选用；

　　　P_i——承载板各级压力，MPa；

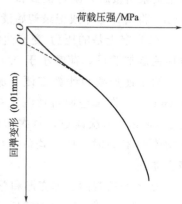

图 9-2　修正原点示意图

L_i——相对于各级荷载时的回弹变形，cm。

（6）报告　试验报告应记录下列结果：①试验时所采用的汽车；②近期天气情况；③试验时土基的含水量；④土基密度和压实度；⑤相应于各级荷载下的土基回弹模量值；⑥土基回弹模量值。

9.1.4.2　贝克曼梁法

（1）目的和适用范围　本方法适用于在土基厚度不小于 1m 的粒料层表面，用弯沉仪测试各测点的回弹弯沉值，通过计算求得该材料的回弹模量值的试验；也适用于在旧路表面测定路基路面的综合回弹模量。

（2）试验方法与步骤

① 准备工作

a. 选择洁净的路基表面、路面表面作为测点，在测点处做好标记并编号。

b. 无结合料粒料基层的整层试验段（试槽）应符合下列要求。

ⓐ 整层试槽可修筑在行车带范围内或路肩及其他合适处，也可在室内修筑，但均应适于用汽车测定弯沉。

ⓑ 试槽应选择在干燥或中湿路段处，不得铺筑在软土地基上。

ⓒ 试槽面积不小于 3m×2m，厚度不宜小于 1m。铺筑时，先挖 3m×2m×1m（长×宽×深）的坑，然后用欲测定的同一种路面材料按有关施工规定的压实层厚度分层铺筑并压实，直至顶面，使其达到要求的压实度标准。同时应严格控制材料组成，配比均匀一致，符合施工质量要求。

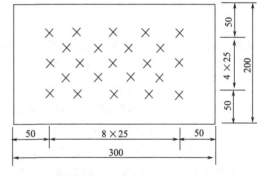

图 9-3　试槽表面的测点布置（单位：cm）

ⓓ 试槽表面的测点间距可按图 9-3 布置在中间 2m×1m 的范围内，可测定 23 点。

② 测试步骤　按上述方法选择适当的标准车，实测各测点处的路面回弹弯沉值 L_i。如在旧沥青面层上测定时，应读取温度，并按规定的方法进行测定弯沉值的温度修正，得到标准温度 20℃时的弯沉值。

（3）计算

① 计算全部测定值的算术平均值、单次测量的标准差和自然误差：

$$\overline{L} = \frac{\sum L_i}{n} \tag{9-5}$$

$$S = \sqrt{\frac{\sum (L_i - \overline{L}^2)}{n-1}} \tag{9-6}$$

$$r_0 = 0.675S \tag{9-7}$$

式中　$\overline{L}$——回弹弯沉的平均值，0.01mm；

　　　S——回弹弯沉测定值的标准差，0.01mm；

　　　r_0——回弹弯沉测定值的自然误差，0.01mm；

　　　L_i——各测点的回弹弯沉值，0.01mm；

　　　n——测点总数。

② 计算各测点的测定值与算术平均值的偏差值 $d_i = L_i - \overline{L}$，并计算较大的偏差与自然误差之比 d_i/r_0。当某个测点观测值 d_i/r_0 的值大于表 9-2 中的 d/r 极限值时则应舍弃该测点，然后重新计算所余各测点的算术平均值（$\overline{L}$）及标准差（S）。

表 9-2　相应于不同观测次数的 d/r 极限值

n	5	10	15	20	50
d/r	2.5	2.9	3.2	3.3	3.8

③ 计算代表弯沉值。

$$L_r = \overline{L} + S \tag{9-8}$$

式中　L_r——计算代表弯沉；

　　　$\overline{L}$——舍弃不符合要求的测点后所余各测点弯沉的算术平均值；

　　　S——舍弃不符合要求的测点后所余各测点弯沉的标准差。

④ 计算土基、整层材料的回弹模量（E_1）或旧路的综合回弹模量［式(9-9)］。

$$E_1 = \frac{2Pr}{L_r}(1-\mu^2)K \tag{9-9}$$

式中　E_1——计算的土基、整层材料的回弹模量或旧路面的综合回弹模量，MPa；

　　　P——测车轮的平均垂直荷载，MPa；

　　　r——测定用标准双圆荷载单轮传压面当量圆的半径，cm；

　　　μ——测定层材料的泊松比，根据部颁路面设计规范的规定取用；

　　　K——弯沉系数，为 0.712。

（4）报告　报告应包括弯沉测定表、计算的代表弯沉、采用的泊松比及计算得到的材料回弹模量等，对沥青路面应报告测试时的路面温度。

9.1.4.3　其他间接测试方法

土基回弹模量也可用长杆贯入综合次数法和 CBR 间接推算法来求算。长杆贯入综合次数法是利用长杆贯入仪，试验时记录测头击入土中每 10cm 所需的锤击次数，直至贯入土中 80cm 为止。综合贯入次数是按布辛公式以距路基表面深度为 5cm、15cm、25cm、35cm、45cm、55cm、66cm 和 75cm 时压应力略加调整作为各层的权数。

CBR 值间接推算法是利用 CBR 测试结果关系式求算 E 值。

9.1.5　承载比试验

承载比（CBR）又称加州承载比，是 California Bearing Ration 的缩写，由美国加利福尼亚州公路局首先提出，是用于评定路基土和路面材料的强度指标。在国外多采用 CBR 作为路面材料和路基土的设计参数。

我国现行沥青和水泥混凝土路面设计规范，路面、路基的设计参数是采用回弹模量指标，而在境外修建的公路工程多采用 CBR 指标。为了进一步积累经验用于实际，以促进国际学术交流，参考了国内外的情况，将 CBR 指标列入《公路路基设计规范》（JTG D30—2004）和《公路路基施工技术规范》（JTG F10—2006），作为路基填料选择的依据。

9.1.5.1　CBR 值室内试验技术

（1）主要仪器设备

① 圆孔筛：孔径 38mm、25mm、20mm 及 5mm 筛各 1 个。

② 重型标准击实仪器设备：承载比试筒（图 9-4）、夯锤等。

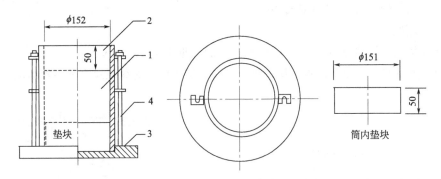

图 9-4　承载比试筒（单位：mm）

1—试筒；2—套环；3—夯击底板；4—拉杆

③ 贯入杆：端面直径 50mm、长 100mm 的金属柱。

④ 路面材料强度或其他荷载装置：能量不小于 50kN，能调节贯入速度至每分钟贯入 1mm，可采用测力计式，如图 9-5 所示。

⑤ 百分表、测力环、荷载板、水槽、拌和盘、脱模器等。

（2）试验原理　试验时，按路基施工时的最佳含水量及压实度要求在试筒内制备试件；为了模拟材料在使用过程中的最不利状态，加载前饱水 4 昼夜；在浸水过程中及贯入试验时，在试件顶面施加荷载板以模拟路面结构对土基的附加应力；贯入试验中，材料的承载能力越高，对其压入一定贯入深度所需施加的荷载越大。所谓 CBR 值，就是试料贯入量达到 2.5mm 或 5mm 时的单位压力与标准碎石压入相同贯入量时标准荷载强度（7MPa 或 10.5MPa）的比值，用百分数表示。

（3）试验技术要求

① 试验采用风干试料，按四分法备料。

② 做击实试验，求试料的最大干密度和最佳含水量。

③ 按最佳含水量制备试件。

④ 试件泡水 4 昼夜。

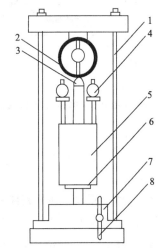

图 9-5　手摇测力计荷载装置示意图

1—框架；2—测力环；3—贯入杆；
4—百分表；5—试件；6—升降台；
7—蜗轮蜗杆箱；8—摇把

⑤ 做贯入试验：加荷使贯入杆以 1～1.25mm/min 的速度压入试件，记录不同贯入量及相应荷载。总贯入量应超过 7mm。

⑥ 绘制单位压力 P 与贯入量 L 的关系曲线，必要时进行原点修正（图 9-6 中曲线 2 进行了修正，曲线 1 没有反弯不需要修正）。

⑦ 从 P-L 关系曲线上读取贯入量分别为 2.5mm 和 5.0mm 所对应的单位压力 $P_{2.5}$（MPa）和 P_5（MPa）。

一般采用 CBR2.5，如 CBR5＞CBR2.5，则试验要重做。如果结果仍然如此，则采用 CBR5。

关于 CBR 值室内试验的详细步骤及具体要求可参见《公路土工试验规程》（JTG E40—2007）中的"承载比（CBR）试验（T 0134—1993）"。

9.1.5.2 土基现场 CBR 值测试方法

（1）主要仪器

① 荷载装置　设有加劲横梁的载重汽车，后轴重不小于 60kN。

② 现场测试装置　由千斤顶、测力计、球座、贯入杆、荷载板及百分表等组成（图 9-7）。

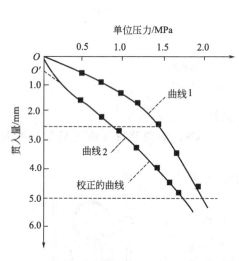

图 9-6　单位压力-贯入量曲线

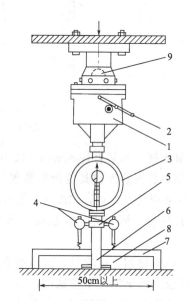

图 9-7　CBR 现场测试装置
1—加载千斤顶；2—手柄；3—测力计；
4—贯入量测定装置；5—百分表夹持具；
6—贯入杆；7—平台；8—承载板；9—球座

（2）测试原理　在公路路基施工现场，用载重汽车作为反力架，通过千斤顶连续加载，使贯入杆匀速压入土基。为了模拟路面结构对土基的附加应力，在贯入杆位置安放荷载板。路基强度越高，贯入量为 2.5mm 或 5.0mm 时的荷载越大，即 CBR 值越大。

（3）测试技术要点

① 将测点约直径 30cm 范围的表面找平。

② 安装现场测试装置，使贯入杆与土基表面紧密接触。

③ 启动千斤顶，使贯入杆以 1mm/min 的速度压入土基，当相应于贯入量为 0.5mm、1.0mm、1.5mm、2.0mm、2.5mm、3.0mm、4.0mm、5.0mm、7.5mm、10.0mm 及 12.5mm 时，分别读取测力计读数。贯入量达 7.5mm 或 12.5mm 时结束试验。

④ 卸载后在测点取样，测定材料含水量。

⑤ 在测点旁用灌砂法或环刀法等测定土基的密度。

⑥ 绘制荷载压强-贯入量曲线，必要时进行原点修正。

⑦ CBR 值用下式计算：

$$现场 CBR = \frac{p_1}{p_0} \times 100\% \tag{9-10}$$

式中　p_1——从压强-贯入量曲线上读取的贯入量为 2.5mm 或 5mm 时的荷载压强，MPa；

　　　p_0——标准压强，当贯入量为 2.5mm 时为 7MPa，当贯入量为 5.0mm 时为 10.5MPa。

9.1.5.3　落球仪快速测定土基现场 CBR 值的试验方法

本方法适用于细粒土路基施工现场 CBR 值的测定，试验精度较高，方法可靠，快速简便，能满足路基施工现场检验的要求。

（1）主要仪器

① 落球仪：包括底座、落球支架、导杆及落球、导杆卡口开关、刻度标尺、仪器平整水泡。100mm 内径的底座套板。

② 卡尺或钢板尺、刮刀、水平尺等。

（2）试验原理　一定质量的球从一定高度自由下落到土基表面，陷入深度越小，表明路基强度越高。根据落球在一定高度自由下落陷入上面所做的功与室内标准试验贯入深度所做的功相等的原理，推导得出由落球陷痕直径 D 值计算现场 CBR 值的公式。

（3）试验技术要点

① 将测点土基表面刮平。

② 将落球仪置于测点，使球体自由落下，用卡尺量落球陷痕直径 D 值。

③ 计算现场 CBR 值。

应当指出，落球仪测定的现场 CBR 值，因土基的含水量和压实度与室内 CBR 试验标准条件不同，也未经泡水，所测结果与前述"土基现场 CBR 值测试方法"所得现场 CBR 值相近。同样，应通过对比试验，建立落球仪 CBR 值与室内 CBR 值相关关系，换算为室内 CBR 值后，再用于评定路基强度。

9.2　路面检测

9.2.1　无侧限抗压强度测试

（1）目的和适用范围　本试验方法适用于测定无机结合料稳定土（包括稳定细粒土、中粒土和粗粒土）试件的无侧限抗压强度，有室内配合比设计试验及现场检测，本试验方法包括：按照预定干密度用静力压实法制备试件以及用锤击法制备试件，试件都是高：直径＝1∶1 的圆柱体。应该尽可能用静力压实法制备等干密度的试件。

室内配合比设计试验和现场检测两者在试料准备上是不同的，前者根据设计配合比称取试料并拌和，按要求制备试件；后者则在工地现场取拌和的混合料作试料，并按要求制备试件。

（2）取样频率　在现场按规定频率取样，按工地预定达到的压实度制备试件。试件数量每 2000m² 或每工作班：无论稳定细粒土、中粒土或粗粒土，当多次试验结果的偏差系数 $C_v \leqslant$ 10% 时，可为 6 个试件；C_v 为 10%～15% 时，可为 9 个试件；$C_v > 15\%$ 时，则需 13 个试件。

（3）仪器设备

① 圆孔筛：孔径 40mm、25mm（或 20mm）及 5mm 的筛各一个。

② 试模：适用于不同土的试模尺寸如下。

细粒土（最大粒径不超过 10mm）：试模的直径×高＝50mm×50mm。

中粒土（最大粒径不超过 25mm）：试模的直径×高＝100mm×100mm。

粗粒土（最大粒径不超过 40mm）：试模的直径×高＝150mm×l50mm。

③ 脱模器。

④ 反力框架：规格为 400kN 以上。

⑤ 液压千斤顶（200～1000kN）。

⑥ 击锤和导管：击锤的底面直径 50mm，总重 4.5kg，击锤在导管内的总行程为 450mm。

⑦ 密封湿气箱或湿气池：放在保持恒温的小房间内。

⑧ 水槽：深度应大于试件高度 50mm。

⑨ 路面材料强度试验仪或其他合适的压力机，但后者的规格应不大于 200kN。

⑩ 天平：感量 0.01g。

⑪ 台秤：称量 10kg，感量 5g。

⑫ 量筒、拌和工具、漏斗、大小铝盒、烘箱等。

（4）试件制备

① 试料准备　将具有代表性的风干试料（必要时，也可以在 50℃烘箱内烘干）用木锤和木碾捣碎，但应避免破碎粒料的原粒径。将土过筛并进行分类，如试料为粗粒土，则除去大于 40mm 的颗粒备用；如试料为中粒土，则除去大于 25mm 或 20mm 的颗粒备用；如试料为细粒土，则除去大于 10mm 的颗粒备用。

在预定做试验的前一天，取有代表性的试料测定其风干含水量。对于细粒土，试样应不少于 100g；对于粒径小于 25mm 的中粒土，试样应不少于 1000g；对于粒径小于 40mm 的粗粒土，试样的质量应不少于 2000g。

② 按《公路工程无机结合料稳定材料试验规程》（JTG E51—2009）中确定无机结合料中混合料的最佳含水量和最大干密度。

③ 配制混合料

a. 对于同一无机结合料剂量的混合料，需要制备相同状态的试件数量（即平行试验的数量）与土类及操作的仔细程度有关。对于无机结合料稳定细粒土，至少应该制 6 个试件；对于无机结合料稳定中粒土和粗粒土，至少分别应该制 9 个和 13 个试件。

b. 称取一定数量的风干土并计算干土的质量，其数量随试件大小而变。对于 50mm×50mm 的试件，1 个试件需干土 180～210g；对于 100mm×100mm 的试件，1 个试件需干土 1700～1900g，对于 150mm×150mm 的试件，1 个试件需干土 5700～6000g。

对于细粒土，可以一次称取 6 个试件的土；对于中粒土，可以一次称取 3 个试件的土；对于粗粒土，一次只称取一个试件的土。

c. 将称好的土放在长方盘（约 400mm×600mm×70mm）内。向土中加水，对于细粒土（特别是黏性土）使其含水量较最佳含水量小 3％，对于中粒土和粗粒土可按时加水。将土和水拌和均匀后放在密闭容器内浸润备用。如为石灰稳定土和水泥、石灰综合稳定土，可将石灰和土一起拌匀后进行浸润。

浸润时间：黏性土 12～24h；粉性土 6～8h；砂性土、砂砾土、红土砂砾、级配砂砾等可以缩短到 4h 左右；含土很少的未筛分碎石、砂砾及砂可以缩短到 2h。

d. 在浸润过的试料中，加入预定数量的水泥或石灰（水泥或石灰剂量按干土即干集料质量的百分率计）并拌和均匀。在拌和过程中，应将预留的 3％的水（对于细粒土）加入土中，使混合料的含水量达到最佳含水量。拌和均匀的加有水泥的混合料应在 1h 内按下述方法制成试件，超过 1h 的混合料应该作废。其他结合料稳定土的混合料虽不受此限，但也应尽快制成试件。

将试模的下压柱放入试模的下部，但外露 2cm 左右，将称量的规定数量的稳定土混合料 m_1（g）［计算见式(9-11)］分 2～3 次灌入试模中（利用漏斗），每次灌入后用夯棒轻轻均匀插实。如制作 50mm×50mm 的小试件，则可以将混合料一次倒入试模中，然后将上压柱放入试模内，应使上压柱也外露 2cm 左右（即上下压柱露出试模外的部分应该相等）。

$$m_1 = \rho_d V(1+\omega) \tag{9-11}$$

式中　V——试模的体积；

ω——稳定土混合料的含水量，%；

ρ_d——稳定土试件的干密度，g/cm³。

将整个试模放到反力框架内的千斤顶上（千斤顶下应放一扁球座），加压直到上下压柱都压入试模为止。维持压力 1min，解除压力后，取下试模，拿去上压柱，并放到脱模器上将试件顶出（利用千斤顶和下压柱）。称试件的质量 m_2，小试件准确到 1g；中试件准确到 2g；大试件准确到 5g。然后用游标卡尺量试件的高度 h，准确到 0.1mm。

用击锤制件的步骤同前，只是用击锤（可以利用做击实试件的锤，但压柱顶面需要垫一块牛皮或胶皮，以保护锤面和压柱顶面不受损伤）将上下压柱打入试模内。

（5）养生　试件从试模内脱出并称量后，应立即放到密封湿气箱和恒温室内进行保温保湿养生。但中试件和大试件应先用塑料薄膜包覆，有条件时，可采用蜡封保湿养生。养生时间视需要而定，作为工地控制的依据，通常都只取 7d，整个养生期间的温度，在北方地区应保持 20℃，在南方地区应保持 25℃±2℃。

养生期的最后一天，应该将试件浸泡在水中，水的深度应使水面在试件顶上约 2.5cm。在浸泡水前，应再次称试件的质量 m_3。在养生期间，试件质量的损失应该符合下列规定：小试件不超过 1g；中试件不超过 4g；大试件不超过 10g。质量损失超过此规定的试件，应该作废。

（6）无侧限抗压强度试验

① 将已浸水一昼夜的试件从水中取出，用软的旧布吸试件表面的可见自由水，并称试件的质量 m_4。

② 用游标卡尺量试件的高度 h_1，准确到 0.1mm。

③ 将试件放到路面材料强度试验仪的升降台上（台上先放一扁球座），进行抗压试验。

试验过程中，应使试件的形变等速增加，并保持速率约为 1mm/min 记录试件破坏时的最大压力 p(N)。

④ 从试件内部取有代表性的样品（经过打破）测定其含水量 ω_1。

（7）计算试件的无侧限抗压强度 R_c。

① 计算

对于小试件：

$$R_c = p/A = 0.00051p \quad \text{（MPa）} \tag{9-12a}$$

对于中试件：

$$R_c = p/A = 0.000127p \quad \text{（MPa）} \tag{9-12b}$$

对于大试件：

$$R_c = p/A = 0.000057p \qquad \text{(MPa)} \qquad (9\text{-}12c)$$

式中　p——试件破坏时的最大压力，N；

　　　A——试件的截面积，$A = \frac{\pi}{4}D^2$；

　　　D——试件的直径，mm。

② 精密度与允许偏差　若干次平行试验的偏差系数 C_v（%）应符合下列规定：

小试件　　　不大于 10%

中试件　　　不大于 15%

大试件　　　不大于 20%

（8）强度评定　如为现场检测，需按下述方法对无侧限抗压强度进行评定。

① 评定路段试样的平均强度 R_c 应满足规范要求。

② 评定路段内无机结合料稳定材料强度评为合格时得满分，不合格时得零分。

（9）报告　报告应包括以下内容。

① 材料的颗粒组成。

② 水泥的种类和标号或石灰的等级。

③ 确定最佳含水量时的结合料用量以及最佳含水量（%）和最大干密度（g/cm³）。

④ 水泥或石灰剂量（%）或石灰（或水泥）、粉煤灰和集料的比例。

⑤ 试件干密度（准确到 0.01g/cm³）或压实度。

⑥ 吸水量以及测抗压强度时的含水量（%）。

⑦ 对抗压强度：小于 2.0MPa 时，采用两位小数，并用偶数表示；大于 2.0MPa 时，采用 1 位小数。

⑧ 若干个试验结果的最小值和最大值、平均值 R_c、标准差 S、偏差系数 C_v 和 95% 概率的值 $R_{c0.95}$。

9.2.2　路面弯沉测定

9.2.2.1　概述

国内外普遍采用回弹弯沉值来表示路基路面的承载能力，回弹弯沉值越大，承载能力越小，反之则越大。通常所说的回弹弯沉值是指标准后轴载双轮组轮隙中心处的最大回弹弯沉值。在路表测试的回弹弯沉值可以反映路基、路面的综合承载能力。回弹弯沉值在我国已广泛使用且有很多的经验及研究成果，它不仅用于路面结构的设计中（设计回弹弯沉）；用于施工控制及施工验收中（竣工验收弯沉值）；同时还用在于旧路补强设计中，是公路工程的一个基本参数，所以正确的测试具有重要的意义。

（1）弯沉值的几个概念

① 弯沉　弯沉是指在规定的标准轴载作用下，路基或路面表面轮隙位置产生的总垂直变形（总弯沉）或垂直回弹变形值（回弹弯沉），以 0.01mm 为单位。

② 设计弯沉值　根据设计年限内一个车道上预测通过的累计当量轴次、公路等级、面层和基层类型而确定的路面弯沉设计值。

③ 竣工验收弯沉值　竣工验收弯沉值是检验路面是否达到设计要求的指标之一。当路面厚度计算以设计弯沉值为控制指标时，则验收弯沉值应小于或等于设计弯沉值；当厚度计算以层底拉应力为控制指标时，应根据拉应力计算所得的结构厚度，重新计算路面弯沉值，该弯沉值即为竣工验收弯沉值。

（2）弯沉值的测试方法　弯沉值的测试方法较多，目前用得最多的是贝克曼梁法，在我国已有成熟的经验，但由于其测试速度等因素的限制，各国都对快速连续或动态测定进行了研究，现在用得比较普遍的有法国洛克鲁瓦式自动弯沉仪，丹麦等国家发明并几经改进形成的落锤式弯沉仪（FWD），美国的振动弯沉仪等。

9.2.2.2　贝克曼梁法

（1）试验目的和适用范围

① 本方法适用于测定各类路基、路面的回弹弯沉，用以评定其整体承载能力，可供路面结构设计使用。

② 本方法测定的路基、柔性路面的回弹弯沉值可供交工和竣工验收使用。

③ 本方法测定的路面回弹弯沉可为公路养护管理部门制订养路修路计划提供依据。

④ 沥青路面的弯沉以标准温度 20℃时为准，在其他温度（超过 20℃±2℃ 范围）测试时，对厚度大于 5cm 的沥青路面，弯沉值应予温度修正。

（2）仪具与材料

① 测试车　单轴双轮载的标准轴荷载、轮胎尺寸、轮胎间隙及轮胎气压等主要参数应符合要求。测试车可根据需要按公路等级选择，高速公路、一级公路及二级公路应采用后轴 100kN 的 BZZ-100；其他等级公路也可采用后轴 60kN 的 BZZ-60。

② 路面弯沉仪（图 9-8）　由贝克曼梁、百分表及表架组成，贝克曼梁由铝合金制成，上有水准泡，其前臂（接触路面）与后臂（装百分表）长度比为 2∶1。弯沉仪长度有两种：一种长 3.6m，前后臂分别为 2.4m 和 1.2m；另一种加长的弯沉仪长 5.4m，前后臂分别为 3.6m 和 1.8m。当在半刚性基层沥青路面或水泥混凝土路面上测定时，宜采用长度为 5.4m 的贝克曼梁弯沉仪，并采用 BZZ-100 标准车；弯沉值采用百分表量得，也可用自动记录装置进行测量。

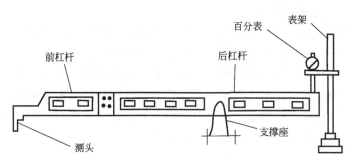

图 9-8　弯沉仪构造图

③ 接触式路面温度计　端部为平头，分度不大于 1℃。

④ 其他　皮尺、口哨、白油漆或粉笔、指挥旗等。

（3）试验方法与步骤

① 试验前准备工作

a. 检查并保持测定用标准车的车况及刹车性能良好，轮胎内胎符合规定的充气压力。

b. 向汽车车槽中装载（铁块或集料），并用地中衡称量后轴总重量，符合要求的轴重规定，汽车行驶及测定过程中，轴重不得变化。

c. 测定轮胎接地面积：在平整光滑的硬质路面上用千斤顶将汽车后轴顶起，在轮胎下方铺一张新的复写纸，轻轻落下千斤顶，即在方格纸上印上轮胎印痕，用求积仪或数方格的方法测算轮胎接地面积，精确至 $0.1cm^2$。

d. 检查弯沉仪百分表测量灵敏情况。

e. 当在沥青路面上测定时，用路表温度计测定试验时气温及路表温度（一天中气温不断变化，应随时测定），并通过气象台了解前 5d 的平均气温（日最高气温与最低气温的平均值）。

f. 记录沥青路面修建或改建时材料、结构、厚度、施工及养护等情况。

② 测试步骤

a. 在测试路段布置测点，其距离随测试需要而定，测点应在路面行车车道的轮迹带上，并用白涂料或粉笔画上标记。

b. 将试验车后轮轮隙对准测点后 3～5cm 处的位置上。

c. 将弯沉仪插入汽车后轮之间的缝隙处，与汽车方向一致，梁臂不得碰到轮胎，弯沉仪测头置于测点上（轮隙中心前方 3～5cm 处），并安装百分表于弯沉仪的测定杆上，百分表调零，用手指轻轻叩打弯沉仪，检查百分表是否稳定回零。

d. 弯沉仪可以是单侧测定，也可以是双侧同时测定。

e. 测定者吹哨发令指挥汽车缓缓前进，百分表随路面变形的增加而持续向前转动。当表针转动到最大值时，迅速读取初读数 L_1。汽车仍在继续前进，表针反向回转；待汽车驶出弯沉影响半径（3m 以上）后，吹口哨或挥动红旗指挥停车。待表针回转稳定后读取终读数 L_2。汽车前进的速度宜为 5km/h 左右。则弯沉值用下式计算：

$$L=2(L_1-L_2) \tag{9-13}$$

式中　L——测点弯沉值，0.01mm；

　　　L_1——车轮中心临近弯沉仪测头时测定用弯沉仪的最大读数，0.01mm；

　　　L_2——汽车驶出弯沉影响半径后测定用弯沉仪的终读数，0.01mm。

（4）弯沉仪的支点变形修正

① 当采用长度为 3.6m 的弯沉仪对半刚性基层沥青路面、水泥混凝土路面等进行弯沉测定时，有可能引起弯沉仪支座处变形，因此测定时应检验支点有无变形。此时应用另一台检验用的弯沉仪安装在测定用的弯沉仪的后方，其测点架于测定用弯沉仪的支点旁。当汽车开出时，同时测定两台弯沉仪的弯沉读数，如检验用弯沉仪百分表有读数，即应该记录并进行支点变形修正。当在同一结构层上测定时，可在不同的位置测定 5 次，求平均值，以后每次测定时以此作为修正值。修正后弯沉用下式计算：

$$L_T=(L_1-L_2)\times2+(L_3-L_4)\times6 \tag{9-14}$$

式中　L_1——车轮中心临近弯沉仪测头时测定用弯沉仪的最大读数，0.01mm；

　　　L_2——汽车驶出弯沉影响半径后测定用弯沉仪的终读数，0.01mm；

　　　L_3——车轮中心临近弯沉仪测头时检验用弯沉仪的最大读数，0.01mm；

　　　L_4——汽车驶出弯沉影响半径后检验用弯沉仪的终读数，0.01mm。

② 当采用长 5.4m 的弯沉仪测定时，可不进行支点变形修正。

（5）结果计算及温度修正

① 计算测点的回弹弯沉值。

② 进行弯沉仪支点变形修正时，计算路面测点的回弹弯沉值。

③ 沥青面层厚度大于 5cm 且路面温度超过（20±2）℃范围时，回弹弯沉值应进行温度修正。

若在非不利季节测定时，应考虑季节影响系数。

9.2.3 路面平整度测定

9.2.3.1 3m 直尺法

3m 直尺测定法有单尺测定最大间隙及等距离（1.5m）连续测定两种。两种方法测定的路面平整度有较好的相关关系。前者常用于施工质量控制与检查验收，单尺测定时要计算出测定段的合格率；等距离连续测试也可用于施工质量检查验收，要算出标准差，用标准差来表示平整程度。

（1）试验目的和适用范围 用于测定压实成型的路基、路面各层表面的平整度，以评定路面的施工质量及使用质量。

（2）测试要点

① 在测试路段路面上选择测试地点

a. 当为施工过程中质量检测需要时，测试地点根据需要确定，可以单杆检测。

b. 当为路基、路面工程质量检查验收或进行路况评定需要时，应首尾相接连续测量 10 尺。除特殊需要外，应以行车道一侧车轮轮迹带（距车道线 80～100cm）作为连续测定的标准位置。

c. 对旧路面已形成车辙的路面，应取车辙中间位置为测定位置，用粉笔在路面上做好标记。

② 测试要点

a. 在施工过程中检测时，按根据需要确定的方向，将 3m 直尺摆在测试地点的路面上。

b. 目测 3m 直尺底面与路面之间的间隙情况，确定间隙为最大的位置。

c. 用有高度标线的塞尺塞进间隙处，量记最大间隙的高度，精确至 0.2mm。

d. 施工结束后检测时，按现行《公路工程质量检验评定标准》（JTG F80—2004）的规定，每 1 处连续检测 10 尺，按上述步骤测记 10 个最大间隙。

（3）计算 单杆检测路面的平整度计算，以 3m 直尺与路面的最大间隙为测定结果，连续测定 10 尺时，判断每个测定值是否合格，根据要求计算合格百分率，并计算 10 个最大间隙的平均值。

（4）报告 单杆检测的结果应随时记录测试位置及检测结果。连续测定 10 尺时，应报告平均值、不合格尺数、合格率。

9.2.3.2 连续式平整度仪法

（1）试验目的与适用范围 用于测定路表面的平整度，评定路面的施工质量和使用质量，但不适用于在已有较多坑槽、破损严重的路面上测定。

（2）仪器设备

① 连续式平整度仪：除特殊情况外，连续式平整度仪的标准长度为 3m，其质量应符合仪器标准的要求。中间为一个 3m 长的机架，机架可缩短或折叠，前后各有 4 个行走轮，前后两组轮的轴间距离为 3m。机架中间有一个能起落的测定轮。机架上装有蓄电源及可拆卸的检测箱，检测箱可采用显示、记录、打印或绘图等方式输出测试结果。测定轮上装有位移传感器，自动采集位移数据时，测定间距为 10cm，每一计算区间的长度为 100m，100m 输出一次结果。当为人工检测，无自动采集数据及计算功能时，应能记录测试曲线。机架头装有一个牵引钩及手拉柄，可用人力或汽车牵引。

② 牵引车：小面包车或其他小型牵引汽车。

③ 皮尺或测绳。

（3）试验要点

① 选择测试路段路面测试地点，同 3m 直尺法。

② 将连续式平整度测定仪置于测试路段路面起点上。

③ 在牵引汽车的后部，将平整度的挂钩挂上后，放下测定轮，启动检测器及记录仪，随即启动汽车，沿道路纵向行驶、横向位置保持稳定，并检查平整度检测仪表上测定数字显示、打印、记录的情况。如检测设备中某项仪表发生故障，即停车检测，牵引平整度仪的速度应均匀，速度宜为 5km/h，最大不得超过 12km/h。

在测试路段较短时，亦可用人力拖拉平整度仪测定路面的平整度，但拖拉时应保持匀速前进。

（4）计算

① 连续式平整度测定仪测定后，可按每 10cm 间距采集的位移值自动计算每 100m 计算区间的平整度标准差，还可记录测试长度（m）、曲线振幅大于某一定值（3mm、5mm、8mm、10mm 等）的次数、曲线振幅的单向（凸起或凹下）累计值及以 3m 机架为基准的中点路面偏差曲线图，并打印输出。当为人工计算时，在记录曲线上任意设一基准线，每隔一定距离（宜为 1.5m）读取曲线偏离基准线的偏离位移值 d_i。

② 每个计算区间的路面平整度以该区间测定结果的标准差表示。

③ 计算一个评定路段内各区间平整度标准差的平均值、标准差、变异系数。

（5）报告 试验应列表报告每个评定路段内各测定区间的平整度标准差。各评定路段平整度的平均值、标准差、变异系数以及不合格区间数。

9.2.3.3 车载式颠簸累积仪法简介

（1）目的和适用范围

① 本方法规定用车载式颠簸累积仪测量车辆在路面上通行时后轴与车厢之间的单向位移累积值 VBI 表示路面的平整度，以 cm/km 计。

② 本方法适于测定路面表面的平整度，以评定路面的施工质量和使用期的舒适性。但不适用于已有较多坑槽、破损严重的路面上测定。

（2）主要设备 本试验需要下列仪具。

① 车载式颠簸累积仪 由机械传感器、数据处理器及微型打印机组成，传感器固定安装在测试车的底板上。仪器的主要技术性能指标如下。

a. 测试速度 可在 30～50km/h 范围内选定。

b. 最小读数 1cm。

c. 最大测试幅值 ±30cm。

d. 最大显示值 9999cm。

e. 系统最高反应频率 5kHz。

② 测试车 旅行车、越野车或小轿车。

（3）工作原理 测试车以一定的速度在路面上行驶，由于路面上的凹凸不平状况，引起汽车的激振，通过机械传感器可测量后轴与车厢之间的单向位移累积值 VBI，以 cm/km 计。VBI 越大，说明路面平整性越差，人体乘坐汽车时越不舒适。

（4）使用技术要点

① 仪器安装应准确、牢固、便于操作。

② 测试速度以 32km/h 为宜，一般不宜超过 40km/h。

（5）注意事项

① 检测结果与测试车机械系统的振动特性和车辆行驶速度有关。减振性能好，则 VBI 测值小；车速越高，VBI 测值越大。因此必须通过对机械系统的良好保养和检测时严格控制车速来保持测定结果的稳定性。

② 用车载式颠簸累积仪测出的颠簸累积值 VBI，与用连续式平整仪测出的标准差 σ 概念不同，可通过对比试验；建立两者的相关关系，将 VBI 值换算为 σ，用于路面平整度评定。

③ 通过大量研究观察得出：$\sigma = 0.6$IRI。

④ 国际平整度指数 IRI 是国际上公认的衡量路面行驶舒适性或路面行驶质量的指数。也可通过标定试验，建立 VBI 与 IRI 的相关关系，将颠簸累积仪测出的颠簸累积值 VBI 换算为国际平整度指数 IRI。

关于车载式颠簸累积仪测定平整度的试验方法可详见《公路路基路面现场测试规程》（JTG E60—2008）。

（6）报告

① 应列表报告每两个评定路段内各测定区间的颠簸累积值、各评定路段颠簸累积值的平均值、标准差、变异系数。

② 试验结果与国际平整度指数等其他平整度指标建立的相关关系式、参数值、相关系数。

9.2.4　路面抗滑性能测定

9.2.4.1　概述

路面抗滑性能是指车辆轮胎受到制动时沿表面滑移所产生的力。通常，抗滑性能被看作是路面的表面特性，并用轮胎与路面间的摩阻系数来表示。表面特性包括路表面细构造和粗构造，影响抗滑性能的因素有路面表面特性、路面潮湿程度和行车速度。

路表面细构造是指集料表面的粗糙度，它随车轮的反复磨耗而渐被磨光。通常采用石料磨光值（PSV）表征抗磨光的性能。细构造在低速（30～50km/h 以下）时对路表抗滑性能起决定作用。而高速时起主要作用的是粗构造，它是由路表外露集料间形成的构造，功能是使车轮下的路表水迅速排除，以避免形成水膜。粗构造由构造深度表征。

抗滑性能测试方法有：制动距离法、偏转轮拖车法（横向力系数测试）、摆式仪法、构造深度测试法（手工铺砂法、电动铺砂法、激光构造深度仪法）。

路面的抗滑摆值是指用标准的手提式摆式摩擦系数测定仪测定的路面在潮湿条件下对摆的摩擦阻力。路表构造深度是指一定面积的路表面凹凸不平的开口孔隙的平均深度。路面横向摩擦系数是指用标准的摩擦系数测定车测定，当测定轮与行车方向成一定角度且以一定速度行驶时，轮胎与潮湿路面之间的摩擦阻力与试验轮上荷载的比值。

高速公路、一级公路的路面应具有良好的抗滑性能，其沥青路面抗滑性能应符合要求，二级公路及三级公路应根据各路段的具体情况采取必要的技术措施，以提高路面抗滑性能。在设计高速公路、一级公路的沥青表面层时，应选用抗滑、耐磨石料，其石料磨光值应大于 42。高速公路、一级公路的摩擦系数宜在竣工后第一个夏季采用摩擦系数测定车，以（50±1）km/h 的车速测定横向力系数（SFC）；宏观构造深度应在竣工后第一个夏季用铺砂法或激光构造深度仪测定，此时的测定值应符合规定的竣工验收值的要求。

对于水泥混凝土路面抗滑标准用构造深度表示：对高速公路、一级公路，构造深度 TD 为 0.8mm；对于其他公路，TD 为 0.6m。

上述抗滑标准仅为设计阶段的抗滑标准。公路在养护过程中，也有养护的具体标准。

鉴于路面抗滑性能测试方法较多，下面仅介绍常见的试验方法。

9.2.4.2 构造深度测试方法

(1) 手工铺砂法

① 目的与适用范围　本方法适用于测定沥青路面及水泥混凝土路面表面构造深度，用以评定路面表面的宏观粗糙度、路面表面的排水性能及抗滑性能。

② 仪具与材料

a. 人工铺砂仪　由圆筒、推平板组成。

ⓐ 量砂筒　一端是封闭的，容积为 (25.00±0.15)mL，可通过称量砂筒中水的质量以确定其容积 V，并调整其高度，使其容积符合要求。带一个专门的刮尺将筒口量砂刮平。

ⓑ 推平板　推平板应为木制或铝制，直径 50mm，底面粘一层厚 1.5mm 的橡胶片，上面有一个圆柱把手。

ⓒ 刮平尺　可用 30cm 钢尺代替。

b. 量砂　足够数量的干燥洁净的匀质砂，粒径为 0.15～0.3mm。

c. 量尺　钢板尺、钢卷尺，或采用将直径换算成构造深度作为刻度单位的专用的构造深度尺。

d. 其他　装砂容器（小铲）、扫帚或毛刷、挡风板等。

③ 方法与步骤

a. 准备工作

ⓐ 量砂准备：取洁净的细砂晾干、过筛，取 0.15～0.3mm 的砂置适当的容器中备用。量砂只能在路面上使用一次，不宜重复使用。回收砂必须经干燥、过筛处理后方可使用。

ⓑ 对测试路段按随机取样选点的方法，决定测点所在横断面位置。测点应选在行车道的轮迹带上，距路面边缘不应小于 1m。

b. 试验步骤

ⓐ 用扫帚或毛刷子将测点附近的路面清扫干净，面积不小于 30cm×30cm。

ⓑ 用小铲装砂沿筒向圆筒中注满砂，手提圆筒上方，在硬质路面上轻轻地叩打 3 次，使砂密实，补足砂面用钢尺一次刮平。不可直接用量砂筒装砂，以免影响量砂密度的均匀性。

ⓒ 将砂倒在路面上，用底面粘有橡胶片的推平板，由里向外重复做摊铺运动，稍稍用力将砂细心地、尽可能地向外摊开；使砂填入凹凸不平的路表面的空隙中，尽可能将砂摊成圆形，并不得在表面上留有浮动余砂。注意摊铺时不可用力过大或向外推挤。

ⓓ 用钢板尺测量所构成圆的两个垂直方向的直径，取其平均值，准确至 5mm。

ⓔ 按以上方法，同一处平行测定不少于 3 次，3 个测点均位于轮迹带上，测点间距 3～5m。该处的测定位置以中间测点的位置表示。

④ 计算

a. 计算路面表面构造深度测定结果。

$$TD = \frac{1000V}{\pi D^2/4} = \frac{31831}{D^2} \tag{9-15}$$

式中　TD——路面表面的构造深度，mm；

V——砂的体积，25cm^3；

D——推平砂的平均直径，mm。

b. 每处均取 3 次路面构造深度的测定结果的平均值作为试验结果，精确至 0.1mm。

c. 计算每个评定区间路面构造深度的平均值、标准差、变异系数。

⑤ 报告

a. 列表逐点报告路面构造深度的测定值及 3 次测定的平均值，当平均值小于 0.2mm 时，试验结果以＜0.2mm 表示。

b. 每个评定区间路面构造深度的平均值、标准差、变异系数。

（2）电动铺砂法

① 目的和适用范围　本方法适用于测定沥青路面及水泥混凝土路面表面构造深度，用以评定路面表面的宏观粗糙度及路面表面的排水性能和抗滑性能。

② 仪具与材料

a. 电动铺砂仪　利用可充电的直流电源将量砂通过砂漏铺设成宽度 5cm、厚度均匀一致的器具。

b. 量砂　足够数量的干燥洁净的匀质砂，粒径为 0.15～0.3mm。

c. 标准量筒　容积 50mL。

d. 玻璃板　面积大于铺砂器，厚 5mm。

e. 其他　直尺、扫帚、毛刷等。

③ 方法与步骤

a. 准备工作

ⓐ 量砂准备：取洁净的细砂，晾干，过筛，取 0.15～0.3mm 的砂置于适当的容器中备用。已在路面上使用过的砂如回收重复使用时应重新过筛并晾干。

ⓑ 对测试路段按随机取样选点的方法，决定测点所在横断面的位置、测点应选在行车道的轮迹带上，距路面边缘不应小于 1m。

b. 电动铺砂器（图 9-9）的标定

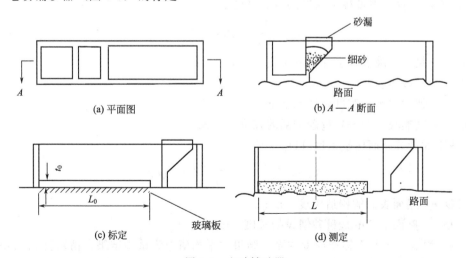

图 9-9　电动铺砂器

ⓐ 将铺砂器平放在玻璃板上，将砂漏移至铺砂器端部。

ⓑ 使灌砂漏斗口和量筒口大致齐平。

通过漏斗向量筒中缓缓注入准备好的量砂至高出量筒呈尖顶状，用直尺沿筒口一次刮平，其容积为 50mL。

ⓒ 使漏斗口与铺砂器砂漏上口大致齐平。将砂通过漏斗均匀倒入砂漏，漏斗前后移动，使砂的表面大致齐平，但不得用任何其他工具刮动砂。

ⓓ 开动电动马达，使砂漏向另一端缓缓运动，量砂沿砂漏底部铺成如图 9-10 所示的宽 5cm 的带状，待砂全部漏完后停止。

ⓔ 以 L_1 及 L_2 的平均值确定量砂的摊铺长度 L_0，精确至 1mm：

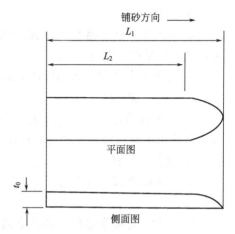

$$L_0 = \frac{L_1 + L_2}{2} \qquad (9\text{-}16)$$

ⓕ 重复标定 3 次，取平均值确定 L_0，精确至 1mm。

标定应在每次测试前进行，用同一种量砂，由同一个试验员承担测试。

图 9-10 决定 L_1 及 L_2 的方法

c. 测试步骤

ⓐ 将测试地点用毛刷刷净，面积大于铺砂仪。

ⓑ 将铺砂仪沿道路纵向平稳地放在路面上，将砂漏移至端部。

ⓒ 按上述电动铺砂器标定ⓑ～ⓔ相同的步骤，在测试地点摊铺 50mL 量砂，量取摊铺长度 L_1 及 L_2。计算 L，准确至 1mm。

$$L = \frac{L_1 + L_2}{2} \qquad (9\text{-}17)$$

ⓓ 按以上方法，同一处平行测定不少于 3 次，3 个测点均位于轮迹带上，测点间距 3～5m，该处的测定位置以中间测点的位置表示。

④ 计算

a. 计算铺砂仪在玻璃板上摊铺的量砂厚度 t_0。

$$t_0 = \frac{V}{BL_0} \times 1000 = \frac{1000}{L_0} \qquad (9\text{-}18)$$

式中　t_0——量砂在玻璃板上摊铺的标定厚度，mm；

　　　V——量砂体积，$V = 50$mL；

　　　B——铺砂仪铺砂宽度，$B = 50$mm；

　　　L_0——玻璃板上 50mL 量砂摊铺的长度，mm。

b. 按下式计算路面构造深度 TD。

$$TD = \frac{L_0 - L}{L} t_0 = \frac{L_0 - L}{L_0 L} \times 1000 \qquad (9\text{-}19)$$

式中　TD——路面表面的构造深度，mm；

　　　L——路面上 50mL 量砂铺设的长度，mm。

c. 每处均取 3 次路面构造深度的测定结果的平均值作为试验结果，精确至 0.1mm。

d. 计算每个评定区间路面构造深度的平均值、标准差、变异系数。

⑤ 报告

a. 列表逐点报告路面构造深度的测定值及 3 次测定的平均值；当平均值小于 0.2mm

时，试验结果以<0.2mm表示。

b. 每个评定区间路面构造深度的平均值、标准差、变异系数。

9.2.4.3 摆式仪测定路面抗滑值试验方法

（1）目的和适用范围 本方法适用于以摆式摩擦系数测定仪（摆式仪）测定沥青路面及水泥混凝土路面的抗滑值，用以评定路面在潮湿状态下的抗滑能力。

（2）仪具与材料

① 摆式仪：摆及摆的连接部分总质量为（1500±30）g，摆动中心至摆的重心距离为（410±5）mm，测定时摆在路面上滑动长度为（126±1）mm，摆上橡胶片端部距摆动中心的距离为508mm，橡胶片对路面的正向静压力为（22.2±0.5）N，如图9-11所示。

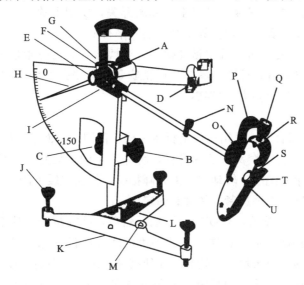

图 9-11 摆式仪结构示意图

A，B—固定把手；C—升降把手；D—转向节螺盖；E—转向节螺盖；F—调节螺母；

G—针簧片；H—指针；I—连接螺母；J—调平螺栓；K—底座；L—垫块；M—水准泡；

N—卡环；O—定位螺钉；P—举升柄；Q—平衡锤；R—锁紧螺母；S—滑溜块；T—橡胶片；U—止滑螺钉

② 橡胶片：用于测定路面抗滑值时的尺寸为6.35mm×25.4mm×76.2mm，橡胶质量应符合标准的要求。当橡胶片使用后，端部在长度方向上磨损超过1.6mm或边缘在宽度方向上磨耗超过3.2mm，或有油污染时，即应更换新橡胶片；新橡胶片应先在干燥路面上测10次后再用于测试。橡胶片的有效使用期为1年。

③ 标准量尺：长126mm。

④ 洒水壶。

⑤ 橡胶刮板。

⑥ 路面温度计：分度不大于1℃。

⑦ 其他：皮尺式钢卷尺、扫帚、粉笔等。

（3）方法与步骤

① 准备工作

a. 检查摆式仪的调零灵敏情况，并定期进行仪器的标定。当用于路面工程检查验收时，仪器必须重新标定。

b. 对测试路段按随机取样方法，决定测点所在横断面位置。测点应选在行车车道的轮迹带上，距路面边缘不应小于1m，并用粉笔做出标记。测点位置宜紧靠铺砂法测定构造深度的测点位置，并与其一一对应。

② 试验步骤

a. 仪器调平

ⓐ 将仪器置于路面测点上，并使摆的摆动方向与行车方向一致。

ⓑ 转动底座上的调平螺栓，使水准泡居中。

b. 调零

ⓐ 放松上、下两个紧固把手，转动升降把手，使摆升高并能自由摆动，然后旋紧紧固把手。

ⓑ 将摆向右运动，按下安装于悬臂上的释放开关，使摆上的卡环进入开关槽，放开释放开关，摆即处于水平位置，并把指针抬至与摆杆平行处。

ⓒ 按下释放开关，使摆向左带动指针摆动，当摆达到最高位置后下落时，用左手将摆杆接住，此时指针应指向零。若不指零时，可稍旋紧或放松摆的调节螺母，重复本项操作，直至指针指零。调零允许误差为±1BPN。

c. 校核滑动长度

ⓐ 用扫帚扫净路面表面，并用橡胶刮板清除摆动范围内路面上的松散粒料。

ⓑ 让摆自由悬挂，提起摆头上的举升柄，将底座上的垫块置于定位螺丝下面，使摆头上的滑块升高，放松紧固把手，转动立柱上升降把手，使摆缓缓下降。当滑块上的橡胶片刚刚接触路面时，即将紧固把手旋紧，使摆头固定。

ⓒ 提起举升柄，取下垫块，使摆向右运动。然后，手提举升柄使摆慢慢向左运动，直至橡胶片的边缘刚刚接触路面。在橡胶片的外边摆动方向设置标准尺，尺的一端正对准该点。再用手提起举升柄，使滑块向上抬起，并使摆继续运动至左边，使橡胶片返回落下，再一次接触地面，橡胶片两次同路面接触点的距离应在126mm（即滑动长度）左右。若滑动长度不符合标准时，则升高或降低仪器底正面的调平螺丝来校正，但需调平水准泡，重复此项校核直至滑动长度符合要求，而后，将摆和指针置于水平释放位置。校核滑动长度时应以橡胶片长边刚刚接触路面为准，不可借摆的力量向前滑动，以免标定的滑动长度过长。

d. 用喷壶的水浇洒测试路面，并用橡胶刮板刮除表面泥浆。

e. 再次洒水，并按下释放开关，使摆在路面滑过，指针即可指示出路面的摆值。但第一次测定，不做记录。当摆杆回落时，用左手接住摆，右手提起举升柄使滑块升高，使摆向右运动，并使摆杆和指针重新置于水平释放位置。

f. 重复e的操作测定5次，并读记每次测定的摆值，即BPN，5次数值中最大值与最小值的差值不得大于3BPN。如差数大于3BPN时，应检查产生的原因，并再次重复上述各项操作，至符合规定为止。取5次测定的平均值作为每个测点路面的抗滑值（即摆值F_B），取整数，以BPN表示。

g. 在测点位置上用路表温度计测记潮湿路面的温度，精确至1℃。

h. 按以上方法，同一处平行测定不少于3次，3个测点均位于轮迹带上，测点间距3～5m。该处的测定位置以中间测点的位置表示。每处均取3次测定结果的平均值作为试验结果，精确至1BPN。

③ 抗滑值的温度修正　当路面温度为T时测得的值为F_{BT}，必须换算成标准温度20℃的摆值F_{B20}。

$$F_{B20} = F_{BT} + \Delta F \qquad\qquad (9\text{-}20)$$

式中　　F_{B20}——换算成标准温度 20℃时的摆值，BPN；

　　　　F_{BT}——路面温度 T 时测得的摆值，BPN；

　　　　ΔF——温度修正值，按表 9-3 采用。

表 9-3　温度修正值

温度 T/℃	0	5	10	15	20	25	30	35	40
温度修正值 ΔF	-6	-4	-3	-1	0	+2	+3	+5	+7

④ 报告

a. 测试日期、测点位置、天气情况、洒水后潮湿路面的温度，并描述路面类型外观、结构类型等。

b. 列表逐点报告路面抗滑值的测定值 F_{BT}、经温度修正后的 F_{B20} 及 3 次测定的平均值。

c. 每个评定路段路面抗滑值的平均值、标准差、变异系数。

⑤ 精密度与允许差　同一个测点重复 5 次测定的差值不大于 3BPN。

9.2.4.4　抗滑性能检测中应注意的问题

① 在使用摆式仪前必须按照说明书的方法对摆式仪进行标定，否则所测数据缺乏可靠性。

② 用摆式仪法测定时"标定滑动长度"是一个非常重要的环节，标定时应取滑块与路面正好轻轻接触的点进行量取。切不可给摆锤一个力，让它有滑动后再量取，这样标定，则滑动长度偏长，所测摆值偏大。

③ 在用手工铺砂法测路面构造深度时，不同的人进行测试，所测结果往往差别较大，其原因较多，例如装砂的方法不标准，摊砂用的推平板不标准，最主要的是砂摊开到多大程度为止，各人掌握的不一。为了使测试结果准确可靠，在前面介绍时对容易产生误差的地方都有明确的规定，且摊开时用"尽可能向外摊平使砂填入凹凸不平的路表面空隙中，在地表面上形成一薄层"的提法。测试时应严格掌握操作方法中的细节问题。

9.2.5　路面透水性测定

（1）仪具与材料

① 路面渗水仪：形状及尺寸如图 9-12 所示。上部盛水量筒由透明有机玻璃制成，容积 600mL，上有刻度，在 100mL 及 500mL 处有粗标线，下方通过 $\phi 10$mm 的细管与底座相接，中间有一个开关。量筒通过支架联结，底座下方开口内径 $\phi 150$mm，外径 $\phi 165$mm，仪器附铁圈压重 2 个，每个质量约 5kg，内径 $\phi 160$mm。

② 水筒及大漏斗。

③ 秒表。

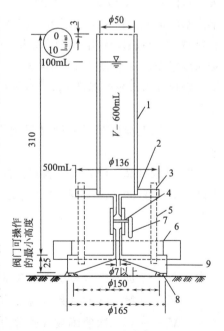

图 9-12　渗水仪

1—透明有机玻璃筒；2—螺纹连接；

3—顶板；4—阀；5—立柱支架；

6—压重钢圈；7—把手；

8—密封材料；9—底座

④ 密封材料：黄油、玻璃腻子、油灰或橡皮泥等，也可采用其他任何能起到密封作用的材料。

⑤ 排水容器。

⑥ 其他：水、红墨水、粉笔、扫帚等。

（2）方法与步骤

① 准备工作

a. 在洁净的水筒内滴入几滴红墨水，使水呈淡红色。

b. 组装好路面渗水仪。

c. 按照沥青混合料试件成型方法（轮碾法）制作沥青混合料试件，脱模，试件尺寸为30cm×30cm×5cm，揭去成型试件时垫在表面的纸。

② 试验步骤

a. 将试件放置于坚实的平面上，在试件表面上沿渗水仪底座圆圈位置抹一薄层密封材料，边涂边压紧，使密封材料嵌满试件表面混合料的缝隙，且牢固地粘接在试件上，密封料圈的内径与底座内径相同，约150mm。将渗水试验仪底座用力压在试件密封材料圈上，再加上铁圈压重压住仪器底座，以防压力水从底座与试件表面间流出。

b. 用适当的垫块，如混凝土试件或木块，在左右两侧架起试件，试件下方放置一个接水容器。关闭渗水仪细管下方的开关，向仪器的上方量筒中注入淡红色的水至满，总量为600mL。

c. 迅速将开关全部打开，水开始从细管下部流出，待水面下降100mL时，立即开动秒表，每间隔60s，读记仪器管的刻度一次，至水面下降500mL时为止。测试过程中，应观察渗水的情况，正常情况下水应该通过混合料内部空隙从试件的反面及四周渗出，如水是从底座与密封材料间渗出，说明底座与试件密封不好，应另采用干燥试件重新操作。如水面下降速度很慢，从水面下降至100mL开始，测得3min的渗水量即可停止。若试验时水面下降至一定程度后基本保持不动，说明试件基本不透水或根本不透水。这些情况都需在报告中注明。

d. 按以上步骤对同一种材料制作的三个试件测定渗水系数，取其平均值，作为检测结果。

③ 结果计算　沥青混合料试件的渗水系数按下式计算，计算时以水面从刻度线100mL下降至刻度线500mL所需的时间为标准，若渗水时间过长，亦可采用3min通过的水量计算。

$$C_W = \frac{V_2 - V_1}{t_2 - t_1} \times 60 \tag{9-21}$$

式中　C_W——沥青混合料试件的渗水系数，mL/min；

V_1——第一次的读数（通常为100mL），mL；

V_2——第二次的读数（通常为500mL），mL；

t_1——第一次读数时的时间，s；

t_2——第二次读数时的时间，s。

④ 报告　逐点报告每个试件的渗水系数及三个试件的平均值。若试件不透水，应在报告中注明。

9.2.6　水泥混凝土芯样劈裂强度试验方法

水泥混凝土路面强度的控制指标是弯拉或劈裂强度。由于弯拉强度试件成型及试验过程比较麻烦，现多用劈裂强度来代替。

需要强调的一点是快速无破损方法与传统的钻芯试验方法比较，有其较大的优势，但不能代替钻芯的劈裂强度试验结果，也不能代替试验室标准条件下的弯拉强度，不适宜作为仲裁试验或工程验收的最终依据。

（1）目的和适用范围　从硬化混凝土结构物中钻取和检查芯样，测定芯样的劈裂抗拉强度，作为评定结构品质的主要指标。

（2）仪具与材料

① 压力机。

② 劈裂夹具、木质三合板垫条。

（3）试验方法与步骤

① 检查

a. 外观检查　每个芯样都应详细描述有无裂缝、接缝、分层、麻面或离析等情况，必要时应记录以下事项。

ⓐ 集料情况　估计集料的最大粒径、形状及种类，粗细集料的比例与级配。

ⓑ 密实性　检查并记录存在的气孔及其位置、尺寸与分布情况。必要时应拍下照片。

b. 测量

ⓐ 测平均直径 d_m　在芯样的中间及两面各 1/4 处按两个垂直方向测量三对数值确定芯样的平均直径 d_m，精确到 1.0mm。

ⓑ 测平均长度 L_m　取芯样直径两端侧面测定钻取后芯样的长度及端面加工后的长度，精确至 1.0mm。

c. 表观密度　如有必要，应测定芯样的表观密度。

② 试验步骤

a. 试件的制作　试件两端平面应与它的轴线相垂直，误差不应大于 ±1°，端面凹凸每 100mm 不超过 0.05mm，承压线凹凸不应大于 0.25mm。

b. 湿度控制　试验前试件应标准养护 24h。

c. 劈裂试验

ⓐ 将试件、劈裂垫条和垫层放在压力机上，借助夹具两侧杆，将试件对中。

ⓑ 开动压力机，当压力机压板与夹具垫条接近时调整球座使压力均匀接触试件。当混凝土强度等级小于 C30 时，加荷速度为 0.02～0.05MPa/s；当混凝土强度等级大于等于 C30 时，且小于 C60 时，加荷速度为 0.05～0.08MPa/s；当混凝土强度大于等于 C60 时，加荷速度为 0.08～0.10MPa/s。当试件接近破坏而开始迅速变形时，不得调整压力机油门，直至试件破坏，记录破坏极限荷载 $F(N)$，精确至 0.01MPa。

（4）计算　芯样劈裂抗拉强度 f_{ct} 按式（9-22）计算。

$$f_{ct} = \frac{2F}{\pi d_m l_m} \tag{9-22}$$

式中　f_{ct}——芯样劈裂抗拉强度，MPa；

　　　F——极限荷载，N；

　　　d_m——芯样截面的平均直径，mm；

l_m——芯样平均长度，mm。

（5）结果处理　试验报告应以芯样的劈裂强度试验的 3 个试样测值的算术平均值为测定值。如 3 个试件中最大值或最小值中有一个与中间值的差值超过中间值的 15％时，则取中间值作为测定值；如有两个测定值与中间值的差值均超过上述规定时，则该组试验结果无效。

本章小结

路基路面试验检测直接影响到道路的使用性能。本章主要介绍路基和路面的检测指标、检测手段和试验检测方法以及结果处理等内容。通过本章学习，要求同学掌握路基工程和路面工程的主要检测指标，并能通过检测仪器进行各项指标的检测和进行结果处理、评定。

 复习思考题

1. 简述击实试验过程。击实试验的目的是什么？
2. 简述不同的含水量测试方法试验过程，并分析不同方法对试验结果的影响。
3. 现场测试路基土密度的方法有哪几种？能利用试验仪器进行检测操作，分析各种情况各适用于什么场合。
4. 土基的回弹模量测试方法有哪些？各适用什么情况？并能够利用仪器进行现场测试。
5. 什么是 CBR？简述其试验过程和检测步骤。
6. 路面检测指标有哪些？简述各指标的内容。
7. 无侧限抗压强度测试的任务是什么？简述其试验步骤并能够对检测结果进行处理。
8. 什么是路面弯沉？路面弯沉用什么仪器检测？试述检测过程和注意事项，并能对检测结果进行处理。
9. 什么是平整度？路面平整度用什么仪器检测？试述检测过程和注意事项，并能对检测结果进行处理。
10. 路面抗滑性能检测有哪几种方法？用什么仪器检测？试述检测过程和注意事项，并能对检测结果进行处理。
11. 路面透水性能用什么指标检测？用什么仪器检测？试述检测过程和注意事项，并能对检测结果进行处理。
12. 水泥混凝土芯样劈裂强度的试验目的是什么？试述检测过程和注意事项，并能对检测结果进行处理。

参考文献

[1] 中华人民共和国行业标准. 公路沥青路面设计规范（JTG D50—2006）. 北京：人民交通出版社，2006.

[2] 中华人民共和国行业标准. 公路沥青路面施工技术规范（JTG F40—2004）. 北京：人民交通出版社，2004.

[3] 中华人民共和国行业标准. 公路路面基层施工技术规范（JTJ 034－2000）. 北京：人民交通出版社，2000.

[4] 中华人民共和国行业标准. 公路工程质量检验评定标准（JTG F80/1—2004）. 北京：人民交通出版社，2005.

[5] 中华人民共和国行业标准. 公路路基路面现场测试规程（JTG E60—2008）. 北京：人民交通出版社，2008.

[6] 中华人民共和国行业标准. 公路工程无机结合料稳定材料试验规程（JTG E51—2009）. 北京：人民交通出版社，2009.

[7] 中华人民共和国行业标准. 公路路基设计规范（JTG D30—2004）. 北京：人民交通出版社，2004.

[8] 中华人民共和国行业标准. 公路路基施工技术规范（JTG F10—2006）. 北京：人民交通出版社，2006.

[9] 中华人民共和国行业标准. 公路工程技术标准（JTG B01—2003）. 北京：人民交通出版社，2003.

[10] 中华人民共和国行业标准. 岩土工程勘察规范（GB 50021—2001）. 北京：地质出版社，2010.

[11] 中华人民共和国行业标准. 建筑地基处理技术规范（JGJ 79—2002）. 北京：中国建筑工业出版社，2002.

[12] 中华人民共和国行业标准. 粉体喷搅法加固软弱土层技术规范（TB 10113—1996）. 北京：中华人民共和国铁道部建设司标准科技情报所，1996.

[13] 中华人民共和国行业标准. 公路桥涵地基与基础设计规范（JTG D63—2007）. 北京：人民交通出版社，2007.

[14] 中华人民共和国国家标准. 建筑用砂（GB/T 14684—2001）. 北京：人民交通出版社，2001.

[15] 中华人民共和国国家标准. 沥青路面施工及验收规范（GB 50092—1996）. 北京：中国计划出版社，2000.

[16] 文德云，彭富强编著. 路基路面施工技术. 北京：人民交通出版社，2006.

[17] 徐培华，郑南翔，徐玮编著. 高等级公路路基路面施工质量控制技术. 北京：人民交通出版社，2005.

[18] 金桃，张美珍编著. 公路工程检测技术. 第3版. 北京：人民交通出版社，2009.

[19] 中华人民共和国行业标准. 公路工程沥青及沥青混合料试验规程（JTJ 052—2000）. 北京：人民交通出版社，2000.

[20] 中华人民共和国行业标准. 公路工程集料试验规程（JTG E42—2005）. 北京：人民交通出版社，2005.

[21] 中华人民共和国行业标准. 公路土工试验规程（JTG E40—2007）. 北京：人民交通出版社，2007.

[22] 中华人民共和国行业标准. 公路水泥混凝土路面施工技术规范（JTG F30—2003）. 北京：人民交通出版社，2003.

[23] 于芝编著. 公路水泥混凝土、沥青路面设计、施工及质量控制实用手册. 北京：中国知识出版

社，2003.

[24] 姚占勇编著. 道路施工常用数据手册. 北京：人民交通出版社，2006.

[25] 杨文渊，徐犇编著. 简明公路施工手册. 北京：人民交通出版社，2006.

[26] 张思梅，柴换成编著. 道路建筑材料. 北京：中国水利水电出版社，2008.

[27] 胡长顺，黄辉华编著. 高等级公路路基路面施工技术. 北京：人民交通出版社，1994.

[28] 廖正环，郭小宏，刘燕编著. 高速公路机械化施工与组织管理. 北京：人民交通出版社，2001.

[29] 楼丽风主编. 道路工程施工. 北京：中国建筑工业出版社，2006.

[30] 栗振锋，李素梅主编. 路基路面工程. 北京：人民交通出版社，2009.

[31] 资建民主编. 路基路面工程. 广州：华南理工大学出版社，2002.

[32] 张润主编. 路基路面施工及组织管理. 北京：人民交通出版社，2002.

[33] 黄晓明主编. 公路土工合成材料应用原理. 北京：人民交通出版社，2001.

[34] 王松根，张须义主编. 公路工程竣工资料编制指南. 北京：人民交通出版社，2001.

[35] 孙家驷主编. 道路设计资料集　第1册　基本资料. 北京：人民交通出版社，2001.

[36] 杨继刚主编. 路基施工及组织管理. 北京：人民交通出版社，1991.

[37] 胡长顺，黄辉华编著. 高等级公路路基路面施工技术. 北京：人民交通出版社，1999.

[38] 黄晓明主编. 路基路面工程. 北京：人民交通出版社，2006.

[39] 李维勋主编. 路基路面工程. 北京：机械工业出版社，2005.

[40] 邓学钧主编. 路基路面工程. 北京：人民交通出版社，2001.

[41] 宣国良，李晋三编. 道路施工技术. 北京：人民交通出版社，2001.

[42] 殷岳川主编. 公路沥青路面施工. 北京：人民交通出版社，2000.

[43] 吴幼松，余清河编著. 公路机械化施工与管理. 北京：北京交通大学出版社，2007.